全新第五版

U0004912

世界主題之旅

倫敦

旅行家

London

PIZZAEXPRESS

目錄

作者序

　　文學家Samuel Johnson曾説：「When a man is tired of London, he is tired of life.」，當一個人厭倦了倫敦，也就等於厭倦了生命。

　　倫敦有太多豐富的文化創意資源、永遠看不完的經典現代博物館、音樂劇表演活動、饒富故事性的世界遺產、迷人的挖寶市集和異國風情餐飲……。除此之外，鄰近地區的鄉村景色、羅馬時期溫泉、文青氣息的大學城、城堡宮殿與史蹟……，讓倫敦充滿活力，吸引人們無盡的探索。

　　生命力十足的倫敦，總有辦法施展各種魔力，讓人意猶未盡。每每接待來訪親友時，大夥兒總大呼：「原來倫敦這麼有意思、可以這麼省，而時間卻永遠不夠用！」

　　希望藉由本書，分享不單單只是倫敦的熱門景點，還有大巷小弄裡的趣味、市集裡的躍動、人氣最HOT的熱點等等。盡力提供最詳盡的地圖，讓旅人發掘城市漫步的美好；即使在熱鬧的鄰近城區，也能輕鬆按圖索驥。期待一本倫敦旅遊書在手，就能深入發現城市的風貌。

作者簡介　　林庭如

　　居遊英國10多年，倫敦與人生大小事密不可分，是第二故鄉。熱愛設計、攝影，美食、烹飪。敏銳的觀察雷達、鑽入巷弄探索的精神，更與英籍友人三不五時結伴體驗，以挖出最在地文化、特色美食、趣味與英國皇室認證商品。

　　最喜歡倫敦豐富而多變的樣貌，希望藉由在地經驗分享以及詳盡的地圖資訊，讓讀者無論搭乘地鐵或步行迷人街頭，都能夠輕鬆又充實地體驗倫敦的雋永與漫活。曾編著設計相關書籍、著有太雅《開始在挪威自助旅行》等書。

看見倫敦的多元新貌

要改編一本詳盡的指南書是多麼不容易，何況有許多原作者庭如獨特的回憶，我依稀可以看見10年前的倫敦模樣。不敢掠美，我只是添加10年來的新經典、最近的新景點、吸睛的建築和自然景觀，並以我的專業校訂一些文化、地理與藝術史細節，希望在維持本書調性的情況下，讓讀者看見一個多元面貌的倫敦。

編修過程我不斷在想，21世紀的旅遊，許多資訊可以網路上搜尋，包括地圖和交通路線，以及所謂的攻略。那麼一本付梓印刷的旅遊指南該扮演什麼角色？它把你需要知道的事都整理在一起了。它可以是你出發前的入門書，讓你在安排行程前掌握心法；也可以是你旅行中的參考書，讓作者的筆記帶你順利通關。

當然，你還是需要上網看地圖、查官網變動的資訊，但願這本書是個指南針，讓你在網路上有方向。當旅行結束，你也會是個倫敦旅行家！

修訂作者簡介　　**觀光客不知道的倫敦**

曾是雜誌主編、斜槓數位公司行銷公關經理，然後轉身在英國學術圈做田野調查。從研究博物館裡的觀光客，到帶觀光客遊覽博物館，移居倫敦的日子已經超過在故鄉的歲月。曾獲長榮旅遊文學獎，著有已絕版的《倫敦玩全指南》、主理偶爾開張的AwayWeGo英倫深度旅遊企畫，三不五時在臉書繼續說著「觀光客不知道的倫敦」。

臺灣太雅出版編輯室提醒

出發前，請記得利用書上提供的通訊方式再一次確認

每一個城市都是有生命的，會隨著時間不斷成長，「改變」於是成為不可避免的常態，雖然本書的作者與編輯已經盡力，讓書中呈現最新的資訊，但是，仍請讀者利用作者提供的通訊方式，再次確認相關訊息。因應流行性傳染病疫情，商家可能歇業或調整營業時間，出發前請先行確認。

資訊不代表對服務品質的背書

本書作者所提供的飯店、餐廳、商店等等資訊，是作者個人經歷或採訪獲得的資訊，本書作者盡力介紹有特色與價值的旅遊資訊，但是過去有讀者因為店家或機構服務態度不佳，而產生對作者的誤解。敝社申明，「服務」是一種「人為」，作者無法為所有服務生或任何機構的職員背書他們的品行，甚或是費用與服務內容也會隨時間調動，所以，因時因地因人，可能會與作者的體會不同，這也是旅行的特質。

新版與舊版

太雅旅遊書中銷售穩定的書籍，會不斷修訂再版，修訂時，還區隔紙本與網路資訊的特性，在知識性、消費性、實用性、體驗性做不同比例的調整，太雅編輯部會不斷更新我們的策略，並在此園地說明。您也可以追蹤太雅 IG 跟上我們改變的腳步。
IG taiya.travel.club

票價震盪現象

越受歡迎的觀光城市，參觀門票和交通票券的價格，越容易調漲，特別 Covid-19 疫情後全球通膨影響，若出現跟書中的價格有落差，請以平常心接受。

謝謝眾多讀者的來信

過去太雅旅遊書，透過非常多讀者的來信，得知更多的資訊，甚至幫忙修訂，非常感謝你們幫忙的熱心與愛好旅遊的熱情。歡迎讀者將你所知道的變動後訊息，善用我們提供的「線上回函」或是直接寫信來 taiya@morningstar.com.tw，讓華文旅遊者在世界成為彼此的幫助。

太雅旅遊編輯部

如何使用本書
How to use

以第一單元倫敦觀光路線為經；加入第二單元美術館、建築表演等藝文活動，疊上第三單元各式飲食、第四單元在地挖寶血拼，以及第五單元倫敦鄰近地區10多個文青地等資訊為緯，即可在本書地圖與路線上勾畫出重點路線，創造自己專屬的豐富旅遊藍圖。

路線規畫

倫敦市中心景點密集串連起來的路線規畫，讓讀者更能深刻感受倫敦的在地風情。

路線特色：

路線特色重點提要，一目了然。人氣路線範圍交疊、易於跨區行程規畫。

本書icon說明

✉ 地址	MAP 地圖	🚇 地上鐵
📞 電話	⁉ 注意事項	🏛 碼頭
➡ 交通	@ Email	🛈 旅客中心
🕐 營業時間	⊖ 地鐵	🚻 廁所
休 公休日	⇌ 火車	👮 警察局
$ 票價	Ⓤ DLR輕軌電車	🏨 旅館
http 網址	🚌 巴士	👑 皇室認證
		🏬 連鎖店

設計、藝文、建築表演

介紹各類精采文化景點，更是深入倫敦不可不去的地方。

必嚐美食

作者經過多年親試百餘家倫敦餐廳、烘培坊篩選，有的物美價廉、有的偏重氣氛、水準品質或交通便利，可根據自己安排的路線、景點，選擇適合用餐的地點。

倫敦景點路線篇

　　本單元提供「市區中心觀光路線」,以及「倫敦市區漫遊路線」、「倫敦市郊慢活路線」。市中心景點與地鐵站大多緊密相鄰,以漫步串連景點的旅遊方式,易於掌握方向、節省上下地鐵與辨認出口的時間,還能省下交通車資。

　　倫敦市郊與市中心的時尚、藝文風貌截然不同。輕鬆與愜意地徜徉運河、世界遺產、農場、宮廷花園,是郊區最迷人之處!

白金漢宮路線

Buckingham Palace Route

路線特色

WESTMINSTER

白金漢宮路線是進入英國經典印象的小旅程

　　早上可從地鐵西敏寺站(Westminster)，走到西敏橋(Westminster Bridge)，同時飽覽泰晤士河兩岸的國會大廈、大鵬鐘及倫敦眼景色。與國會前方隔著馬路的則是西敏寺；若不急著等候觀賞白金漢宮11:30衛兵校閱(通常10:30抵達宮就可找到還算不錯的位置)，那麼可購票進入西敏寺參觀。

　　接著經過唐寧街10號(10 Downing Street)首相官邸，和禁衛騎兵團部的騎兵及駿馬合照。然後直走看到圓環即左轉穿過海軍拱門，眼前林蔭大道的左側為聖詹姆士公園，前端則是白金漢宮。面對白金漢宮的右手邊則為綠園(Green Park)，可看完衛兵校閱後在此享受綠地野餐。

午餐後有2個行程方案：

1.可到面白金漢宮左前方向的君王藝廊或皇家馬廄(P.83)。

2.選擇走回圓環前的特拉法加廣場、以及參觀廣場前的國家藝廊、國家肖像藝廊(P.70、P.71)、聖馬汀教堂及其附屬地窖咖啡(P.130)，喝咖啡上廁所。

國會大廈
Houses of Parliament

　　國會大廈蓋在西敏寺宮(Palace of Westminster)舊址上，分上議院和下議院，和西敏寺合併列為世界遺產。1834年大火嚴重損毀，目前所見哥德復興式建築為19世紀中所建。大鵬鐘(Big Ben)其名來自於監製人班傑明‧霍爾爵士(Sir Benjamin Hall)。暑假7月和8月為休會期間，若對國會有興趣，還可參照開放時間購票參觀，一探民主議會的真貌。

✉ Parliament Square, London SW1A 0AA ➡近Westminster地鐵站(黃色Circle線、綠色District線、灰色Jubilee線)。3號出口 http www.parliament.uk

大鵬鐘歷經5年整修，於2022年展現新貌

倫敦眼
London Eye

　　高135公尺、世界最大摩天輪之一的倫敦眼，為建築團隊馬克思‧巴菲爾德(Marks Barfield)於2000年所完成，遂成為倫敦地標之一，且獲得許多大獎肯定。倫敦眼一次可容納180人搭乘透明的座艙，可俯瞰泰晤士河以及眾多建築地標，冬季開放時間雖然較短，但天色早暗較容易看到深藍色的倫敦夜景。

✉ Riverside Building, County Hall, Westminster Bridge Road, London SE1 7PB ☎ +44 (0) 87 0990 8883 ➡近 Westminster 地鐵站(黃色Circle線、綠色District線、灰色Jubilee線)1號出口。或由Waterloo地鐵站經樓上Waterloo火車站。6號出口 ⁉倫敦眼營業時間依季節變更，請先上網確認 http www.londoneye.com

聳立泰晤士河畔的倫敦眼

西敏寺

Westminster Abbey

建於1065年的西敏寺，對英國皇室存有重要意義，幾乎歷屆君主都在此進行加冕儀式，還有凱特王妃的婚禮，以及黛安娜的葬禮都在此舉行。此外，重要王室成員以及英國重要人士也在此安眠，例如科學家達爾文與牛頓、文學家喬叟與狄更生、政治家邱吉爾等等。此外，哥德式的西敏寺外觀，西大門上方的10尊基督教殉道者塑像、內部的禮拜堂與細膩的塑像都值得細細品味。

✉20 Deans Yard, London SW1P 3PA ☎+44 (0) 20 7222 5152 ➡Westminster地鐵站(黃色Circle線、綠色District線、灰色Jubilee線)。5號出口 http www.westminster-abbey.org

1 西敏寺承襲哥德建築的高聳尖塔形式
2 雄糾糾氣昂昂的皇家騎兵

禁衛騎兵團部

Horse Guards Parade

白廳建築前，可見兩側騎著駿馬的騎兵，這是能和皇家騎兵最近距離合照的機會。每天11:00衛兵交接(週日10:00)，每次半小時以上。此外，白廳內有小型博物館，記錄騎兵們服飾配件以及相關歷史。

✉Horse Guards, Whitehall, London SW1A 2AX ☎+44 (0) 20 7930 3070 ➡Westminster地鐵站(黃色Circle線、綠色District線、灰色Jubilee線)。6號出口 http www.householdcavalrymuseum.co.uk

海軍拱門

Admiralty Arch

海軍拱門1912年完工，最初為皇家海軍總部辦公室，愛德華七世為紀念維多利亞女王而建。拱門上題字的意思是：「在愛德華七世統治下的第十年，全民向維多利亞女王致以感激，1910」。

▶Charing Cross地鐵站(棕色Bakerloo線、黑色Northern線)。6號出口

聖詹姆士公園

St. James's Park

位於林蔭大道旁的聖詹姆士公園，屬倫敦8個皇家公園中最有歷史的，每年約有百萬旅客來此拜訪。公園裡的天鵝或湖畔，是最受歡迎的景色，許多遊客喜歡到此寫生或享受陽光。

▶St James's Park地鐵站(黃色Circle線、綠色District線)
http www.royalparks.org.uk/parks/st-jamess-park

特拉法加廣場

Trafalgar Square

倫敦人最常參與活動的地點之一就是特拉法加廣場，舉凡奧林匹克倒數、皇家慶典以及聖派翠克節(St Patrick's Day)等等活動。廣場中心地標石柱頂端為英國海軍將領尼爾森(Horatio Nelson)雕像，此為紀念對抗拿破崙的特拉法加之役的光榮戰績。

▶Charing Cross地鐵站(棕色Bakerloo線、黑色Northern線)。6號出口

旅遊小叮嚀 門票和優待票的英式說法

● 門票：Admission
● 優待票：Concessions
　(通常指學生和敬老)

1 海軍拱門接連特拉法加廣場以及林蔭大道、聖詹姆士公園/**2** 聖詹姆斯公園雁鳥爸媽在遛娃/**3** 特拉法加廣場緊鄰國家藝廊、國家肖像館、聖馬汀教堂

白金漢宮

Buckingham Palace

　　1837年完建後，即成為王室的正式居所。女王居住在此時，會升上君主旗，其他時間則是升上英國國旗。白金漢宮僅夏季開放，參觀約2～2.5小時。衛兵交接的時間則依季節而有所不同，建議出發前可上網確認。

……………………………………

✉Buckingham Palace, London SW1A 1AA ➡Green Park地鐵站（深藍色Piccadilly線、淺藍色Victoria線、灰色Jubilee線），出站後穿越綠園(Green Park)即可見。衛兵走過維多利亞女王圓環進入白金漢宮大門，在鐵欄杆後進行交接 ❓夏天有10週開放參觀，入內須安檢，拍照限為Palace Gardens內，參訪約2～2.5小時 ㏋www.rct.uk/visit/the-state-rooms-buckingham-palace

衛兵交接儀式(Changing the Guard)
㏋changing-guard.com/dates-buckingham-palace.html

旅行小抄　倫敦皇家公園與特色公園

　　倫敦綠地廣闊，是人們野餐、散步、欣賞動植物最好的去處。以下列出各大公園提供大家參考。

皇家公園(Royal Parks)
㏋www.royalparks.org.uk
　　皇家公園包含：海德公園(Hyde Park)，瑞奇蒙公園(Richmond Park)，攝政公園(The Regent's Park)，肯辛頓花園(Kensington Gardens)，格林威治公園(Greenwich Park)，聖詹姆士公園(St. James's Park)，布希公園(Bushy Park)，綠園(Green Park)。

京都風味的荷蘭公園(Holland Park)
㏋www.rbkc.gov.uk/hollandpark

雀兒喜藥草花園(Chelsea Physic Garden)
㏋chelseaphysicgarden.co.uk
❓付費

欣賞白金漢宮前的皇家衛兵交接，別忘了提早卡位喔

St Paul's and London Tower Route

聖保羅倫敦塔橋路線

路線特色

1 倫敦塔橋與碎片大廈/2 莎士比亞環球劇場/3 倫敦碎片大廈The Shard

融入泰晤士河的豐富路線。若每個景點停留較久，則可拆成兩天分別從聖保羅大教堂、倫敦塔出發漫遊。

早上08:30就開放的聖保羅大教堂，可為泰晤士河邊漫步揭開序幕，參觀教堂後可到對街的遊客中心收集旅遊情報，或是彎到教堂後的購物中心(One New Change)逛街。接著可往泰晤士河的方向踏上優雅的千禧橋，迎面而來的大煙囪建築則是泰德現代美術館(P.68)，館內可遙望聖保羅大教堂和泰晤士河景色、並可稍作休息。

離開美術館，面河向右經莎士比亞環球劇場(P.92)，直走穿過南華克(Southwark)橋墩和一個小通道巷弄後，可看見巷口的復古船(Golden Hinde)。再沿前右行，前方為南華克大教堂(Southwark Cathedral)側牆、右邊的綠色玻璃屋則為波若市集(Borough Market)(P.168)裡的

Jubilee Place，經玻璃屋繼續往前，可於鐵路橋下的左右兩市集，享用豐富的農產熱食作為中餐。若直直穿過橋墩可看到倫敦最高新地標碎片大廈Shard；若穿過橋墩右邊市集可達人氣Monmouth咖啡(P.128)；若出了橋墩左邊的市集走上階梯後往10點鐘方向，則可達倫敦橋(London Bridge)。

若穿出橋墩左邊市集未上倫敦橋前即右轉，可沿著泰晤士河散步，途中經海斯商場(Hay's Gallery)、貝爾法斯特號巡洋艦(HMS Belfast)、外觀渾圓現代的前大倫敦市政廳(Great London City Hall)；若通過前方的倫敦塔橋即可到對岸的倫敦塔(P.18)。

聖保羅大教堂

St Paul's Cathedral

1 巨型圓頂是聖保羅大教堂的最大特色/2 爬上教堂高樓可俯瞰繁忙的倫敦

　　聖保羅大教堂為英國第一大教堂、世界第二大圓頂教堂，亦為極重要的婚喪彌撒勝地。欣賞迷人瑰麗的玻璃彩繪、耳語廊之外，別忘了上樓躋身至圓頂環帶窄廊間，細看壯觀華麗的穹頂。遊客同時可隨多媒體導覽機吸收頗為豐富的知識與典故。千萬別錯過沿著環狀石梯攻頂至111.3公尺高的頂端(Golden Gallery)，整個倫敦市區盡在腳底，妙不可言。

✉ St Paul's Churchyard, London EC4M 8AD ☎ +44 (0) 20 7236 8350 ➡ St Paul's 地鐵站(紅色Central線)。2號出口，回頭即可見大教堂 🌐 www.stpauls.co.uk

旅行小抄

隱藏在聖保羅大教堂和千禧橋間的小驚喜

　　面對聖保羅的右側往千禧橋的小路間，有著不鏽鋼球面的公共藝術作品。不鏽鋼球面映射著聖保羅大教堂，因此站在這裡拍攝球面就能得到自己和教堂的合照唷！

千禧橋

Millennium Bridge

為迎接2000年而建造的千禧橋，跨越泰晤士河並連接聖保羅大教堂和對岸泰德現代美術館，是倫敦第一座行人專用橋。橋長325公尺，線條簡練且優雅，運用航太材料與避震器，為泰晤士河橋中最現代的一座。

1 千禧橋連接了聖保羅大教堂與對岸的泰德現代美術館
2 充滿朝氣藍調的倫敦塔橋，除了遠觀拍照，更可上橋感受其精細的設計

➡聖保羅大教堂旁的旅客中心或Blackfriars地鐵站、泰德現代美術館方向上橋

倫敦塔橋

Tower Bridge

跨越泰晤士河左右岸的15座橋中，倫敦塔橋是位於河口的第一座，因緊鄰倫敦塔為名。1977年為慶祝女王伊莉莎白二世登基25週年，將此橋漆成她最鍾愛的藍色，亦為倫敦最著名的地標。世界童謠「倫敦鐵橋垮下來(London Bridge is Falling Down)」所傳唱的，是波若市集附近的舊倫敦橋，而非這座雙塔身的倫敦塔橋，連原想購買優美塔橋的美國富商也因誤認而買錯了呢！若想捕捉塔橋從中段開閘升起、大船經過的畫面，則可至官網查詢日期與時間表「Bridge Lift Times」。塔內展覽需購票進入，可以俯瞰橋面馬路的玻璃地板是一大特色。

✉ Tower Bridge Road, London SE1 2UP ☎ +44 (0) 20 7403 3761 ➡近Tower Hill地鐵站(黃色Circle線、綠色District線。出站後由左方即可見 ❓ 網路預購另有優惠，若一併參觀倫敦大火紀念碑(P.124)，購買套票更划算 http www.towerbridge.org.uk

倫敦最古老的南華克大教堂

南華克大教堂

Southwark Cathedral

有著深色磚牆的南華克大教堂，建於西元606年，是倫敦最古老的教堂。它不僅見證倫敦歷史更迭，並與倫敦人生活密不可分，如哈佛大學創辦人曾在此受洗。從教堂內的莎士比亞塑像及依其劇作情節的玻璃裝飾，可窺見莎士比亞於倫敦創作巔峰時期的生活。

✉Southwark Cathedral, London Bridge, London SE1 9DA ☎+44 (0) 20 7367 6700 ➡London Bridge地鐵站(灰色Jubilee線、黑色Northern線)。由Duke Street Hill方向出站後，左轉直走即可見大教堂。教堂旁即為波若市集 🎫門票免費，攝錄影需另付費 🔗cathedral.southwark.anglican.org

倫敦塔

Tower of London

被列為世界遺產的倫敦塔，是建於1080年的皇家獄場，知名階下囚例如亨利八世第二任妻子安妮‧寶琳(Anne Boleyn)，因無法生出子嗣被賜斬首於此。其女伊莉莎白一世也曾被同父異母的姐姐瑪莉一世(人稱血腥瑪莉)因信仰基督新教關進塔內。塔內包含最古老的白塔(White Tower)、最血腥懸疑的血腥塔(The Bloody Tower)以及國王、女王加冕的閃耀皇冠收藏處珠寶館(Jewel House)。塔內6隻被剪了翅膀的烏鴉則是吉祥物，傳說若烏鴉消失則國難降臨。

倫敦塔內的守衛(Yeoman Warder，又稱Beefeater)至今仍遵循傳統，穿著都鐸式服裝和帽子，為遊客生動地介紹皇室權力鬥爭的精采故事。參觀總時約2～3小時。

✉Tower Bridge Road, London SE1 2UP ☎+44 (0) 20 7403 3761 ➡Tower Hill地鐵站(黃色Circle線、綠色District線)。出站後穿越左邊的地下道，接著向右沿著倫敦塔外圍到售票亭。入口在河岸邊 🔗www.hrp.org.uk/TowerOfLondon

❶

❷

❸

1 收藏君王皇冠的倫敦塔/**2** 倫敦塔是泰晤士河畔最重要的世界遺產/**3** 照顧烏鴉是倫敦塔守衛責任之一

知識 補給站 ▶ 倫敦是擁有最多世界遺產的城市

倫敦的世界遺產，包含：
倫敦塔(Tower of London)
西敏寺大教堂和聖瑪格麗特教堂(Westminster Abbey & St Margaret's)
國會大廈(Palace of Westminster)
皇家植物園(Kew Gardens；Royal Botanic Gardens)
格林威治(Greenwich)

旅行小抄 ▎強烈建議參與倫敦塔解說團

擔任倫敦塔守衛的資格必須是服役22年以上的優秀軍官，強烈建議參加由他們帶領的1小時解說團(Yeoman Warder tour)參觀景點，才能進入皇家禮拜堂(The Chapel Royal of St. Peter ad Vincula)(特殊日期則不開放)。若行程時間有限者，可進入禮拜堂後位居末座，之後再提早離席。解說團最後一梯時間：夏天為15:30，冬天為14:30。

參加守衛帶領的定時導覽團，親聆角落生動故事

延伸推薦

登高俯瞰倫敦舊城

1 種滿植栽的空中花園/ 2空中花園的紀念品店/ 3空中花園附設在地面樓的餐飲與紀念品店

空中花園

Sky Garden

空中花園位於高樓第35層，造景獨特，這裡的透明頂蓋讓植物們得以充分吸收陽光，園藝師栽種了來自地中海與南非的耐旱植物花卉，也選擇了南法的香草植物，如迷迭香和薰衣草，讓這裡連空氣也飄散著花園的氣息。

在這個空間裡，可以很隨興地選擇不同角度來觀賞這個花園或是泰晤士河畔景觀。可坐在階梯上、點杯咖啡坐在沙發上，或是走出花園，到露台感受倫敦就在腳下的感動。

走訪空中花園前可先至官網預約入場時段，一旦進入花園(須通過安檢)，就無須擔心參觀時間的限制。若想預約的參觀時段名額已滿，不妨預約到花園內的餐廳用餐，同樣也可以進入花園。

✉ 1 Sky Garden Walk, London EC3M 8AF ☎ +44 (0) 207 337 2344 ➡ Monument地鐵站(黃色Circle線、綠色District線、黑色Northern線) http skygarden.london

Duck & Waffle

Duck & Waffle

Duck & Waffle位於Heron Tower高樓的第40層，只要搭乘雙層玻璃的專用電梯，就能體驗40秒內抵達230公尺高的速度感和景觀變化。和其他登高點不同的是，可以俯瞰倫敦利物浦街車站(Liverpool Street Station)的區塊。由餐廳名便可得知，其招牌餐點就是鴨肉鬆餅。油封的作法，讓鴨肉外酥內軟，搭上甫烤好的鬆餅和半熟的煎蛋汁液，口感濕潤，鹹甜脆軟交融。這裡大多數料理概念為英國傳統料理加上歐洲的手法，比如這道招牌餐點改良自英式早餐(香煎培根香腸，加上吐司和太陽蛋)，再附上鬆餅和楓糖漿。

24小時營業，菜單也隨時段而有不同。在倫敦能有整天不打烊的去處極少，因此這裡總是滿座，建議提早訂位。

✉110 Bishopsgate, London EC2N 4AY ☎+44 (0) 20 3640 7310 ➡Liverpool Street地鐵站(紅色Central線、黃色Circle線、粉色Hammersmith & City線、紫色Elizabeth線)🌐 duckandwaffle.com

1 窗邊座位僅限雙人預約／**2** Duck & Waffle的同名招牌菜色／**3** 從120號花園眺望倫敦知名的「對講機大樓」

120號花園

Garden at 120

如果空中花園讓你覺得像是在一個大溫室，那麼120號花園則是提供一個真正的戶外花園供人品賞。這個花園有現代歐風造景、85棵義大利紫藤、30棵果樹和一方水池。位於15層樓高的屋頂，雖然只有空中花園一半的高度，但卻能360度俯瞰周遭的名建築群，這個高度反而讓人覺得可親。更可親的是它不需要預約，雖然有安檢，但你可以帶自己的食物上樓，或是在附設的小賣部購買，請注意公共場所不能飲酒。

✉120 Fenchurch St, London EC3M 5BA➡位在Algate和Monument 兩個地鐵站之間，最近車站是Finchurch street 火車站🌐www.thegardenat120.com

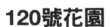

22號地平線／8號瞭望台

Horizon 22 / The Lookout

倫敦前證券交換所後方的天際線現在被摩天樓所占據，左側較高的大樓是60層樓高的Bishopgate路22號，右側像是大小積木堆疊一起的是50樓層高的Bishopgate路8號，兩棟相鄰大樓在2023下半年相隔1個月時間推出免費觀景平台，不僅俯瞰的景物差不多，內部都是巨大的落地玻璃，連入口大門也相鄰，常見預約參觀者互相走錯入口。兩者最大差別僅在於「22號地平線」(Horizon 22) 位於58樓，比8號的「瞭望台」高8樓，穩坐倫敦最高免費觀景平台的頭銜。

兩者都可以事先預約入場時段，如果約不到鍾意的時段，可以當天到現場問問是否還有入場名額(walk-in ticket)。兩棟大樓入場都需要經過類似機場的安檢，可以攜帶水與食物上樓，但8號的瞭望台禁止飲食，22號地平線則有個咖啡吧販賣飲料與點心。

....

Horizon 22

✉ 22 Bishopsgate, London EC2N 4AJ ➡ Bank 地鐵站 或 Monumentment 地鐵站車站走路約7分鐘 http horizon22.co.uk

The Lookout

✉ 8 Bishopsgate St EC2N 4BQ ➡ Bank 地 鐵 站 或 Monumentment 地鐵站走路約7分鐘 http 8bishopsgate.com

1 22號地平線 **/2** 舊皇家交易所的新背景，正是這兩棟新大樓 **/3** 從22號地平線俯瞰倫敦塔橋 **/4** 8號瞭望台

倫敦舊城不斷變化的天際線

倫敦舊城裡的登高景點

中英名稱	簡　介	網　址
倫敦眼 London Eye	位於倫敦舊城外，往東看就可欣賞倫敦舊城，最高點135公尺。	www.londoneye.com
聖保羅大教堂頂樓 Golden Gallery	收費包含在Cathedral Dome的入場費範圍內。上頂層有500個階梯，單行道設計，挑戰你的懼高症。	www.stpauls.co.uk/visit-us
倫敦大火紀念碑 The Monument	345層階梯考驗你的腳力，樓高222英尺，在今日來說不算高，卻是記錄紀念碑與當年起火點位置的距離。	www.themonument.org.uk
新交易巷一號購物中心頂樓 One New Change	限頂樓餐廳顧客使用，樓層不高但可近距離欣賞聖保羅教堂。	onenewchange.com/food-and-drink/madison-rooftop-bar-restaurant
倫敦碎片大廈觀景層 The View from The Shard	付費觀景台位於68～72層，是全英國最高的大樓頂層，設有酒吧。	www.theviewfromtheshard.com
2023 年重新開幕 泰德現代美術館觀景層 Level 10 at Tate Modern Museum	河對岸就是老倫敦城，免費入場，附有Café。	www.tate.org.uk/visit/tate-modern/level-10
空中花園觀景台 Sky Garden	熱門景點，免費但需事先訂票。如果訂不到花園入場券可以改訂酒吧餐廳的桌位。	skygarden.london/booking
蒼鷺大樓的景觀餐廳 Duck & Waffle at Heron Tower	位於40樓，可同時俯瞰老倫敦城與東倫敦，熱門晚餐與宵夜地點。	duckandwaffle.com
120 號花園 Garden at 120	2019年開放的免費花園，位於15樓，不需預約，是夏日野餐的祕密花園。	www.thegardenat120.com
2023 年新景點 8 號觀景台 The Lookout at 8 Bishopsgate	位於50層樓的觀景台，免費，可欣賞泰晤士河東到西的景色，俯看塔橋與倫敦塔。	www.8bishopsgate.com/lookout
2023 年新景點 水平線 22 Horizon 22	就在8號觀景台Lookout的隔壁，景觀角度差不多，但樓層更高，是倫敦最高的免費觀景點。	horizon22.co.uk

科芬園大英博物館路線

路線特色

經典英國文化行程，在地品茶、挖寶、賞寶，身心愉悅。

一天可從皇家百年唐寧茶鋪(Twinings)(P.178)聞香開始，有興趣可至對面的皇家法庭(Royal Courts of Justice)以及巷弄中的聖殿教堂瞧瞧。接著可到滑鐵盧(Waterloo)橋墩旁的美術館桑摩塞特宅(Somerset House)(P.82)以及科爾陶德學院畫廊(The Courtauld Gallery)(P.80)欣賞最新展覽和印象派經典巨作。參觀後可到科芬園的倫敦交通博物館(P.85)與市集(P.164)以及尼爾的院子(Neal's Yard)周邊用餐逛街。之後可走到Tottenham Court Road 地鐵站旁，前往較新穎的餐飲區用餐，還有聲光秀隧道與全國最大沉浸式數位藝術空間Outernet。接著沿著New Oxford Street 走到Bloomsbury Way左轉，再右轉入Great Russell Street 可以見到大門。

1 大英博物館是蒐羅世界文明的重心／**2** 遊人如織的科芬園／**3** 沉浸式數位空間Outernet是2023新景點

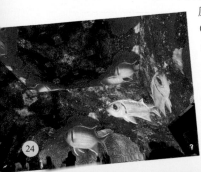

旅遊小叮嚀　爬樓梯還是搭電梯

許多老舊地鐵站沒有手扶梯，只有樓梯和電梯，例如在科芬園地鐵站內。若耐不住性子等電梯或想挑戰體力，可體驗193階的旋轉樓梯，但別忘了穿舒適好走的鞋喔！

聖殿教堂

Temple Church

位於泰晤士河旁的聖殿教堂，包含3個部分：聖殿(Temple Church)、中殿(Middle Temple)及內殿(Inner Temple)，目前中殿和內殿為法學院所有，是英國培育大律師的重要搖籃。教堂於12世紀開始建立，以圓形外型和大理石肖像墓著稱，是多部電影的取材地，《達文西密碼》(The Da Vinci Code)更使其聲名大噪。劇情中主角蘭登教授等人於內殿尋找訊息後，又趕往西敏寺解密。而中殿教堂花園(MiddleTemple

美麗的中殿花園有開放時間限制

Gardens)是另一個私密天堂，春夏時節柳樹扶疏、玫瑰盛開，英國文豪莎士比亞與狄更生都曾提及這裡的景色。

✉The Temple Church, Temple, London EC4Y 7BB ☎ +44 (0) 20 7353 3470 ➡Temple地鐵站(黃色Circle線、綠色District線)。面對唐寧茶鋪(Twinings)的左手邊第二條極小巷弄Fetter Lane彎入(入口是一棟有著黑色窗戶與木條的白壁建築，從半圓形黑色鑄鐵門進入，教堂位在左手邊) http www.templechurch.com

參觀教堂前請務必確認開放時間

由於教堂常有內部活動，因此每個月對外開放的日期與時間皆不相同，強烈建議出發前先至官網中的「VISITING TIMES」查看開放時間，以免撲空。

詩意的中殿教堂花園

尼爾的院子

Neal's Yard

　　走入柯芬園地鐵站對面的小路，就進入了 Seven Dials 區，這裡像早期的柯芬園，有比較多特色小店。被彩色建築包圍的尼爾的院子，像是置身於某個南歐小廣場。院子裡同名的草藥精油店以有機健康產品聞名，咖啡與葡萄酒店口碑甚好，入口對面的 Seven Dials Market 則是大型的室內用餐美食街。

➡ Covent Garden 地鐵站(深藍色 Piccadilly 線)。出站後左轉至 Neal Street，左轉入 Short's Garden 這條路，於小弄進入

1 穿過小巷弄進入 Neal's Yard／**2** SOHO 區牆上的壁畫／**3** 聚集眾多遊客的科芬園

Outernet London

360度的數位影像布滿4層樓高的室內空間及一條走道，Outernet London提供歐洲最大的電子畫面裝置，也是世界首個公共藝術概念的數位展覽空間，提供瑰麗奇幻的電子視覺藝術。附近街區重建提供許多餐飲選擇，地鐵站外廣場成為市中心的新休閒空間。

✉ The Now Building, Centre Point, London, WC2H 8LH http www.outernetarts.com

旅行小抄 **查令十字路只剩書街美名，附近仍有幾家特色書店**

Foyles

為書街(Charing Cross Road)最知名百年獨立書店，書籍廣泛，文具禮品與設計叢書甚至漫畫皆包括在內。樓上的咖啡廳是品書人最愛。

✉107 Charing Cross Rd, London WC2H 0EB ☎+44 (0) 20 7437 5660 http foyles.co.uk

Stanfords

位於科芬園，堪稱最大、最專業的地圖、旅遊書籍和資料書店，為旅行愛好者的天堂。

✉7 Mercer Walk, Covent Garden, London, WC2H 9FA ☎+44 (0) 20 7836 1321 http www.stanfords.co.uk

Daunt Books

以旅遊文學書籍最著名，其中位於馬里波恩大街(Marylebone High Street)的百年老店保存了愛德華七世的優雅建築風格，讓閱讀更顯品味。

✉83 Marylebone High Street, London W1U 4QW ☎+44 (0) 20 7224 2295 http www.dauntbooks.co.uk

Hatchards

擁有皇室認證、創立於1797年，是倫敦最古老的書店。位在Piccadilly路上，以限量書籍、宗教叢書為其特點。

✉187 Piccadilly, London W1J 9LE ☎+44 (0) 20 7439 9921 http www.hatchards.co.uk

其他連鎖書店

WHSmith／普羅大眾雜誌、小說為主，甚至兼售飲料零食，常見於各大車站口。
http www.whsmith.co.uk

Blackwell's／以專業學術書籍為主。
http bookshop.blackwell.co.uk

Waterstones／豐富的文學書籍，也是作家最常發表簽書會的首選。
http www.waterstones.com

肯辛頓騎士橋路線

路線特色

增廣見聞與休憩兼具的路線，一年四季皆適宜。

從探訪拒絕長大的彼得潘青銅像開始。自地鐵站Lancaster Gate下車後往右前方進入皇家肯辛頓公園腹地，映入眼簾的首先是義大利花園(Italian Gardens)，沿著花園和小河走，彼得潘的銅像就在右手邊。繼續向前走可抵達旁邊海德公園內的黛安娜紀念噴泉(Diana Memorial Fountain)或是往右方可達肯辛頓宮。參觀完肯辛頓宮後，可往南經艾伯特紀念碑，馬路對面即為皇家艾伯特音樂廳(P.92)。沿著Exhibition Road路途中，右

手邊為科學博物館(P.75)、路尾右邊的宏偉建築為自然史博物館(P.74)、左邊為維多利亞與艾伯特博物館(簡稱V&A)(P.72)；並可在V&A享用一杯茶。順著Brompton Road路前行，便可抵達最尊貴的Harrods百貨(P.147)。

1 皇家音樂廳裡的曲目表演豐富，適合普羅大眾/**2** 蛇形藝廊餐廳是名建築師Zaha Hadid設計的新空間/**3** V&A是涵蓋世界文化的藝術生活博物館/**4** 維多利亞女王對亡夫的愛與思念，於艾伯特紀念碑嶄露無遺

旅遊小叮嚀

海德公園的藝文路線

公園內的蛇形湖(Serpentine Lake)畔有2個同名藝廊及餐廳，每年夏天藝廊前庭展出概念性涼亭(Pavilion)，是建築與設計界的盛事。www.serpentinegallerys.org

❶

皇家肯辛頓公園

Kensington Gardens

1 維多利亞女王雕像與肯辛頓宮／2 春夏的黛安娜紀念花園裡爭奇鬥豔／3 依照公園裡的指示可達參訪景點

　　相較其他皇家公園顯得小巧細緻，但公園內紀念性的地景與蜿蜒小河更具親和力。知名的地景包含最著名的肯辛頓宮外，還包含義大利花園，它是當年亞伯特親王送給維多利亞女王的禮物，噴泉、珍貴大理石與波特蘭石雕像為主要特色。而彼得潘銅像的青春精神則為皇家公園帶來了亮點。隔著一條小徑的海德公園裡，黛安娜噴泉採用康瓦爾花崗岩，根據電腦科技精密切割砌成，水從高處分兩側流下，清澈的水化為漩渦、泡泡，然後沉浸底層，象徵著黛妃高雅不凡的一生。而艾伯特紀念碑是維多利亞女王為紀念亡夫，費時10年精細工程所建，碑上代表世界各洲以及農商製造和工程的雕刻，為親王所關注和貢獻的領域。

➡Queensway或Lancaster Gate地鐵站(紅色Central線)或High Street Kensington地鐵站(黃色Circle線、綠色District線、灰色Jubilee線)達肯辛頓花園不同入口處 http www.royalparks.org.uk/parks/kensington-gardens

Peter Pan

Serpentine Gallery

❸

Diana, Princess of Wales Memorial Fountain

肯辛頓宮
Kensington Palace

　　肯辛頓宮原為威廉三世和瑪莉二世於1689年購置為皇宮，直到維多利亞女王才遷移至白金漢宮。肯辛頓宮也是黛安娜生前的住所，現為威廉王子和凱特王妃居所，備受民眾喜愛。宮內開放部分展廳，包含國王藝廊及寓所，豐富的皇室服飾收藏，黛妃各式華服背後的故事與照片，以及各種活潑方式呈現的特展，讓遊客對皇家生活有更近一步認識。肯辛頓宮為人所熟知的橘園餐廳(Orangery Restaurant)經過7年整修後於2024年5月重新開幕。皇宮旁的黛安娜紀念花園夏季玫瑰盛開，2023年並新增黛安娜紀念雕像。

1.2 緊臨肯辛頓花園的海德公園裡，湖畔餐廳The Sperprntine的餐點及室內景色/**3** 精巧的肯辛頓宮為氣質王妃居所/**4** 黛妃是最令人懷念的皇室成員之一/**5** 特展與宮內布置相互輝映/

✉Kensington Gardens, London W8 4PX ☎+44 (0) 844482 7777 ➡Queensway地鐵站(紅色Central線)。出站後直走入公園，位維多利亞女王雕像的後方。或High Street Kensington地鐵站(黃色Circle線、綠色District線)走入公園，位左手方 http www.hrp.org.uk/kensington-palace

知識 補給站 ▶ 永遠長不大的男孩——彼得潘

除了彼得兔，英國文學家還創造了一個彼得潘(Peter Pen)！

　　蘇格蘭作家詹姆斯‧馬修‧巴利(James Matthew Barrie)於1902年出版了一本成人讀物《小白鳥》(The Little White Bird)，彼得潘自此誕生。然而直到1906年，節錄書中13～16章節另外獨立出版的童書《彼得潘在肯辛頓花園》(Peter Pan in Kensington Gardens)，彼得潘才逐漸為人所知。

彼得潘雕像流露無限童心

　　彼得潘的原型，是作家漫步住家附近的肯辛頓公園、觀察小河邊嬉戲的最活潑的男孩而來。書中的彼得潘，拒絕長大而逃到公園裡與動物們相處並學習飛行。故事裡諸多情節，也都和肯辛頓公園甚至海德公園的蛇形湖緊扣。1912年矗立至今的彼得潘銅像，正是他起飛之處。

馬里波恩路線

路線特色

重視生活品味與休閒的路線，包含皇家公園、設計雜貨品牌與百貨、戲劇音樂欣賞。

行程可從貝克街(Baker Street)地鐵出站後右轉至貝克街，參觀位於街尾左前方的福爾摩斯博物館、右前方的攝政公園。中午可在公園野餐(夏季可在午飯後於露天劇院觀賞莎翁名劇)，下午回到地鐵站另一側的杜莎夫人蠟像館參觀。或是直接走到最有品味的馬里波恩大街(Marylebone High Street)感受設計感十足的店鋪，包含設計家具The Conran Shop分店(P.195)和Daunt書店(P.27)，以及沿路蒐羅歐陸各地廚具食材的專賣店。若想停下來用餐，路邊咖啡店及繼續直行經3條路Thayer、Mandevillem、James Street稍貴露天餐館也是不錯的選擇。牛津街(Oxford Street)右轉可達皇室認證

Selfridge百貨(P.152)，再直走左手邊可達大理石拱門(Marble Arch)以及海德公園的演說者之角(Hyde Park Speaker's Corner)。

1 引領時尚的皇家百貨Selfridge/**2** 貝克街地鐵站內保留地鐵歷史風貌，並隨處可見福爾摩斯身影/**3** 馬里波恩大街櫥窗裡的居家商品

旅行小抄 London

行程延伸補充

1.還有時間體力，逛完牛津街或演說者之角後，搭10號公車(往Hammersmith方向)到Harrods百貨或再隔幾站抵皇家亞伯特音樂廳欣賞表演。

2.牛津街及大理石拱門間購物品牌參考P.143

❶

攝政公園、露天戲院
Regent's Park、Open Air Theatre

1 攝政公園內的露天戲院/**2** 攝政公園一角/**3** 樹林間常見松鼠覓食

　　攝政公園是倫敦最大草皮公園，包含夏日玫瑰盛開的瑪莉皇后花園(Queen Mary's Garden)和露天戲院(Open Air Theatre)。最具特色的露天戲院因氣候僅在夏季演出，戲碼多為莎士比亞名劇。樹叢為棚的舞台，富涵豐富芬多精，尤其在夏季欣賞仲夏夜之夢，是多麼地具有詩意的事啊！日夜溫差大，夜間欣賞別忘了帶件外套喔！

❸

📧 Regent's Park, Chester Rd, London NW1 4NU 📞 +44 (0) 30 0061 2300 ➡️ Baker Street地鐵站(棕色Bakerloo線、黃色Circle線、粉色Hammersmith & City線、灰色Jubilee線、紫色Metropolitan線)。出站後經貝克街(Baker Street)的福爾摩斯博物館，繼續直走在小交叉口右轉進入公園 🌐 **攝政公園** www.royalparks.org.uk/parks/the-regents-park；**露天戲院** openairtheatre.com ❓攝政公園占地廣大，若對方向感沒有把握，建議先至官網下載地圖參考

❷

福爾摩斯博物館

Sherlock Holmes Museum

從貝克街地鐵站內的名探福爾摩斯剪影壁貼，站外頭戴獵鹿帽、穿著斗篷的雕像，是福爾摩斯精神的展現。而他和華生醫師共同破解懸案的地點就在故事設定的博物館現址，貝克街221b。故事為小說家柯南·道爾根據其愛丁堡皇家醫院實習時所得靈感撰寫，原本貝克街無該門牌號碼，經過城市規畫才納入故事中的地址。博物館內依照劇情到位地擺設，若有幸，還能與警探裝扮人員合影，附屬商店販售福爾摩斯常用物品，可免費進入。僅隔著幾個門號的披頭四專賣店，是倫敦1960～1970年代樂迷的勝地。

1 福爾摩斯雕像刻畫得栩栩如生 /**2** 位於221b貝克街是福爾摩斯的家也是博物館 /**3** 蠟像館建築的外型有如天文台 /**4** 杜莎夫人畢生(1761～1850)致力於蠟像製作

....

✉221b Baker Street, London NW1 6XE ☎+44 (0) 20 7224 3688 ➡Baker Street地鐵站(棕色Bakerloo線、黃色Circle線、粉色Hammersmith & City線、灰色Jubilee線、紫色Metropolitan線)。出站後右轉至貝克街(Baker Street) 🌐www.sherlock-holmes.co.uk

杜莎夫人蠟像館

Madame Tussauds

一生充滿傳奇的蠟像專家杜莎夫人，原為管家的女兒，由於醫學物理家的主人柯提斯教授其蠟像工藝，因此深受皇室賞識成為藝術教師。杜莎夫人為法國大革命斬首者製作面膜並接收柯提斯蠟像收藏，擁有眾多蠟像資源，遂於1835年落腳於貝克街並作永久性展出。現在蠟像館也在其他國家設立分館，皆以該國名人為主要蠟像陳列。來到倫敦，當然要與女王分身來個三連拍、五連拍囉！

....

✉Marylebone Road, London NW1 5LR ☎+44 (0) 87 1894 3000 ➡Baker Street地鐵站(棕色Bakerloo線、黃色Circle線、粉色Hammersmith & City線、灰色Jubilee線、紫色Metropolitan線)。出站後左轉直行 🌐www.madametussauds.com/london

Personal Route
個人主題路線

倫敦三五步即見有故事的場景，除了前述五大漫步路線，不妨參考以下主題旅遊或搭巴士輕鬆瀏覽，設計屬於自己最愛的路線吧！

倫敦主題路線漫步團

　　參加多元主題的漫步路線，可聽聽導遊們敘述倫敦有趣或是不為人知的深層一面。塗鴉藝術、美食酒吧、鬼故事、披頭四足跡、村落散步……，這裡有許多主題可選擇，除了付費導覽也有由參加者支付小費的「免費」活動，或是按圖索驥的自助導覽。

前皇家交易所建築

倫敦舊城主題
http www.cityoflondon.gov.uk/things-to-do，在 Walks and itineraries 目錄下，選 Self-guided walks and trails，內有徒步地圖。
http www.cityoflondonguides.com/tours 有付費與免費導覽的資訊

倫敦市中心及其他主題
http www.walklondon.com
http www.walks.com

以支付小費代替預收報名費的導覽
http www.neweuropetours.eu/sandemans-tours/london/
http www.freetour.com/london

中文導覽
fb 觀光客不知道的倫敦
fb 跟 Craig 藝起逛倫敦

倫敦巴士交通路線

A.倫敦老爺巴士
Heritage Routemaster

　　頗受歡迎的路霸老爺巴士有開放式的後門讓人可任意跳上車，想體驗這種懷舊交通工具，可搭乘由「倫敦人巴士公司」(Londoner Buses) 經營的觀光巴士 Heritage Route T15，或Tourist Route A兩條路線。買票上車向車掌購買即可，可刷卡或付現，但不適用牡蠣卡。該車從早上營運到傍晚，可買單程票或日票。

Route T15
起迄站Trafalgar Square～Tower Hill
http www.londonerbuses.co.uk
Route A
起迄站Waterloo Station～Piccadilly Circus
http www.londonerbuses.co.uk/tourist-bus-route-a

B.語音導覽觀光巴士
搭乘隨上隨下的觀光巴士可在短時間內參觀最多景點，這種觀光巴士也有主題路線：粉紅色下午茶適合閨蜜、佩佩豬或帕丁頓熊主題下午茶適合親子參加；鬼故事之旅是夜間路線、城市聖誕燈景主題則是冬季限定。幾乎每家公司都會推出聖誕燈主題的觀光巴士行程，包括老爺巴士。

下午茶巴士之旅
http b-bakery.com
獵鬼巴士之旅
http www.theghostbustours.com

電影主題巡禮

特定電影導覽

除了到經典景點拍照留念外，還有另一種方式能讓倫敦旅遊的記憶更有故事性，那就是跟著電影景點走。若在旅遊前觀賞倫敦取景的影片，走訪該地時將有一種似與劇中人擦身的時光交錯感，創造出一種與景點獨特的互動。再溫習電影時，似乎也記錄自己著的旅程與回憶。

走訪電影景點有兩種方式，一是依據自己喜好按圖索驥。另一為參加特定主題電影導覽團。

想要專訪特定主題電影拍攝景點者，可參考專為影迷提供的導遊團，如：《哈利波特》、《007詹姆士龐德》等。

http www.britmovietours.com

按圖索驥

利用以下網站裡的電影場景資訊，可依單一電影主題走訪或依區域探索，融入自己的行程：

A

http www.visitlondon.com/things-to-do/sightseeing/film-locations/top-10-film-locations-in-london

Top 10 film locations in London：在倫敦取景的電影，最常見為各大博物館、格林威治、諾汀漢丘、倫敦塔橋和地鐵站等等，細節可見網站所述。

B

http www.movie-locations.com

輸入影片名稱或景點等關鍵字，電影取景地點相關資料就會列出。

哈利波特九大免費場景

風靡全球的《哈利波特》電影中滿載眾多英倫印象，許多場景在倫敦市中心實地拍攝，影迷們不妨跟著哈利波的足跡來一趟魔法之旅。

9又3/4月台

聖潘克拉斯車站

破釜酒吧

9又3/4月台
Platform Nine and Three-Quarters

通往霍格華茲魔法學院的火車，就從國王十字車站出發。自從哈利波特第一部電影《神秘的魔法石》上映後，車站就架設半截的推車供影迷拍照，隨車站整體搬移，終於遷至靠近9號月台的位置。但其實實際拍攝的場地是在4號和5號月台上。

✉ Platform 9 ¾, King's Cross, Euston Rd., London N1C 4BU. ➡ King's Cross St. Pancras 地鐵站

國王十字車站
Kings Cross Station

劇中霍格華茲列車發車的火車站外部場景其實是聖潘克拉斯車站，也曾在《消失的密室》中出現，榮恩開著爸爸的隱形飛天車載著趕不上火車的大家，從這兒起飛。

✉ St. Pancras Renaissance Hotel London, Euston Rd., London NW1 2AR ➡ King's Cross St. Pancras 地鐵站

破釜酒吧
Leaky Cauldron

哈利波特收到入學通知要去斜角巷買入學用品，斜角巷的入口就藏在破釜酒吧裡。海格帶著哈利走過里登荷市集 (Leadenhall Market, P.88) 來到破釜酒吧，那道有弧度的門，就算換了顏色也很好辨認。除了出現在《神秘的魔法石》，也出現在《火盃的考驗》裡。

✉ Diagon Alley in Harry Potter film, 9-10 Bull's Head Passage, London

EC3V 1LU ➡ 在 Bank 和 Monument 兩個地鐵站之間

波若市集
Borough Markets

到了《阿茲卡班的逃犯》中，破釜酒吧搬到波若市集 (P.168) 了。哈利從騎士巴士下車，進入破釜酒吧，位置是在市場旁鐵路橋下、Stoney Street 上的一家店。拍攝當年是花店，現在是連鎖墨西哥餐廳，影迷可能很開心可以走進這個「破釜酒吧」用餐。

Tips：電影中使用的文宣品在主題店 MinaLima (P.199) 展示。

波若市集

蘭貝斯橋

✉️ El Pastor, 7A Stoney St, London SE1 9AA ➡️ London Bridge 地鐵站

蘭貝斯橋
Lambeth Bridge

同樣是在《阿茲卡班的逃犯》，藍色的騎士巴士載著哈利狂奔，遇上2輛對向駛來的倫敦紅色雙層巴士，騎士巴士「瘦身」從兩車之中鑽過，這一景是在蘭貝斯橋上拍攝。

✉️ Lambeth Rd, London SE1 7SG ➡️ 在 Westminster 和 Vauxhall 兩個地鐵站之間

布羅克岱爾橋
Brockdale Bridge

在《混血王子的背叛》開場，就被反派大軍摧毀的

西敏地鐵站

Brockdale Bridge，其實是倫敦地標千禧橋，位置就在波若市集與西敏橋之間。

✉️ Thames Embankment, London EC4V 3QH ➡️ 參考千禧橋 (P.17)

西敏地鐵站
Westminster Tube Station

在《鳳凰會的密令》中哈利與榮恩的爸爸一起搭地鐵去魔法部，拍攝的地鐵站是大鵬鐘旁的西敏地鐵站。

✉️ Westminster Station, Bridge St, London SW1A 2JR ➡️ Westminster 地鐵站

魔法部入口
Entrance to the Ministry of Magic

劇中的魔法部就在白廳蘇格蘭場附近的街道。《鳳凰會的密令》中入口處是一個紅色電話亭，那只是個臨時道具，但後面的建築天橋很好辨識，之後在《死神的聖物》中再度出現。

✉️ 11 Great Scotland Yard, London SW1A 2HN 附近 ➡️ Charing Cross 地鐵站

皮卡底里圓環
Piccadilly Circus

在《死神的聖物》中，哈利、妙麗和榮恩從婚禮中衝到一個交通要道，差點撞上一輛紅色公車，這個地方就是皮卡底里圓環。

✉️ Piccadilly Lights, Piccadilly Circus, London W1D 7ET ➡️ Piccadilly Circus 地鐵站

蘇格蘭場

Family Route
親子遊 路線

倫敦有著豐富多元的文化特質與博物館資源，朝氣蓬勃的景觀生態，加上近年英鎊匯率下跌，為拓展視野、寓教於樂的親子遊首選。

規畫小撇步

1 V&A兒童博物館是以兒童眼光加以設計/2 海事博物館內外都有兒童遊樂區/3 里奇蒙公園可賞鹿賞鳥賞花

　　隨行者為幼兒時，務必提前與航空公司確認餐點，並攜帶餵乳或副食品用具，以及換洗尿布、圍兜等；可為幼童準備玩具或書籍吸引其注意力，度過冗長的飛行時間。而倫敦天氣多變，即使夏季，颱風下雨的氣候會感覺寒冷，建議攜帶可洋蔥式穿脫的衣物，並隨身多準備一套孩童簡便衣物，流汗弄髒時可以更替；備用藥品記得一併攜帶。

　　倫敦有些地鐵站沒有電梯、手扶梯，建議行李輕量化。遊樂路線規畫以有電梯、手扶梯的地鐵站為主(可下載Mumderground App)，或是搭乘公車、較昂貴的計程車。可盡量集中安排行程，並放慢步調欣賞周遭景觀。

　　建議選擇有洗衣機、烘衣機、簡易廚房，以及方便搬運行李的住宿，除了減少攜帶衣物外，廚房可提供兒童飲食上的應變或是節省開銷。

靜態知識藝文充電

倫敦許多博物館提供限時限額的兒童工作坊體驗，包含較無語言限制的音樂舞蹈或生態活動，強烈建議規畫在行程內，推薦的有：倫敦交通博物館、自然史博物館、科學博物館、大英博物館，以及V&A博物館分支的兒童博物館；V&A博物館中庭階梯，則是夏季孩童戲水沁涼地。

Waterstones連鎖書店兒童書籍區販售從0歲開始的繪本書籍與教育相關產品，許多家長也會帶孩童至此親子共讀。各地區圖書館資源也可善用。各社區或教堂或兒童中心，常有說故事或遊戲團體，適合年齡較小的孩童。

倫敦劇院較受兒童歡迎的音樂戲劇有：獅子王(Lion King)、阿拉丁(Aladidn)、瑪蒂達(Matilda)等等。而每年8月的兒童戲劇週(Kids Week)，劇碼大多改編自知名兒童繪本或書籍，觀賞前可先親子共讀；許多兒童劇有互動橋段，盡量選擇靠近舞台Stalls的位置；成人全票可免費攜帶一位16歲以下兒童觀賞，額外2位兒童則半價優待。

旅行小抄 London 兒童活動看這裡

倫敦兒童活動豐富多樣，可到下列網站查詢更詳細的資訊。

兒童活動搜尋網
http www.netmums.com
http www.timeout.com/london/kids
兒童戲劇周 www.kidsweek.co.uk
奧林匹克公園 arcelormittalorbit.com
倫敦旅遊網 www.visitlondon.com
古肥貓歷險樂園 www.chessington.com

動態親近自然樂翻天

倫敦公園時常有各種小動物出沒，例如松鼠、天鵝或是荷蘭公園(Holland Park)的孔雀等等。皇家公園各有特色(參見P.14)，抑或附設兒童遊樂設施；裘園花卉植物多樣性，是活的生態教室，

而奧林匹克公園的奧運塔，改建成178公尺高的溜滑梯，提供高空下滑的體驗，但限制8歲以上、身高超過130的兒童。

主題式的樂園通常需要安排1天行程，可到溫莎的樂高樂園(LEGOLAND Windsor Resort，參見P.232)，還有搭火車約1小時、到南安普頓(Southampton)的佩佩豬樂園(Peppa Pig World)，或搭半小時火車到Chessington新開幕的古肥貓(Gruffalo)歷險樂園和並住主題房，更多訊息可至倫敦旅遊網搜尋Theme Parks。

兒童玩具可在迪士尼專賣店(Disney Store)、樂高專賣店(LEGO Store)、Hamleys購買之外，最推薦到購物中心進行採購，一次逛究重點嬰幼兒或兒童品牌外，親子設施也較完善。

較大英國嬰幼兒兒童專營品牌為Mothercare、Mamas & Papas、The Little White Company、JoJo Maman Bébé、Trotters。廣受歡迎的Joules、Clarks、Zara、HM、NEXT、Gap、United Colors of Benetton等等品牌則提供全家大小個別選擇。

←佩佩豬和古肥貓是英國最夯的繪本主角

City Farm
城市農場

路線特色

1 城市農場背景是倫敦第二金融區/2 農場裡馬兒自在地吃草

鑽入高聳現代的倫敦建築叢林裡，在大樓群的背景下欣賞草地上的動物們，是多麼驚奇又有趣的體驗啊！

旅遊小叮嚀 健康與安全守則

為了動物的健康，農場禁止擅自餵食動物，請不要餵食自己攜帶的食物。除了特定活動，例如有農場員工指導的觸摸小動物工作坊，不要自行觸摸動物，觸摸後要清潔雙手。在農場野餐，也要遠離動物活動區，進食前也要先清潔雙手。

倫敦市區裡有數個農場，能夠做為孩童戶外教學以及親近田園生活的管道。農場規模不在大，但是多半提供社區課程、騎馬、餵羊、種菜等志工服務機會，也提供餐飲或市集，是適合一家人休閒娛樂與學習的所在。某些農場裡畜養英國特有種飛禽

家畜，讓參觀城市農場也成為頗具特色的主題旅遊。在此介紹2個不同風格的農場。

哈克尼城市農場

Hackney City Farm

位於哥倫比亞路花市附近,是倫敦歷史第二悠久的城市農場。不同於Mudchute農場的開闊,該地前身是一個地區啤酒廠,入口曲徑通幽,磚造小屋及隨地散步的雞鴨給人許多農莊的韻味。每日閉園前,可以看到在開放區域曬太陽的家畜魚貫地走回牛棚休息。在哈克尼這個文青區,農場商店除了有機蔬菜,也販賣無包裝環保商品。農場也提供陶作與傳統木作活動,反映這個地區的歷史。附設的義式小館Frizzante評價不錯,週日總是客滿。

✉1a Goldsmiths Row, London E2 8QA ☎+44 (0) 20 7729 6381 💲入場免費,特定活動付費 http Hackneycityfarm.co.uk

1 農場員工指導的小動物工作坊/**2** 農場飼養許多品種的家禽家畜/**3** 農場的小商店是裸裝環保店/**4** 哈克尼城市農場/**5** 農場內的小商店/**6** 哈克尼街上的大壁畫

Mudchute農場

Mudchute Park and Farm

位在泰晤士河旁的狗島區(Isle of Dog),占地32英畝,差不多18個足球場大小,是歐洲數一數二大規模的城市農場,也是一個大公園,共有5個入口。樹林後的草場有放牧的羊群,襯著倫敦第二金融城金絲雀碼頭(Canary Wharf)的高樓為背景,非常有趣。農場內有超過100種動物,是倫敦唯一飼養保育類品種家禽家畜的農場,同時也有逗趣的羊駝與駱馬。夏季的週日有幼童的騎驢活動。

✉Pier Street, Isle of Dogs, London E14 3HP ☎+44 (0) 20 7515 5901 ➡Mudchute DLR輕軌電車站 💲入場免費,特定活動付費 http www.mudchute.orgco.uk

Little Venice & Regent's Canal
愜意漫遊小威尼斯&攝政河

1 路線特色

2

3

攝政運河自小威尼斯(Little Venice)到肯頓水門(Camden Lock)之間，是最受歡迎的散步路段。遊走河邊最能感受蜿蜒的多樣風情、偷得浮生半日閒的愜意，漫步、幸福一切盡在不言中。

小威尼斯是河流匯集處，也是3條路Maida Avenue和Warwick Crescent及Blomfield Road交接的三角地帶，在此有船上咖啡廳，也可搭船遊攝政運河。附近大多是維多利亞和愛德華式樓房。繼續前行左手邊的櫻草花丘(Primrose Hill)，位於攝政公園(Regent's Park)北邊，可俯瞰倫敦新地標碎片大廈Shard、倫敦眼甚至聖保羅大教堂的圓頂。附近也是高級住宅區，如電影《神鬼傳奇》(The Mummy)女主角瑞秋‧懷茲(Rachel Weisz)、名模凱特‧摩絲(Kate Moss)都居住在此。

欣賞完丘頂景色後，可至全球最早、古老的倫敦動物園。或可直接從山丘下坡轉接運河，往左漫步到肯頓市集(P.170)享用各國小吃，以及逛逛肯頓幾個饒富復古與龐克的市集。水門和小威尼斯之間可搭船遊河。

🌐 canalrivertrust.org.uk/canals-and-rivers/regents-canal

1 夏日的攝政運河風情／**2** 運河及水上船屋／**3** 從櫻草花丘可俯瞰倫敦重要地標

肯頓水門位攝政河的一端

漫步運河交通一點靈

Step 1　早上可從Warwick Avenue地鐵站(西北二區的棕色Bakerloo線)步行約5分鐘到小威尼斯,然後順著攝政運河散步。

Step 2　沿著運河經過路墩走約30分鐘後,可看見位於左手邊的櫻草花丘,走上丘頂約5分鐘。

Step 3　俯視完山丘景色後,可:

1. 通過馬路Prince Albert Road下坡後,往左轉直走,沿著運河可看見橋墩、中國式建築,以及往肯頓水門(Camden Lock)方向1/2英哩的指示。

2. 通過馬路Prince Albert Road與下坡Outer Circle 經倫敦動物園。

Step 4　沿著運河繼續往前經過Gloucester Avenue路墩,然後抵達肯頓水門,約13分鐘,可在市集(P.170)享用午餐。

倫敦動物園

London Zoo

　　於1828年設立,是世界上最古老也是英國最大的動物園,以科學研究、動物保育與教學為目標。倫敦動物園以池塘、樹叢等最接近天然的方式展示各種動物,包含獨特的雨林生態區。與企鵝和紅鶴近距離接觸及水獺餵食秀,是園內最吸引人的活動。

. . . .

✉ Outer Circle, Regent's Park, London NW1 4RY ☎ +44 (0) 84 4225 1826 ➡ Camden Town地鐵站。往攝政公園、櫻草花丘方向步行15分鐘。或在Baker Street地鐵站外搭公車274號(往Ormonde Terrace的方向)於動物園門口下車 http www.zsl.org/zsl-london-zoo

旅行小抄　搭船遊攝政河

　　可從小威尼斯搭船到肯頓市集,相反地,也可在肯頓市集餐飽後,搭乘遊船到小威尼斯。冬季暫停營運。

運河遊船公司London Water Bus
http www.londonwaterbus.com

Maritime Greenwich
▶ 標準時間的起源──格林威治

路線特色

腹地廣大的格林威治，見證了英國強大的航海時代。古今海軍發展、天象計時子午線、船隻，以及熱鬧市集、皇家公園，構成知性又活潑的小日子。

　　格林威治(Maritime Greenwich)為全球時間的起點(Greenwich Mean Time, GMT)，著名的子午線穿越此處，東西經線由此展開。它也是15世紀王宮──普拉森宮(Palace of Placentia)所在地，多位都鐸王朝的君主於此誕生，如：亨利八世及其女伊莉莎白一世。王宮原址位在格林威治皇家公園(Greenwich Park)旁，由於英國內戰而荒廢，改建皇家海軍醫院，19世紀成為海軍的訓練學院，20世紀末海軍遷走，這個建築群與卡提沙克號帆船共同見證英國偉大輝煌的海權時代。

　　舊皇家海軍學院、皇后宅邸、國家海事博物館、皇家天文台暨彼得‧哈理森星象館以及卡提沙克號共組皇家博物館群。

旅行小抄

可參考博物館套票組合

格林威治皇家博物館群之中，國家海事博物館與皇后宅邸免費，若欲參觀多個付費博物館，可參考套票組合。

http www.rmg.co.uk

海權時代的格林威治舊村落，位於皇家格林威治行政區內，簡稱格林威治。它在15世紀設立首座皇家狩獵的御苑，16世紀都鐸王朝由此發展海權，17世紀興建的天文台與皇后宅邸是歷史里程碑，18世紀的舊海軍醫院與市集村落是完善的喬治亞建築群，保留數世紀的歷史要素，因而在1996年列入世界文化遺產。

這是聯合國教科文組織(UNESCO)對全球珍貴的自然與人文景觀之保護機制。英國至2024年初共有33個項目上榜，倫敦地區有倫敦塔、西敏寺與西敏宮、皇家植物園裘園，以及格林威治歷史區。

1 秋日的格林威治公園一角/**2** 格林威治公園種植野花以維持生物多樣性/**3** 格林威治碼頭的仿古帆船/**4** 占地廣大的格林威治常見騎警巡邏

宏偉的格林威治大學與舊皇家海軍學院，建築背後即為皇后宅邸

舊皇家海軍學院
Old Royal Naval College

被世界文教組織評譽為英國最精緻且引人注目的建築與地標。位於學院前的雕像是18世紀英王喬治二世，他熱愛軍事且驍勇善戰，最令人津津樂道的是與官兵一起並肩奮戰的精神。學院內最值得觀賞的是壁畫大廳(Painted Hall)，號稱英國最大的室內壁畫，畫技巧奪天工，於2019重新開幕後改為付費參觀。另外還有禮拜堂(Chapel)大理石地板上的船錨，皆顯現海軍時代的富強，前者常出現在電影場景。

✉ Old Royal Naval College, 2 Cutty Sark Gardens, Greenwich, London SE10 9NN ☎ +44 (0) 20 8269 4747 ➡ Greenwich火車站，下車步行11分鐘；Cutty Sark DLR輕軌電車站，下車步行3分鐘 ⁇ 壁畫大廳與展覽中心付費參觀 http www.ornc.org

皇后宅邸
Queen's House

舊海軍學院旁的白色方形建築，原為詹姆士一世之妻安妮皇后所建造。相傳在一次狩獵活動中，皇后誤殺國王的心愛獵犬，國王為彌補當時的責罵而將此地贈予給她。安妮皇后請來有著羅馬文藝復興背景的建築師尼格‧瓊斯(Inigo Jones)建造，創造當時王宮建築新風格，但後來安妮皇后因病過世，因此並未親眼見證完工。目前宅邸收藏精美藝術品，也對外提供結婚場地之用，宅邸後緊連格林威治公園綠地。

✉ Romney Road, Greenwich, London SE10 9NF ☎ +44 (0) 20 8312 6693 ➡ Greenwich火車站，下車步行11分鐘；Cutty Sark DLR輕軌電車站，下車步行8分鐘 http www.rmg.co.uk/queens-house

國家海事博物館
National Maritime Museum

　　英國最大的海事博物館，也是全球收藏最豐富的海洋軍事博物館。在此不但展示許多英國海權時代的收藏，更藉由多元互動媒體、可供穿戴的盔甲以及教具，達到寓教娛樂。皇家格林威治區自亨利八世時代就是英國海軍重地，歷史淵源深厚。

....

✉ Park Row, Greenwich, London SE10 9NF ☎ +44 (0) 20 8312 6608 ➡ Greenwich 火車站，下車步行13分鐘；Cutty Sark DLR 輕軌電車站，下車步行約8分鐘 http www.rmg.co.uk/national-maritime-museum

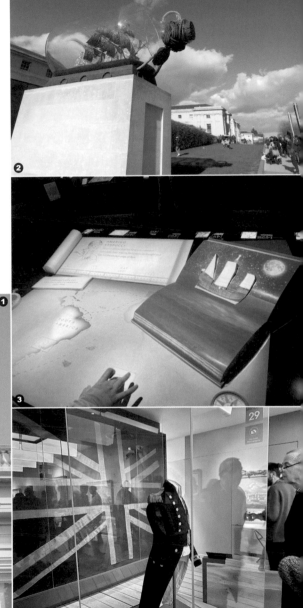

1 門口矗立巨大船錨的海事博物館前門入口，將於2025重新開放／**2** 當代藝術品《納爾遜的瓶中船》放置在後門入口旁／**3** 展覽以互動式投影裝置説明海洋與英國的故事／**4** 深受英國人愛戴的納爾遜將軍遇難時穿著的制服上可見彈孔

皇家天文台與彼得・哈理森星象館
Royal Observatory and Peter Harrison Planetarium

1 走在計時起點的本初子午線上,需要購票喔/2 天文學中心裡的鐘錶見證時代的演進/3 世界的標準時間就在格林威治

從格林威治公園山坡往下俯看,可見舊皇家海軍學院與皇后宅邸,向山坡頂望即見皇家天文台與彼得・哈理森星象館。1675年,查理二世設立皇家天文台以觀測準確的星象而繪製地圖;1884年在美國召開的國際會議一致決定以皇家天文台的經線作為標準零度經線,也就是本初子午線,若想走在標準時間線的起點,不妨買張門票。同張票可參觀星象館旁的天文學中心,展示史上第一個航海計時器還有隕石。

✉ Blackheath Avenue, Greenwich, London SE10 8XJ ☎ +44(0)20 8858 4422
➡ Greenwich 火車站,下車步行20分鐘;Cutty Sark DLR 輕軌電車站,下車步行18分鐘 http www.rmg.co.uk/royal-observatory

卡提沙克號

Cutty Sark

原造於1869年的貿易船隻卡提沙克號,曾是當時最快的船隻之一,運輸茶葉往來中國以及從澳洲進口羊毛,保持長達10年的紀錄。2007年一場大火嚴重傷及卡提沙克號,目前已經修復並讓更多民眾感受航海時代的魅力。

✉ King William Walk, Greenwich, London SE10 9HT ☎ +44(0)20 8312 6693 ➡ Greenwich火車站,下車步行8分鐘;Cutty Sark DLR輕軌電車站,下車步行3分鐘 http www.rmg.co.uk/cuttysark

格林威治市場

Greenwich Market

位於一個1737年的建築群中庭,保留喬治亞風格,屬於世界文化遺產的一部分。市集每日有不同主題,週間有古董、收藏品攤,週末選攤以出色的手作藝品、服飾、飾品、禮品聞名,異國小吃區總是大排長龍,環繞著市集中庭也是精選獨立小店。近年來加上玻璃屋頂,採光更佳,夏日時小吃區並向戶外擴張。

✉ Greenwich Market, 5b Greenwich Church St, London SE10 9HZ ☎ +44(0)20 8269 5096 http www.greenwichmarketlondon.com

格林威治懷舊市集

The Greenwich Vintage Market

位於 St. Alfege 教堂對面的畸零地、只在週末營業的市集,販售值得收藏的懷舊品,有數十年歷史的首飾、餐具、軍裝、玩具、家具等,供有興趣的人前來淘寶。原本在靠近火車站的鐘塔古董市集則暫停營業。

✉ 2 Greenwich Church St, London SE10 9BQ ☎ 07775246473 ➡ Cutty Sark DLR輕軌電車站 http www.greenwichvintagemarket.co.uk

1 象徵航海全盛時期的卡提沙克號/**2** 懷舊市集於週間在市場中庭擺攤/**3** 格林威治的懷舊市集/**4** 異國小吃和手工藝品林立的格林威治市場

Kew Gardens
▶皇家植物園——裘園

❶ 路線特色

始建於1759年的皇家植物園，原為喬治三世母后所有，隨年代擴增，占地已達132公頃，以溫室、花房等不同區域收藏為數驚人的品種，堪稱世界頂尖植物園之一，因而被納入世界文化遺產。

園中26個專業花園爭奇鬥豔，主題溫室例如最為人所熟知的棕櫚館，似船底造型的玻璃屋頂保護著熱帶雨林的樹種。溫帶植物館是前者的兩倍大，除收藏亞洲花果、亦涵蓋地中海、非洲，以及南美洲等特殊且瀕臨絕種的生物。小山造型的威爾斯公主溫室以及高山植物溫室使用精密控溫系統，讓罕見植物得以生長，睡蓮溫室培養大王睡蓮。全球種子銀行亦設在此，肩負著生態保育重要使命。中式寶塔、日式敕使門(1910年博覽會所打造)等特色建築更顯示皇家植物園的多樣性。鮮橘紅裘宮是綠毯中的寶石，冬季閉館；而樹頂步道是眺望高處的驚奇地方。植物藝術館以及畫廊，收藏展示維多利亞精采植物描繪以及藝術創作。

✉Royal Botanic Gardens, Kew, Richmond, Surrey TW9 3AB ☎+44 (0) 20 8332 5655 (24小時) ➡Kew Gardens地鐵站(綠色District線)。依指示走到後站出口，向左手邊通道迴轉，出來則看見兩旁都是路樹的道路，直走就會接到皇家植物園的維多利亞大門(Victoria Gate) http www.kew.org/visit-kew-gardens

旅遊小叮嚀 輕鬆遊園小撇步

1. 皇家植物園占地面積廣大，建議保留購票所附地圖。
2. 如果時間不足，可付費搭遊園車Kew Explorer，繞園一周為40分鐘，共有8個點，可自行上下。
3. 園內有3個用餐區，亦可自備點心、三明治在樹下乘涼用餐。
4. 門票常配合2 for 1的優惠，購票前可先查詢相關活動內容。

1 裘宮(Kew Palace)/**2** 睡蓮溫室(Water Lily House)/**3** 植物藝術館(Shirley Sherwood Gallery of Botanical Art)/**4**.**5** 裘園收藏世界罕見植物花卉/**6** 畫廊(Marianne North Gallery)/**7** 高山植物溫室(Alpine House)/**8** 日式敕使門(Japanese Gateway)/**9** 棕櫚館(Palm House)

倫敦後花園——瑞奇蒙

Richmond

路線特色

大倫敦西南方3～4區之間的瑞奇蒙行政區是泰晤士河畔的一塊綠地，涵蓋皇家瑞奇蒙公園(Richmond Park)以及倫敦濕地中心等等，是倫敦人遠離塵囂、大口呼吸新鮮空氣的能量補給站。

1 瑞奇蒙地區的美景就在生活中/**2** 慢跑與騎單車都是快速暢遊廣大的瑞奇蒙公園最常見的方式/**3** 若由Richmond地鐵站步行至公園，沿途草木扶疏，也有座椅可稍作休息/**4** 閒暇時間坐河畔欣賞美景/**5** 瑞奇蒙公園裡野鹿漫遊

瑞奇蒙公園

Richmond Park

瑞奇蒙公園是所有皇家公園中最大、最遼闊的公園，早期為皇家獵鹿場，占地1,000公頃，約40倍中正紀念堂占地面積。由於草木扶疏、擁有繁多天然植物品種，因而受到國家自然保護，居住在此的650頭鹿群如同歸原野般幸福，想追尋鹿的蹤跡可在清靜的時段往公園南邊探訪。平時遊客最喜歡到此散步、野餐、騎車、放風箏，運氣好的話，會遇到其他小動物不預期地出現在眼前唷！

http www.royalparks.org.uk/parks/richmond-park

瑞奇蒙交通一點靈

倫敦市中心到瑞奇蒙公園

搭火車或地鐵到Richmond站(注意：搭終點為Richmond的，而非Ealing Broadway)。然後到地鐵站對街的公車站牌Stop M等公車65號，約9分鐘抵Petersham站下車，接著步行到公園的Petersham Gate大門，也可從市區漫步到公園。返程欲到地鐵站，可出大門後順著右手邊的路走到Queen's Road，在公車站牌American University搭公車371會比較近。

往返皇家植物園以及瑞奇蒙公園

可搭乘公車65號。站牌分別在植物園的維多利亞大門(Victoria Gate)(R站)以及瑞奇蒙車站的公車站牌(C站)，車程約15分鐘，週末班次減少。時刻表可至倫敦交通網查詢。http www.tfl.gov.uk(網頁中Buses內鍵入「65」)。皇家植物園與漢普頓宮兩地夏天可搭船往返(P.58)。

城市裡的桃花源
Petersham Nurseries

①

1 無需預約的Teahouse採光極佳/**2** 此處也販售家飾用品/**3** 各式植栽是綠手指的最愛/**4** 科芬園分店也能看到植栽角落/**5** Teahouse戶外用餐區滿滿野餐的氣氛/**6** 以蔬果花卉種籽入菜，如藝術品一般

　　位於瑞奇蒙(Richmond)的Petersham Nurseries，為Boglione家族傾力經營的有機園藝中心。1997年，年輕的Gael和Francesco Boglione夫婦帶著家人從倫敦移居至此，開啟了熱情和專業的園藝生活。經過許多沉思和轉變，2004年始重新開放，並有了溫室餐廳和茶館，隨即獲得米其林的綠星肯定。

　　在瑞奇蒙的溫室裡，眾多美麗的花卉展現妖嬈的姿態。這裡也販售著精選居家產品，從餐盤到家具櫥櫃，都有各自的靈魂。餐廳和咖啡廳裡的植栽或盆插，亦展現著富創造力的美學，無怪一開放，便吸引眾多的旅人探訪。除了生態環境令人覺得彷彿置身桃花源，這裡的有機餐點也像是藝術創作般令人期待，以花藝入餐，讓人驚喜連連。例如，將草莓籽和可食

小種子混和抹在調酒杯緣的神來一筆；堅果和花瓣隨性點綴在餐點中。餐具和桌上的擺飾，更將整體的氛圍營造提至了最高點。

　　近年，Petersham Nurseries也拓展至科芬園。雖然科芬園的占地不若瑞奇蒙，也沒有諾大的溫室花園和較為愜意的場地，但仍保留了其花藝美學入餐的精神，讓無法親臨瑞奇蒙原址的旅人有了一探芳澤的機會。

　　無論瑞奇蒙或科芬園，各自皆有幾個不同定位的用餐空間。強烈建議，若想到科芬園用餐，一定要提前訂位，然後帶著最放鬆的心情好好地感受當下的一切吧。

瑞奇蒙Richmond

✉Church Lane, Off Petersham Road, Richmond, Surrey TW10 7AB ☎+44 (0) 20 8940 5230 ➡到瑞奇蒙車站前搭

乘65或371號公車。搭到Dysart下車,然後往前走進有指示的巷子裡Petersham Nurseries Restaurant餐廳提供套餐與餐桌服務,需要訂位,The Tea House茶館不需訂位,自助取餐。可訂製下午茶。以上兩店週一公休,請先查詢官網營業時間

科芬園Covent Garden

✉Petersham Nurseries, Floral Court, London WC2E 9FB:La Goccla Restaurant and Bar義式小酒館(1 Floor Court)、The Petersham餐廳(2 Floor Court)、Wine Bar and Deli熟食舖與酒吧(31 King Street),不須訂位 ☎ +44 (0) 20 7305 7676 ➡Covent Garden 地鐵站(深藍色 Piccadilly線) http petershamnurseries.com

Hampton Court Palace
充滿宮廷恩怨的漢普頓宮

路線特色

1 壯闊的漢普頓宮/2 宮內角落重建當年生活型態/3 花園草木皆經過精心設計

自1236年存在的漢普頓宮，為典型都鐸建築，百年來多位君主在此居住，最知名為亨利八世。花園和700畝綠地(Home Park)令人心曠神怡，有時還能與動物偶遇呢！

素有英國凡爾賽宮之稱的漢普頓宮，原為英格蘭樞機主教湯瑪士·沃爾西(Thomas Wolsey)所有。他是亨利八世的大法官和國務機要大臣，漢普頓宮為其招待歐洲國王使節的地方，以鞏固英格蘭及自身地位；他也在牛津創辦學院，也就是基督教書院的前身。當亨利八世認為凱薩琳皇后無法生下子嗣，又與安妮·寶琳(Anne Boleyn)發生婚外情並使其懷有身孕時，便希望沃爾西能夠遊說羅馬教廷，使他能順利離婚。教廷的延遲讓亨利八世非常震驚，因此撤職禁錮沃爾西，並將漢普頓宮收為己有。最後，亨利八世利用金錢權力順

利與安妮結婚，生下女兒則為後來的伊莉莎白一世，英國也因此脫離羅馬教廷，自立國教。

作風強悍的亨利八世，擁有6次婚姻，其中兩任皇后賜予斬首。在他接手漢普敦宮後，便大肆擴建，讓漢普頓宮更顯華麗，安妮·寶琳之門(Anne Boleyn's Gateway)以及皇室教堂增建的木雕，都為亨利八世贈予安妮皇后的禮物。若參觀前先了解亨利八世的相關故事，更容易融入漢普頓宮的恩怨情仇。從電影《美人心機》(The Other Boleyn Girl)或諸多伊莉莎白一世相關影片書籍也能了解更多都鐸王朝的故事。

鐘塔
Clock Court

鐘塔上方造於1540年的天文鐘，精密與複雜的細節不但能夠顯示時刻、日期及月分，還能指出潮汐時間。鐘塔下方天使手上拉著英格蘭樞機主教沃爾西的衣袖，上面則有象徵權力的徽飾。

亨利八世的廚房
Henry VIII's Kitchens

230年以來，都鐸式的廚房依舊活生生地呈現亨利八世時期的飲食，此廚房最主要是提供宮內600人、一天兩次的食物。走進廚房，桌上的新鮮食材和熊熊烈火的柴燒，還有仿演控火的伙房，讓此百年廚房重現當年忙碌盛景。

1 雄偉的鐘塔是工藝、科技與建築的結合/**2** 鐘塔下刻有象徵權力的天使徽飾/**3** 廚房裡的巨型窯需要專人負責控火

國王寓所

Henry VIII's Apartments

從階梯到高挑天花板一氣呵成的彩繪，是義大利畫家安東尼奧·委利奧 (Antonio Verrio) 為威廉三世 (William III) 所繪的巨型羅馬廳。細節精采，令人不禁佇足仰望，看到連脖子都痠了呢！此外，還有金碧輝煌的皇室教堂 (Chapel Royal) 和寬廣的廳堂 (Great Hall)。

旅行小抄

漢普頓宮延伸行程

1. 若想安排一日遊皇家植物園與漢普頓宮，兩地之間的交通夏天可搭船
2. 出了漢普頓宮 (Hampton Court) 火車站後，往橋的東北方向走約15分鐘可達皇家第二大的布希公園，這裡的鹿群和河景不輸瑞奇蒙公園 (Richmond Park)

1 國王寓所內皆為挑高設計/**2** 從牆面延伸到天花板頂的繪畫，構圖細膩、令人嘆為觀止/**3** 下車出口即可看見往漢普頓宮的指示

旅遊小叮嚀 參與真人仿演劇，請先索取節目表

由於真人仿演的戲劇會在漢普頓宮內各角落進行，建議在購票時順便索取當日演出節目表，以便參與活生生的宮廷劇。兒童也可以報名參與、著戲服演出，留下難忘的回憶喔！

漢普頓宮

✉ East Molesey, Surrey KT8 9AU ☎ +44(0) 84 4482 7777 ➡ 從倫敦滑鐵盧 (Waterloo) 火車站搭到漢普頓宮 (Hampton Court) 站約35分鐘，下車往指示方向經橋走200公尺即達 ⏰ 每日 10:00 起開放，夏日 18:00、冬日 16:00 閉園，部分展場提早關閉或是限制最後入場時間) 休 還有不定時閉園日 💲 £27.2起，票價分離峰與尖峰，如果一年內還會參觀肯辛頓宮可購買 Historic Royal Palaces 會員卡 http www.hrp.org.uk/hampton-court-palace

漢普頓宮花園亮點 Palace Gardens

漢普頓宮建築周邊環繞著數個不同主題的花園，各有特色。

大噴泉花園 **The Great Fountain Garden**	隨著參觀動線走到皇宮後，就置身於大噴泉花園，此為威廉三世當初修建用來隔開狩獵區(Home Park)之用。繼任的安妮女王修改了原本華麗的巴洛克風格設計，只留下一個大噴泉，修剪成蘑菇狀的紫衫，也具有300多年的歷史。
樞密花園 **Privy Garden**	走入一道圍牆後，就能看到威廉三世的巴洛克風格宮廷花園，此處是以各色花床和碎石小徑拼出幾何對稱的線條。旁邊的榆樹隧道(Bower)是他的妻子瑪麗二世女王與女眷散步的地方。
世界最大的葡萄藤 **The Great Vine**	有超過250年的歷史，年產270公斤的黑葡萄，當初喬治三世國王的廚子種來做甜點。葡萄藤溫室旁的紫藤也有200年歷史，5月開花時是盛事。

其他值得一遊的花園還有池塘花園(Pound Garden)，原本是亨利八世的魚池，後來利用低陷的地形種植怕冷的異國花草；世界最古老的樹迷宮(The Maze)，前往觀賞需要額外付費；還有適合兒童玩耍的神奇花園(The Magic Garden)；皇家網球場(The Royal Tennis Court)建於1625年並持續使用至今，是英格蘭歷史最久的網球場，內設有小型展覽，說明亨利八世從1530年就在漢普頓宮打網球。還有廚房花園(Kitchen Garden)、玫瑰花園(Rose Garden)、野林子(The Wildness)等，喜歡英式花園的人一定要多留一點時間給漢普頓宮。

1 大噴泉花園裡有古老的紫杉樹/**2.3** 樞密花園根據史料考證重現17世紀的園藝設計

River Thames Routes and Landmark

▶ 泰晤士河沿岸及景點

路線特色

如果時間許可，可安排一趟水上旅程
看看不同視角的倫敦之美。

　　倫敦有6條水上巴士路線，沿著泰晤士河有22個渡船口，想利用水上巴士走訪觀光景點，前往碼頭排隊即可。可使用牡蠣儲值卡或銀行卡直接搭船，也可上網預購或碼頭購票。除了單程票也有漫遊日票，持TfL的旅遊票乘船享66折。船票分三區計價，詳見官網。

　　除了交通局經營的水上巴士，還有數家私營的觀光船，船上提供語音導覽，也可選擇含下午茶或晚餐的套裝行程。可在市區碼頭的票亭購票或上網預訂。

1 在泰晤士河的寬廣河面賞析美景/**2** 在白天參觀完景點後，可在傍晚搭船欣賞倫敦夜景/ **3** 泰晤士河穿越千禧橋，同時還能看見聖保羅大教堂的拱頂/ **4** 倫敦交通局管理的水上巴士由泰晤士快船公司與Uber合資運作

搭水上巴士遊倫敦

可選擇搭乘水上巴士遊歷倫敦，站點附近有不少景點可就近參訪。

碼頭站點	附近可達景點
西敏站Westminster Pier與倫敦眼站London Eye Pier	兩站相對在河的北岸與南岸，步行可達國會大廈、大鵬鐘、西敏寺、倫敦眼、聖詹姆斯公園
河岸站 Bankside Pier	泰德現代美術館、莎士比亞環球劇場、千禧橋、聖保羅大教堂
倫敦橋與城市站 London Bridge City Pier	波若市集，碎片大廈、南華克大教堂、倫敦舊城
倫敦塔站Tower Pier	倫敦塔、塔橋、倫敦舊城
格林威治站 Greenwich Pier	格林威治皇家公園、格林威治市集、舊海軍醫院、卡提薩克與海事博物館等
北格林威治站 North Greenwich Pier	O2巨蛋體育館、ICON暢貨中心、跨河纜車

貼心小提醒

夏日限定遊河路線

裘園站(Kew Pier)與漢普敦宮站(Hampton Court Pier)分別可前往上游的裘園與漢普頓宮，這路線只在夏日營運。

旅行小抄　實用網址有助於行前規劃

水上巴士與渡船口地圖 http tfl.gov.uk/maps/river
船資計算 http tfl.gov.uk/fares/find-fares/river-fares
購票方式與訂票 http www.thamesclippers.com/plan-your-journey/ticket-information

設計、藝術
建築與表演

倫敦，國際頂尖創意文化之都，在百年建築中不斷冒出新地標、豐富藝術收藏裡萌發新設計創作，例如時尚週、設計週、諾丁丘嘉年華、溫布頓網球公開賽、聖誕節等等活動，使整個城市充滿了蓬勃生機，讓人們永遠都有新發現！

博物館、美術館

豐富館藏，一生中必來一次的經典

大英博物館 FREE
British Museum

　　成立於1753年的大英博物館，是世界重要收藏博物館之一，以維護人類資產、開放教育學習為主要目的，與巴黎羅浮宮、紐約大都會博物館並稱世界三大博物館。館藏來自各地的稀世珍寶，如木乃伊、復活島石雕、希臘神廟與大理石雕刻、世界遺產，堪稱為活的百科全書。中庭圓拱由2,436片玻璃組成，氣勢雄偉。而紀念品商店的創意商品、影音書籍兼具寓教娛樂。

Great Russell Street, London WC1B 3DG +44 (0) 20 7323 8299 Tottenham Court Road地鐵站(紅色Central線、黑色Northern線)。出站後第一個紅綠燈右轉後直走約5分鐘 每天10:00～17:30，週五延長至20:30 www.britishmuseum.org 大英博物館常出借展品，若有非看不可的物件，建議先向櫃檯服務人員確認

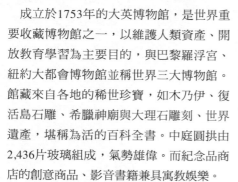

1 大英博物館為世界三大博物館之一/2 採光極佳的穹頂和灰白主調基石，將博物館襯得精神抖擻/3 路易斯象棋是以海象牙製作的棋子

大英博物館推薦必看 **10** 大收藏

1 羅塞特石碑
The Rosetta Stone　Ground Floor 第**4**室

製作時間｜西元前196年　**出土地點**｜埃及

內容為埃及國王托勒密五世(Ptolemy V)詔書，使用象形、通俗和希臘文對照刻寫，為學者得以解碼埃及象形文字的重要鎖匙。

2 復活島石雕
Hoa Hakananai'a　Ground Floor 第**24**室

製作時間｜約西元1000年　**出土地點**｜智利

242公分高石雕，其名為被偷或藏起來的朋友，可能有祭祖用途。為英國船艦HMS Topaze於1868年運回獻給維多利亞女王的禮物。

3
馬頭雕刻
Acropolis　Ground Floor 第**18**室

製作時間｜西元前438～432年　**出土地點**｜雅典

作品源自於希臘帕德嫩神廟東側山形牆上，表現馬兒生動的表情與張力。

貼心小提醒

行前規畫讓欣賞更有趣

博物館收藏頗豐，強烈建議先挑出有興趣的作品，了解其背景、館藏位置，以及欣賞的路線，那麼現場觀賞起來會更有感覺。

1. 可依館方建議，安排不同觀賞規畫。詳見官網內「Planning your visit」。
2. 為了解展品位置，可先列印各樓層收藏室相對地圖，方便到館按圖索驥，亦可在館內購買導覽地圖，頗具收藏紀念價值。各樓層配置詳見官網「Visiting」內的「Floor Plans and Galleries」。
3. 除自行觀賞，還可參加免費定時導覽、或租用中文語音導覽機。

④ 塔拉女神 Level 1 第33室
Statue of Tara

製作時間｜西元700～750年
出土地點｜斯里蘭卡

小乘佛教金身女神雕像，是青銅鍍金的觀世音菩薩，依手指姿態判斷，鑄造時應持有蓮花。

⑤ 大衛花瓶 Level 2 第95室
The David Vases

製作時間｜西元1351年
出土地點｜中國

元代的青色花瓶，祭祀所用。象頭手把、龍紋與銘文更顯樣式不凡。「元青花」是景德鎮最出色的產品。

⑥ 烏爾音箱 Level 3 第56室
The Standard of Ur

製作時間｜西元前2600～2400年
出土地點｜伊拉克南部

烏爾是公元前橫跨美索不達米亞南部的帝國首都，音箱兩面版分別繪製「戰爭」(軍隊出征)與「和平」(動物和演奏者)。

Lower Floor Level -2 第25室

⑦ 伊費國王頭像
Ife head：Brass head of a ruler

製作時間｜西元1300～1400年初
出土地點｜奈及利亞

以青銅表現精細的羽毛頭飾和串珠表現國王的身分，加上化合物的材料，為非洲藝術上的成就。

⑧ 路易斯象棋 Level 3 第40室
The Lewis Chessmen

製作時間｜西元1150～1175年
出土地點｜蘇格蘭路易斯島
　　　　　(Isle of Lewis)

海象牙製作的棋子約8公分高，活靈活現表情的棋組共78只，目前67只存於大英博物館，為古老的象棋之一，也是哈利波特電影中的象棋原型。

⑨ 阿茲特克 馬賽克 Ground Floor 第27室
Turquoise Mosaic Mask , Double-headed Serpent

製作時間｜西元1400～1521年
出土地點｜墨西哥

14～16世紀間統治墨西哥中部及南部的阿茲特克族，是石器文化最後的承接帝國。鑲滿珍貴土耳其石，以及珊瑚貝殼的面具或雙頭蛇，代表神聖與雨神，為獻給帝王的禮物。

知識 補給站 ▶ 英國樓層說法大不同

在英國，通常習慣將地面的那一層樓稱為地面樓(Ground Floor)，即台灣所稱1樓，然後才依序往上數樓層。

1樓：Ground Floor
2樓：First (1st) Floor
3樓：Second (2nd) Floor
地下1樓：Lower Ground Floor

而在空間格局較大的博物館，如大英博物館、維多利亞與艾伯特博物館等等，樓層會加入「Level」(層級)的概念。因此，建議到達博物館時即索取地圖或查看所在位置圖，以了解相對的樓層位置，利於掌握參觀方向。

埃及內棺

Inner coffin of Henutmehyt

製作時間｜西元前1250年
出土地點｜埃及

黃金打造的內棺，顯現Henutmehyt女祭司的富裕與崇高地位。
61～66室，保存豐富埃及壁畫和木乃伊。為大英博物館鎮店之寶。

其他必看古物

▶亞述文化的人面守護獸
(Colossal Winged Bull)
位置｜Ground Floor 第10室

◀重達7.25噸的花崗岩
法老像拉美西斯二世
(Statue of Ramesses
II)，其帶領古埃及進入
全盛時期。
位置｜Ground Floor 第4室

◀花崗岩法老像背面

▶羅馬時期鑲嵌壁畫，
又稱馬賽克(Mosaic)
位置｜West Stairs 西側樓
梯間

還有：

黑底浮雕波特蘭花瓶
(Portland Vase)
位置｜Level 3 第70室

網羅多元現代藝術的殿堂

泰德現代美術館
Tate Modern

FREE

有著大煙囪外形的泰德現代美術館，前身為建造於1947和1963年間的發電廠(同期特色建築為Battersea火力發電廠)，1981年關廠之後，2000年正式以美術展覽形式對外開放。大廳Turbine Hall斜坡入口，常有大型環境藝術設置以及互動媒體，或是行動藝術表演。多元化的豐富展覽讓每年從世界各地來訪的旅客將近5千萬人次，是最多人參觀的博物館之一。此外，館內販售的設計藝術書籍數量十分驚人，囊括理論實作到兒童學習以及相關紀念商品，稱之為設計藝術圖書館也不為過。

....

✉ Tate Modern, Bankside, London SE1 9TG ☎ +44 (0) 20 7887 8888 ➡ Southwark地鐵站(灰色Jubilee線)。出站後往Blackfriars地鐵站方向走，然後看到河邊往右轉即可到達。或從聖保羅大教堂(紅色Central線)旁的千禧橋過橋直達 http www.tate.org.uk/visit/tate-modern

館內最經典的作品

立體派大師
畢卡索(Pablo Picasso)《哭泣的女人》Weeping Woman
超現實主義大師
達利(Salvador Dalí)《變形的水仙》Metamorphosis of Narcissus
動態藝術大師
亞歷山大‧考爾德(Alexander Calder)《動態雕塑》Mobile
現代與立體主義雕塑家
瑞士100法朗紙幣上的人物
阿爾伯托‧賈克梅蒂(Alberto Giacometti)《軌跡時刻》Hour of the Traces
抽象畫先驅
瓦西里‧康定斯基(Wassily Kandinsky)《搖擺》Swinging
風格派(de stijl)畫家
皮特‧蒙德里安(Piet Mondrian)《紅黃藍三部曲》Composition C (No.III) with Red, Yellow and Blue

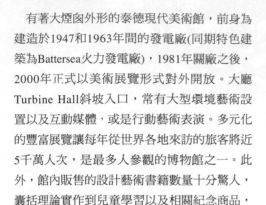

1 渦輪室常展出大型作品 /**2** 在2016增建的塔樓是泰德現代館另一個入口 /**3** 舊火力發電廠改建為現代美術館，為河岸帶來新風貌

貼心小提醒

別錯過館內絕佳觀景點

可到3樓Espresso bar、6樓餐廳用餐或塔樓(Blavatnik Building)頂樓(10樓)觀賞泰晤士河、千禧橋以及聖保羅大教堂三合一的景色。

見證英國百年不朽藝術

▌泰德英國美術館 FREE
▌Tate Britain

　　收藏著一些迷人且無可取代的巨作，是許多人來到泰德英國美術館的原因。杜象諷刺的小便斗、畢卡索立體派畫作、安迪沃爾的夢露版畫、孟克令人感到憂傷的筆觸、亨利摩爾的渾圓雕塑、蒙德里安的垂直水平分割、美國普普漫畫大師羅伊‧李奇登斯坦(Roy Lichtenstein)，以及約翰‧艾佛雷特‧米萊(John Everett Millais)根據莎士比亞悲劇——哈姆雷特(Hamlet)所繪的《奧菲莉亞》(Ophelia)等，每一件作品都足以讓藝迷們前往朝聖。

　　館方提供不同免費導覽服務，可參考網站Find out about our free daily tours的服務資訊。

1 泰德英國館的建築在聖誕季節化身裝飾藝術的舞台/**2** 大廳新增的迴旋梯成為空間的視覺焦點/ **3** 巴特西發電廠是倫敦文化地標

✉Millbank, London SW1P 4RG ☎+44 (0) 20 7887 888 ➡Pimlico地鐵站(淺藍色Victoria線)。出站往通道向上出來後，往左順著環形路到大馬路交會，向右轉面河直走，馬路口左轉(不過橋)直走，美術館位在左手邊。若往返泰德現代美術館之間，可搭泰德船(Tate Boat)，每40分鐘1班，詳見網站www.tate.org.uk/visit/tate-boat http www.tate.org.uk/visit/tate-britain

貼心小提醒

順遊流行文化著名地標

　　附近的蘭巴斯橋是《哈利波特》取景地(P.37)，更遠處的巴特西火力發電廠現在是休閒購物中心(P.160)，可順道一遊。

一睹世界名畫的真跡

國家藝廊除了是世界名畫展示地，藝廊前也常有街頭藝人即興表演

國家藝廊
National Gallery  FREE

　　於2024年迎來200週年慶的國家藝廊，收藏許多珍貴的大師作品，可在此一睹真跡。由於收藏豐富，作品會有輪替或借出，若有特別想看的作品，可先至網站了解心儀畫作的故事背景，下載、列印展覽室位置，然後親臨感受一番，不開閃光燈可拍攝留念，藝廊內亦販售畫作明信片。此外，藝廊前面常有街頭藝人表演，也是另一種藝術表現。

✉The National Gallery, Trafalgar Square, London WC2N 5DN ☎+44 (0) 20 7747 2885 ➡Charing Cross地鐵站(棕色Bakerloo線、黑色Northern線)6號出口及火車站。特拉法加廣場(Trafalgar Square)後面即是國家藝廊 🕐週五延長至21:00 http www.nationalgallery.org.uk

藝廊最具人氣的作品

文藝復興全才
　達文西《岩中聖母》The Virgin of the Rocks
點描法大師
　秀拉《阿尼埃爾的浴場》Bathers at Asnieres
後印象派大師
　塞尚《沐浴者》Bathers (Les Grandes Baigneuses)
　梵谷《向日葵》Sunflowers
荷蘭古典畫風
　維梅爾(Johannes Vermeer)《站在琴前的少女》A Young Woman Standing at a Virginal (《戴著珍珠耳環的少女》為其最知名畫作)
採用創新顏料將自己縮繪在他人畫像中
　范艾克(Jan van Eyck)《阿爾諾菲尼的婚禮》The Arnolfini Portrait
鑽研透視法繪畫
　烏切羅(Paolo Uccello)《聖羅馬諾的戰役》The Battle of San Romano
重視營造光影細節
　林布蘭特《自畫像》Self Portrait at the Age of 34

看栩栩如生的人物肖像畫

國家肖像藝廊
National Portrait Gallery

國家肖像藝廊內的館藏，是以作品中具有歷史意義的主人翁為收藏的方向，在此可欣賞到藝術家如何記錄皇室名人與貴族的樣貌。人物肖像以繪畫或攝影方式呈現，都鐸王朝的亨利八世、其女伊莉莎白一世以及莎士比亞，英國近代王室以及政治家，如：查爾斯王子、黛安娜王妃、柴契爾夫人等人神韻於此再現。其中，迷人的維多利亞末期意識流女作家吳爾芙(Virginia Woolf)的倩影，以及伊莉莎白二世各時期共達50幅的肖像都是為人津津樂道的作品。

St Martin's Place, London WC2H 0HE +44 (0) 20 7306 0055 位在國家藝廊後面。最近地鐵站是Leicester Square，出站後沿著Charing Cross Road 往特拉法加廣場方向走2分鐘往聖馬汀教堂方向走 每天10:00～18:00、週五延長至21:00 12/24～26 www.npg.org.uk

1 歷史名人肖像收藏在古典的建築/2 2023年完成改建的新大門靠近列斯特廣場

美術工藝運動的濫觴

維多利亞與艾伯特博物館
Victoria & Albert Museum

成立於1852年的維多利亞與艾伯特博物館(簡稱V&A)，是1899年維多利亞女王為紀念其夫婿艾伯特親王更名而來，為全球最重要的藝術設計史博物館。

博物館的成立起因1851年於英國舉行的萬國工業博覽會，雖然舉辦得相當成功並吸引600多萬人參觀，但由於水晶宮內所展示的各國工藝品突顯英國的不足(知識補給站P.210)，因此博覽會承辦委員之一的亨利‧科爾，希望藉由擴大收藏以達到對設計者、製造者以及大眾的教育使命，提高英國設計產業的水準；同時英國也開始掀起美術工藝運動，大量的藝術設計作品應運而生。

V&A博物館展品驚人，短短幾天也看不完

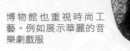

博物館也重視時尚工藝。例如展示華麗的音樂劇戲服

博物館包含了亞洲、歐洲、材料與科技、現代、展覽等5大主題。驚人收藏有：

阿德比爾地毯
The Ardabil Carpet
ASIA Level 1的 Islamic Middle East廳

波斯薩法維王朝以前所生產的手織地毯，是世上唯一完整保存的珍品。

Level 6 的MATERIALS & TECHNIQUES內Room Ceramics廳

仿製的波特蘭瓶
Copy of the Portland Vase

為英國製造商Wedgwood根據大英博物館原瓶仿真作品，為極致工藝產物之一。

威爾大床
The Great Bed of Ware
Level 2 的Britain廳 Room57

巨大的床寬達3.26公尺，曾出現在莎士比亞於1601年首次公演的喜劇《第十二夜》，其中一幕訴說12個旅人床上過夜的情況。

提普的老虎
Tipu's Tiger
Level 1 的South Africa廳 Room41

18世紀的機械玩具，為當時印度邁索爾(Mysore)王國的統治者表示對英國東印度公司不滿的怒吼。只要轉動老虎脖子上的發條，騎在英國人身上的老虎就會發出吼叫聲。從老虎側面蓋子翻起，可發現18個音鍵的小管風琴。

Level 1 的Medieval and Renaissance廳

中世紀和文藝復興雕刻

西元1350～1600年雕刻群,顯現力與美的細緻刻畫。

達文西的筆記
Leonardo Da Vinci Notebook

Level 2 的Medieval and Renaissance廳

達文西約15世紀的筆記,可見他展現一貫鏡射書寫的個人特色:左右、上下顛倒。現今學者推論是由於左手慣寫,以及特殊的思考方式所致。

V&A經典作品之一,卡羅·克里韋利《聖母與聖嬰》(Virgin and Child),以濃厚的華麗裝飾表現宗教題材聞名

絕不能錯過噴水池後的餐廳,**Morris**、**Gamble**及**Poynter**各廳室充分展現工藝設計精神,也是第一個設置餐廳的博物館,以吸引民眾下班後參觀。體驗工藝設計歷史之際,怎能錯過在此一壺茶的時光?夏日的露天座椅置身於一球球盛開的紫粉繡球花,亦是迷人風景。

無論室外或室內,V&A餐廳的自然花朵與工藝、人文兩樣情都讓人著迷

✉V&A South Kensington, Cromwell Road, London SW7 2RL ☎+44 (0) 20 7942 2000 ➡South Kensington地鐵站(黃色Circle線、綠色District線)。出票閘口後,可往地下通道按指示向右轉進入口;或出站上樓後,右轉出口,再右轉直走經幾家店面,然後左轉直走經餐廳,博物館就在馬路口的右前方 🕐每天10:00～17:45、週五延長至22:00 ❌12/24～26 💲免費 🌐www.vam.ac.uk;V&A免費導覽資訊網站:www.vam.ac.uk/page/f/free-talks-tours;若不過癮,可參觀V&A兒童博物館(Young V&A)

自然生態與歷史的融合

自然史博物館
Natural History Museum

FREE

　　自然史博物館比鄰V&A博物館、科學博物館，稱為南肯辛頓博物館區(South Kensington Museum Miles)。博物館館藏原為爵士漢斯·斯隆(Hans Sloane)捐獻國家、並收於大英博物館，但由於數量過於龐大，因此1860年管理者建議政府另建自然史博物館收藏，並於1881年對外開放參觀。

　　新哥德式的建築非常壯觀，外觀形似大教堂。入口門簷渦形設計，靈感來自於西蘇格蘭的岩柱，挑高的層次設計展現了宏偉氣勢。館內的天花板優美地描繪植物，梁柱間更以陶製動植物各異其趣地裝飾著，因此博物館被人們譽為自然的殿堂以及動物們的西敏寺。

　　館內收藏千萬種標本，囊括古生物學、植物學、昆蟲學、人類學等等，分藏於藍、綠、紅、橘4區，個別展示恐龍、藍鯨等哺乳動物、地球生態學、地質運動以及包含達爾文中心的蠶繭館(Cocoon)等自然生態。長達9公尺並有25公分巨眼的魷魚、受詛咒的藍寶石(The Delhi Purple Sapphire)是最富傳奇、不可思議的祕密館藏。中庭巨大的藍鯨標本是目光集中處，對側階梯上則是達爾文的雕像。

· ·

✉ Natural History Museum, Cromwell Road, London SW7 5BD ☎ +44 (0) 20 7942 5000 ➡ South Kensington 地鐵站(黃色Circle線、綠色District線)。出票閘口後，可往地下通道按指示左轉，或步行到維多利亞與艾伯特博物館隔壁，位馬路左前方 🕐 每天10:00～17:50(閉館前20鐘可進入) 🚫12/24～26 http www.nhm.ac.uk

1 近觀博物館建築細節便令人嘆為觀止/**2** 自2017年起藍鯨Hope取代梁龍Dippy在大廳歡迎遊客/**3** 動植物生動的姿態藏身博物館各建築角落/**4** 提出「物競天擇，適者生存」生物進化論的達爾文雕像

了解科學史上的重要發現

科學博物館 FREE
Science Museum

1857年時，科學博物館仍為南肯辛頓博物館的一小部分，直到1909年才獨立出來。7層館內展品以天文學、物理、化學等學科以及應用領域，包含農業、材料、運輸機械、醫學能源等等相關器具。館內錐形古銅色的阿波羅10號指令艙對人類航太史功不可沒，它是1969年太空人進行月球探險，完成史上第一個從太空傳回彩色現場錄影的使命。抗生素盤尼西林、DNA模型(頂尖大學城劍橋P.202)也都是科學史上重要發現。

最受青睞的互動式科學媒體區，藉由有趣的遊戲、模擬及操作，無論大人小孩都能開心地學習。紫藍色的燈光下，更顯博物館獨特的科技氛圍。

1.4 互動多媒體區與餐廳充滿了科技與科幻感/2 盤尼西林是人類醫學史上重大發現/3 交通工具的發展也需要科學的基礎/5 阿波羅10號指令艙

✉ Exhibition Road, South Kensington, London SW7 2DD ☎ +44 (0) 20 87 0870 4868 ➡ South Kensington 地鐵站(黃色Circle線、綠色District線)。位於自然史博物館的後方，可以從自然史博物館與V&A博物館所夾道的 Exhibition Road直走3分鐘，即可到達 🕐 每天10:00～18:00(閉館前45分鐘可進入)；每月最後一星期的週三延長至22:00(12月除外)，僅成人可入場 🚫 12/24～26 📶 www.sciencemuseum.org.uk

富麗堂皇的家具家飾收藏

▌華萊士收藏館
▌Wallace Collection

FREE

　　館藏為爵士理查‧華萊士(Richard Wallace)的家族收藏，含括17世紀荷蘭鼎盛和18～19世紀法國頂尖時期繪畫作品、作工精細的居家用品以及大量的武器盔甲。收藏品被安置在各色絲綢壁紙的水晶吊燈房間內，更顯光彩奪目。家具、家飾雕入了神話故事，例如裝飾性的衣櫃門片雕刻著太陽神阿波羅與月桂女神達芙尼(河神女兒)的愛情故事。各款收藏座鐘，都指著10:10的位置，這是公認最美的指針角度。

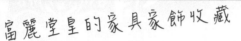

✉ Hertford House, Manchester Square, London W1U 3BN ☎ +44 (0) 20 7563 9500 ➡ Bond Street地鐵站(紅色Central、灰色Jubilee線)。出站到Oxford Street購物大街上，左轉直走可看見右前方的Selfridge百貨公司，往其一旁的Duke Street，沿著直走繞過環形小公園左彎即達 ⏰ 每天10:00～17:00 🚫 12/24～26 http www.wallacecollection.org ❓ 參觀前須先寄物，可拍攝(禁止使用自拍棒或拍攝由他館租借之展物)、免費參加導覽

1 華萊士收藏館內布局貴氣逼人/**2** 絲綢壁紙與水晶燈讓金飾收藏光彩奪目/**3** 踏上紅毯欣賞展品，體驗貴族的閒適生活/**4** 鐘上的時針角度也經過美學計算

貼心小提醒

感受貴族般的生活

　　收藏館地下室挑高中庭餐廳(The Wallace)下午茶點心，以及一旁華麗的獨立式廁所，是感受貴婦氛圍最好的地方。

挑高採光的中庭餐廳

1 創意泉源的沙奇藝廊/**2.3** 最新獨特的創作總能驚豔國際

新興當代藝術的起源

█ 沙奇藝廊
█ Saatchi Gallery

FREE

成立於2008年10月的沙奇藝廊，相較於其他博物館藝廊稍顯稚嫩，但其積極致力於當代藝術，並以慧眼挑選世界年輕藝術家的創意作品作為展覽核心。展出內容有著令人驚豔的觀點和獨特再現手法，讓人耳目一新，因此，在短短幾年之間沙奇藝廊已成為新興藝術家揚名國際的誕生地。

舒服寬廣的室內空間和大片明亮窗戶，提供作品更多的陳列可能性，是許多倫敦人和設計師經常流連的創意激盪處，經常可看見觀者或躺或臥恣意觀賞作品並沉思著。

✉Duke of York's HQ, King's Road, London SW3 4RY ☎+44 (0) 20 7823 2332 ➡Sloane Square地鐵站(黃色Circle線、綠色District線)。出站後往面對右前方百貨公司的左側道路King's Road直走，會經過一個約克公爵(Duke of York's)廣場，藝廊建築群入口在左手邊 🕙每天10:00～18:00(閉館前30分鐘可進入) 🌐www.saatchigallery.com ⁉藝廊內允許不使用閃光燈的情況下拍照，包包衣物須先至地下室寄放

貼心小提醒

閒逛約克公爵廣場

藝廊入口約克公爵(Duke of York's)廣場旁，德國設計專業出版社書店TASCHEN Books為設計藝術者的寶庫，附近也有諸多品味商店。

見證倫敦歷史縮影

倫敦博物館
Museum of London

欲對倫敦發展鑑古知今,那麼走一趟倫敦博物館就能了解它的脈動變化。博物館的參觀動線從西元45萬年前的泰晤士河生活開始,歷經羅馬建城、盎格魯撒克遜人的統治,宗教的改革、政治朝代的輪替,恐怖的黑死病與倫敦大火襲擊,以及城市的重建與發展等等,整個流程就如同經歷一場城市縮影史。博物館以實物、說明版、繪畫服裝、攝影、小劇場、多媒體展覽外,還打造一條維多利亞街,重現各行各業老倫敦的商業生活與櫥窗。

倫敦博物館目前暫時休館、進行搬遷,預計2026年重新開放。這段時間可以參觀位於碼頭區的分館。

成就大英帝國史蹟

倫敦博物館碼頭區分館
Museum of London Dockland

座落在東印度公司的歷史據點上,分館講述近代倫敦透過海運的發展。建議從3樓開始往下參觀,看看糖與奴隸的交易、華人船工的努力,如何成就繁榮的大英帝國,展覽包括香港新界移民在1960年代重建倫敦唐人街的故事。館中模擬一個19世紀的水手鎮,設有許多兒童友善的互動裝置。

✉ 1 West India Quay, Hertsmere Rd, London E14 4AL ➡ Canary Wharf 地鐵站 或是 Westferry DLR 輕軌站 http museumoflondon.org.uk

1 位於碼頭水岸邊的分館前身是儲存蔗糖、香料與蘭姆酒的貨倉/**2** 館內展示內容有實物搭配互動式展覽/**3** 館中的水手鎮是一條19世紀鵝卵石街道/**4** 配合展覽主題設計的小禮品

藏在彭博社總部地下的魔幻空間

密蘇拉神廟遺址展覽館
London Mithraeum Bloomberg SPACE

1 曾經遷移終於又回到原址的神廟遺蹟/**2** 地面樓展示附近出土的考古文物/**3** 在遺址展覽館的地面樓同時也展示當代藝術

倫敦舊城區地面下有許多羅馬帝國占領時的遺跡，在二戰後意外在其中發現的密蘇拉神廟遺址，是20世紀最大的成就之一。為了都市更新它一度遷出原址，到了21世紀初期，新業主與倫敦考古博物館將它遷回，如今回到彭博社歐洲總部位於倫敦新辦公室地下。

密蘇拉神是西元初期流傳於羅馬帝國士兵之間的信仰，由於宗教儀式神祕不公開所以沒有留下什麼歷史記載，加上殘留的古蹟建築與文物很有限，因此遺址展覽以光影與聲音幫助參觀者想像在神廟中進行儀式的氛圍，創造一個魔幻的說故事空間。

遺址展覽館的入口在一個藝文展場，那兒定期展出當代藝術家創作。羅馬倫敦人的生活空間大約低於今日倫敦地面7公尺，也就是神廟原址。在通往地下室的樓梯前，一面玻璃牆展示著施工期間開挖這片地基時發現的文物(二戰後首度開挖的考古文物則收藏在倫敦博物館)，裡面有當時羅馬倫敦人的生活紀錄。

走入地下室，樓梯的牆壁上有對應的倫敦的發展史。在等待入場親見考古遺址的空檔，地下室展覽空間有多媒體裝置能讓你更了解密蘇拉神與這個神廟的淵源，以做好進入幾近兩千年前的神祕空間的準備。

✉ 12 Walbrook, London, EC4N 8AA ➡ 在 Bank Tube Station 和 Cannon St Rail Station 之間 ❓ 可事先預約，也可以嘗試現場領票 ⓗ www.londonmithraeum.com

收藏最經典的印象派與後印象派畫作

科爾陶德學院畫廊 付費
The Courtauld Gallery

1 梵谷《割耳後的自畫像》/2 畫廊內的渦形旋轉樓梯流洩優雅線條/3 塞尚早期的《靜物與小天使》/4 科爾陶德學院畫廊與桑摩塞特宅建築與中庭對望/5 印象派馬內的《女神遊樂廳的吧檯》是為人熟知的作品之一

和牛津、劍橋並列全英國藝術史最棒的學校就是科爾陶德學院(Courtauld Institute of Art)，除了兼負教育使命，學院畫廊藏有最經典的印象派與後印象派畫作。

學院創辦人科爾陶德(Samuel Courtauld)出身紡織世家，因為宗教迫害從法國舉家逃離搬遷至英國。1917年，參觀泰德藝廊(Tate Gallery)的現代藝術展覽後，開始對藝術產生了激情，5年後的法國藝術展覽讓他決心成為收藏家，與妻子分享大量收購法國印象派到後印象派畫作，並捐鉅款給泰德藝廊和國家藝廊成立基金會，以協助收藏全球更多的印象與後印象作品。然而，隨著1931年妻子的病逝，收藏開始減緩。1932年，科爾陶德創立了藝術學院，並囑咐過世後將收藏捐出，後人對其精神的敬佩，於是陸續也將畫作交付，成立科爾陶德學院畫廊。至此，畫廊收藏涵蓋

中世紀、文藝復興時期到現代。

畫廊重要的畫作，包含最知名的印象派馬內(Édouard Manet)的《女神遊樂廳的吧檯》(A Bar at the Folies-Bergère)、雷諾瓦(Pierre-Auguste Renoir)的《戲院包廂》(La Loge)(據說畫中拿著望眼鏡的是雷諾瓦的哥哥)、塞尚重繪將近20遍的《聖維多利亞山》(Montagne Sainte-Victoire)與《靜物與小天使》(Still Life with Cherub)、梵谷的《割耳後的自畫像》(Self-Portrait with Bandaged Ear)、老魯卡斯(Lucas Cranach)以蘋果和蛇表現欲望的《亞當與夏娃》(Adam and Eve)等代表作。在內部建築上，飾著寶藍紋樣的渦形的樓梯，無論從底層仰望亦或從頂樓向下眺望，皆呈現幾何之美，2021年整修後使得展覽空間更舒適。

✉Somerset House, Strand, London, Greater London WC2R 0RN ☎+44 (0) 20 7872 0220 ➡Temple地鐵站(黃色Circle線、綠色District線)。從桑摩塞特宅大門進入後，依指標進入畫廊 ◷每天10:00～18:00(最後入場時間17:30) www.courtauld.ac.uk

知識 補給站 ▶ 巴洛克風格人物肖像大師──盧本斯

畫廊收藏的6大繪畫主題中，除了印象與後印象派作品，還有不能錯過的巴洛克風格人物肖像大師──盧本斯(Peter Paul Rubens)的作品。盧本斯幼時在富裕家庭當侍童而接受貴族教育，21歲即獲得畫家公會認可，並受到義大利巴洛克風格影響，而後成為宮廷畫家並展外交長才。

盧本斯早期以宗教人物像為主題，光線和構圖相當細膩，深受歐洲上流社會喜愛。53歲時迎娶小他37歲的妻子海倫(Hélène Fourment)，畫中洋溢著粉嫩無比的幸福，此一時期的畫作主題自然圍繞在模特兒妻子。其中一幅1630～1631年間，以黑、紅、白粉筆畫在紙上，與妻同名的作品，相較其他全彩畫作更顯獨特。流暢的筆觸、略施薄粉亦顯得畫家捕捉年輕妻子青春信手拈來的那一瞬間。

盧本斯後期的繪畫主題多圍繞在家庭和妻子海倫

夏為藝文場地，冬為溜冰場

桑摩塞特宅
Somerset House

FREE

亨利八世過世後，年輕的愛德華六世繼任，但野心勃勃的叔叔自封為護主與桑摩塞特公爵，並想在泰晤士河畔的黃金地段為自己蓋一座宮殿，以通白廳和倫敦塔。1547年開始建設桑摩塞特宅，過程中拆除教堂與禮拜堂，不得人心的挑釁行為，讓桑摩塞特公爵成為階下囚，雖被釋放，但之後的許多作為還是難逃1552年在倫敦塔的處決。桑摩塞特宅於隔年建成，伊莉莎白一世執政前都居住在此。

1 拱形的宅內展館獨樹一格／**2** 滑鐵盧橋墩上的桑摩賽特宅招牌／**3** 中庭空間在冬天成為大受歡迎的溜冰場

目前桑摩塞特宅作為特展的場地。尤其是地下室的拱型開窗面河的建築構造，弧線光影反映在室內空間，相當有趣。中庭空間在夏季常舉辦音樂藝文活動，而冬天成為最受歡迎的溜冰場。通過桑摩塞特宅中庭，位於左前方入口則為科爾陶德學院畫廊。

✉Somerset House, South Building, Somerset House, Strand, London WC2R 1LA ☎+44 (0) 20 7845 4600 ➡有多處入口，可由橋上進入，也可由中庭進入。可搭地鐵至Temple地鐵站(黃色Circle線、綠色District線)。出站右轉面對泰晤士河，再右轉直走遇到滑鐵盧橋墩(Waterloo Bridge)拾階而上，即可看到Somerset House的石塊招牌 ⏰10:00～18:00(閉館前30分鐘可進入) 💲門票價格依展覽而異 🌐www.somersethouse.org.uk

皇家珍品收藏地

君王藝廊
The King's Gallery

 付費

　　原屬於白金漢宮東南角建築的君王藝廊,是建於1843年維多利亞女王私人禮拜堂,經重新整修並另闢出入口,以供對外開放展覽。與白金漢宮、溫莎城堡、皇家馬廄同列為皇室財產,因此進入參觀採高規格安全檢查。君王藝廊空間不大,門票相對偏高,但經常展出極吸引人的展覽,例如曾展出史上最多達文西的人體解剖手稿,因此每次展覽總令人期待。

....

✉ The King's Gallery, Buckingham Palace, London SW1A 1AA ☎ +44 (0) 20 7766 7300 ➡ Victoria地鐵站(淺藍色Victoria線)與火車站。出站後向左走至Buckingham Palace Road交叉口,右轉直走,經皇家馬廄再向前走即達 ◷ 開放日10:00～17:30 (最後入場時間16:15) 休 除7～8月之外,該館每週二、三休息,另外官網還會公布臨時休館日,請上官網查詢 http www.royalcollection.org.uk/visit

皇室成員所乘坐的豪華馬車

皇家馬廄
The Royal Mew

 付費

　　皇室重要慶典,包含結婚或使節迎賓所出動的奢華馬車,都收藏在皇家馬廄。馬車的樣式依使用場合、身分而有所不同,但都具精緻輝煌的皇家氣勢,其中最令人瞠目結舌的黃金馬車,雕繪之細膩讓人無法移目,皇家名駒從韁繩到眼罩也都閃耀著金光。

....

✉ The Royal Mews, Buckingham Palace, London, SW1W 1QH ☎ +44 (0) 20 7766 7302 ➡ Victoria地鐵站(淺藍色Victoria線)與火車站。君王藝廊隔壁 $ 可購買與君王藝廊參觀的優惠套票。持倫敦通行證免費(P.254) http www.royalcollection.org.uk/visit/royalmews

1 皇家禮拜堂改建的博物館收藏,難以在其他場合一窺真貌/**2** 皇駒配飾也極為講究/**3** 金光四射的黃金馬車/**4** 雕刻精細的馬車裝飾

❶

藝術中心與特色建築

┃巴比肯藝術中心 ┃ 付費
┃Barbican Arts and Conference Centre

　　巴比肯(Barbican)意為塔城，為大戰後倫敦金融城所統籌規畫的藝術中心，是包含戲院、藝術、舞蹈、音樂與電影的藝文特區，也是全歐洲最大的表演藝術中心。歷經多次整建，並以天橋迴廊、人工河流與瀑布等設計，將藝術中心與複合住宅連結起來，形成最具特色的建築群，並已列為二級保護古蹟。

❷

❶ 巴比肯藝術中心緊緊環繞著特別規畫的瀑布、噴泉、河流/**❷** 藝術中心內涵蓋各領域藝術再現

✉ Silk Street, City of London, Greater London EC2Y 8DS ☎ +44 (0) 20 7638 4141 ➡ Barbican 地鐵站 (粉色 Hammersmith & City 線、黃色 Circle 線、紫色 Metropolitan 線)。出站後走到斜對街的 Beech Street，然後右轉進入建築群 ⏰ 每日 09:00～23:00、國定假日 12:00～23:00 💲 依展覽不同而調整票價，也有免費展覽供人參觀 🌐 www.barbican.org.uk/visitor-information

> ### 貼心小提醒
> ### 了解巴比肯的藝術巧思
>
> 　　巴比肯的複合建築以及藝術中心充滿設計概念，可藉由參加導覽團(Tours of the Barbican)了解建築的構思與價值，以及藝術中心的幕後執行。

令人著迷的交通工具

付費

▌倫敦交通博物館
▌The London Transport Museum

1920年代因倫敦巴士公司決定保留兩輛維多利亞時期馬車巴士以及機械巴士給後世，於是開始了博物館的館藏。博物館經過幾次搬遷，至1980年才搬到科芬園現址，目前為二級古蹟。博物館收藏著都市的交通運輸工具，包含經典的紅色雙層巴士、復古火車，還解說了倫敦地鐵圖——世界第一張地鐵圖設計的由來。

1 鈔票樣式悠遊卡套

博物館裡的紀念商品，以倫敦地鐵與火車經典圖案為主，書籍、海報、文具到家飾，洋溢著倫敦精神。每件小物，都不時地在向遊客招手，讓人不動心也難！

✉London Transport Museum, Covent Garden Piazza, London WC2E 7BB ☎+44 (0) 20 7379 6344 ⬆Covent Garden地鐵站(深藍色Piccadilly線)。出站後右轉直走，位於科芬園市集矩形迴廊的左前方 🌐www.ltmuseum.co.uk

寓教於樂的寶庫

FREE

▌英格蘭銀行博物館
▌Bank of England Museum

英國倫敦是世界金融重鎮之一，早在1694年便有了私營英格蘭銀行，進行借貸存款等事務。直到20世紀，英格蘭銀行才成為政府全資機構發行英鎊。

館內精心規畫了5個展區，博物館內不但可見早期的交易方式，如保險箱、存摺與支票形式，還能經由平衡鋼球等遊戲互動，了解穩定金融機制的概念。鈔票的設計理念、改版原因，以及如何印製與防偽，也都解說得非常詳盡。最讓大人小孩都躍躍欲試的，便是親手觸摸重達13公斤的金條，若有力氣，不妨試試單手能否將它舉起。

✉Bartholomew Lane, London EC2R 8AH ☎+44(0) 20 3461 4878 ➡Bank地鐵站(紅色Central線、淺綠色Waterloo & City線) 🕐週末及國定假日休館，週四延長開放到八點 🌐www.bankofengland.co.uk/museum

1 2022年重新開幕的展場呈現19世紀原址大廳的營業氣氛/**2** 這個展覽室說明目前通行的塑膠鈔票如何設計製作與資源回收/**3** 挑戰單手舉起13公斤的金條

國際藝術主題展地

▍皇家藝術學院
▍Royal Academy of Arts

學院始建於1768年喬治三世，由著名藝術家和建築師所創辦，他們的共同理念「促進藝術設計」，希望盡可能地為觀眾提供廣泛的視覺藝術，並透過教育來激發辯論、理解和創造。畫廊已成為國際藝術展覽的重要場地，尤其每年夏天的展覽最為盛大且吸引人。

皇家藝術學院是世界四大藝術學院之一，也是英國最古老的藝術學院

📧Burlington House, Piccadilly, London W1J 0BD 📞+44 (0) 20 7300 8000 ➡Piccadilly Circus地鐵站(深藍Piccadilly線、棕色Bakerloo線)。2號出口右轉直走即達，斜對面為佛南梅森(Fortnum & Mason)百貨公💲依展覽而異🌐www.royalacademy.org.u

收藏史上重要的平面、工業、建築設計品

▍設計博物館
▍Design Museum

臨近荷蘭公園(Holland Park)的設計博物館，是以近代設計為展覽核心的博物館，收錄歷史上重要的設計作品。空間分為常設展以及主題展覽檔期，常設展收藏包含平面、工業、甚至建築等代表性作品，在這此可看到不同經典的大師設計椅、收音機、打字機、相機等等，產品隨著材料技術、功能以及時尚造型趨勢變化，呈現不同的面貌。此外，博物館也提供幼童和學齡兒童的創造活動，適合全家大小參觀和體驗。

博物館常設展大多介紹生活用品設計演變

📧 224-238 Kensington High Street London, W8 6AG 📞+44 (0) 20 3862 5900 ➡ High Street Kensington地鐵站(黃色Circle線、綠色District線) 🕐每天10:00〜18:00，🟡第一個週五延長至20:00💲基本常設免費(特展門票價格各異)🌐 designmuseum.org

特色與免費博物館、藝廊

倫敦有許多免費展出的空間與藝文活動，好好利用資源，飽覽各種收藏與展覽吧！

更多免費博物館以及景點資訊
🌐 www.visitlondon.com/tag/free-attractions
❓若有特展，有些博物館會另收門票

更多倫敦博物館與藝廊索引
🌐 www.timeout.com/london/museums

東倫敦博物館重新開幕

V&A兒童博物館

Young V&A

　　原名V&A童年博物館，是英國最大規模的兒童主題館。建築本身建於1872年，2023年重新開幕仍保留了19世紀萬國博覽會使用的鑄鐵框架，但參考了2萬多名兒童的意見，打造一個由小朋友眼光設計的博物館，是個歡迎觸摸、奔跑與大聲嬉笑的學習空間。新的展覽館分為玩樂、想像與設計三大區，古老娃娃屋與新穎的電子遊戲一起呈現，還有一個小房間利用視覺差異讓小朋友拍照看起來像巨人或是小矮人，不要錯過！

....

✉Cambridge Heath Rd, Bethnal Green, London E2 9PA ➡Bethnal Green地鐵站 🕐每日10:00～17:45 http www.vam.ac.uk/young

1 博物館外觀運用回教常見的幾何圖紋反映當地文化/2 維持19世紀建築特色下設計出活潑的新博物館空間

訴說家園空間的故事

家園博物館

Museum of the Home

　　座落在17世紀的救濟院建築，訴說著人們打造家園空間的故事，家園博物館被《VOGUE》雜誌譽為：揉和令人無法抗拒的懷舊、舞台布置與社會史。它的展示除了反映東倫敦的地方史，也觸及所有在地人。室內的Rooms Through Time和戶外花園Gardens Through Time這兩個展示區，呈現數世紀以來英國客廳與花園風格的變化，新展覽空間有許多當代藝術作品探討家與人的關係。每週五下午博物館會邀情鄰里來免費喝茶。

....

✉136 Kingsland Rd, London E2 8EA ➡Hoxton地上鐵站對面 🕐每日10:00～17:00，16:00最後入場 休週一休館

1 2021年整修後新入口由面對車站的後花園進入/2 博物館商店販售家居小物

倫敦建築

旅行小抄 | 倫敦建築、古蹟相關網站

倫敦建築學會的免費導覽軟體
http architecturefoundation.org.uk/londonguide

倫敦一級、二級古蹟清單(Grade I, II)
http www.britishlistedbuildings.co.uk/england/
greater+london

「Open House」9月活動開放的參觀建築群
參觀熱門的建築設計需要提早預約，相關說明
請參考網站內容。
http openhouselondon.org.uk

在倫敦，每一個轉身都是人文景色，不只有世界遺產和百年古蹟建築，國際知名建築團隊也在此紛紛建設新地標。國際聖潘可拉斯(St. Pancras)火車站、地鐵站裡的貼磚、英格蘭銀行到名人故居、高樓大廈與環境藝術，讓倫敦的街道同時包容著各年代的設計精神，無論報名導覽或自遊都能親眼感受偉大建築的力量。

每年9月下旬週末為期兩天的「Open House」更是建築迷最引領企盼的活動。它是由英國皇家建築師協會、BBC電視台、倫敦地鐵局等所

1 國際聖潘可拉斯火車站／**2** 19世紀重新建造的里登荷市集／**3** 傾全力保留聖潘可拉斯車站的班哲明爵士之雕像

成立的基金會，一年一度選出數百棟代表倫敦的迷人建築，免費對外開放。平時無法得以窺探的商辦大樓、政府機構、古蹟的內部格局與結構工程，此時由導覽帶領入內大開眼界，怎能錯失良機！

知識補給站 《哈利波特》取景處：二級古蹟里登荷市集

14世紀就已存在的里登荷市集(Leadenhall Market)，位於大火紀念碑附近(P.124)，為羅馬時期的中心，1666年因倫敦大火波及而重建，採用立體與金色壁飾、挑高的鑄鐵與玻璃更顯氣勢，列為二級古蹟的特色建築。里登荷市集不但聚集酒吧、起司及甜點，也是熱門電影的取景處。如《哈利波特：神祕的魔法石》(Harry Potter and the Philosopher's Stone)、麥特戴蒙主演的《生死接觸》(Hereafter)等。http 里登荷市集www.leadenhallmarket.co.uk

1 暱稱「鋼鐵大教堂」的勞伊德大廈／**2** 地址位於聖瑪利艾柯斯30號的「小黃瓜大廈」，其正式名稱是瑞士再保險公司大樓

知識補給站 倫敦趣味建築比一比

倫敦有許多造型迥異的現代建築，以其外形命名或得到暱稱，令人莞爾一笑。

1 碎片大廈 The Shard／310 公尺，樓高95層，因為長得像一堆玻璃碎片而得名，目前是全英暨西歐最高的建築。

2 加拿大廣場一號 One Canada Square／235公尺，樓高50層，在碎片大廈啟用前的倫敦最高建築，從格林威治遠眺可以一眼辨識出金字塔形狀的造型屋頂。

3 起司刨絲器大樓 The Cheesegrater／225公尺，樓高46層，特殊造型是為了不要擋住望向聖保羅大教堂的視線。

4 疊疊樂大廈 The Jenga／204公尺，樓高51層，建築體像是3塊積木疊在一起，在屋頂設有回收與淨化雨水裝置的環保辦公大樓。

5 小黃瓜大廈 The Gherkin／180公尺，樓高41層，2004年啟用，名建築師設計，其新穎造型開啟倫敦舊城摩天樓風潮。

6 對講機大樓 The Walkie Talkie／160公尺，樓高37層，頂樓挑高3層的空中花園是倫敦熱門打卡點。

7 奧運軌道塔 Olympic Tower／114.5公尺，本名阿爾洛米塔爾軌道塔(ArcelorMittal Orbit)，是冠名贊助商的名字。這座2012年倫敦奧運時修築的公共藝術，內有世界最長的滑梯。

8 鋼鐵大教堂 Metal Cathdrawal／95公尺，樓高14層，既不新也不高，本名是勞伊德大廈(The Lloyd's Building)。1986年啟用以來一直是建築界話題，各種內裝管線掛在建築外牆，包括電梯。

音樂劇

到倫敦必看音樂劇,感受現場演出真真實實的震撼魅力,尤其為各劇所精心打造的場地、聲光音效,以及道具戲服,還有功力最深厚的演員表演。大部分的著名音樂劇都在萊斯特廣場(Leicester Square)附近的專屬劇場演出。

座位大略分4種:最接近舞台的Stall、2樓的Dress Circle、更高層的Upper Circle、陸高的Balcony,而Restricted View通常是有柱子遮擋、視線有限或需要側身觀賞的位子。透過網路訂票,幾乎都會加£1～3不等的預訂手續費(Booking Fee),各網站售票價格不一,淡旺季亦不相同,可多加比較。

要買便宜票可提早到場碰運氣

若想自選好位置可上網購票,若想碰碰運氣買便宜的票,可提早到萊斯特廣場(Loicester Square)的TKTS票亭買當日5～75折折扣的票。購票皆需另加幾英鎊的手續費。開演前,有時還會遇到臨時無法觀賞的人在劇院門口拋售劇票呢!

TKTS半價票亭

悲慘世界是經典音樂劇

購票網址

音樂劇官方網站　　http www.officiallondontheatre.co.uk

音樂戲劇表演訂位　http www.ticketmaster.co.uk；www.officiallondontheatre.co.uk；
　　　　　　　　　www.seetickets.com；www.lastminute.com/site/entertainment/theatre

音樂劇名	劇情簡介	資 訊
歌劇魅影 The Phantom of the Opera 	戴面具的幽靈、克莉絲汀及其愛人克魯公爵之間的淒美迷人愛情故事。	劇院：His Majesty's Theatre 地址：Haymarket, London SW1Y 4QR 交通：近Piccadilly Circus、Leicester Square地鐵站 時間：週一～週六19:30(晚場)、週四及週六14:30(午場)
悲慘世界 Les Miserable 	又名孤星淚，法國文豪雨果名著。以法國大革命為背景，描述主角為了挨餓的孩子偷麵包而被判重刑，從此展開正義與救贖之間的旅程。	劇院：Queen's Theatre 地址：51 Shaftesbury Avenue, London W1D 6BA 交通：近Piccadilly Circus地鐵站 時間：週一～週六19:30(晚場)、週三及週六14:30(午場)
獅子王 Lion King 	小獅子辛巴與牠的夥伴們在非洲大地上演著屬於牠們的冒險。	劇院：Lyceum Theatre 地址：21 Wellington Street, London WC2E 7RQ 交通：近Covent Garden、Charing Cross地鐵站 時間：週二～週六19:30(晚場)、週三、週六及週日14:30(午場)
媽媽咪呀！Mamma Mia! 	以希臘為背景加上瑞典ABBA樂團經典歌曲組合而成的歡樂音樂劇。	劇院：Novello Theatre 地址：Aldwych, London WC2B 4LD 交通：近Covent Garden與Temple地鐵站之間 時間：週一～週六19:45(晚場)、週四及週六15:00(午場)
哈利波特－被詛咒的孩子 Harry Potter And The Cursed Child  圖片來源／Manuel Harlan	根據哈利波特故事改編而來，敘述已成為父親的哈利波特，其次子Albus搭乘時光機回到過去的冒險旅程。 ＊本劇為舞台劇非音樂劇。	劇院：Palace Theatre 地址：113 Shaftesbury Ave, London W1D 5AY 票價：依單看一集或兩集與座位而異 交通：Leicester Square地鐵站 時間：週三～週日，第一集、第二集演出時間各異

＊請事先上網查看票價與時間，以利安排行程

設計、藝術、建築與表演篇｜音樂劇

藝文活動

　　除音樂劇之外，倫敦還有知名的劇場與音樂廳，上演高水準的節目。例如於莎士比亞環球劇場、夏天攝政公園的露天劇場演出莎士比亞名劇，無論是仿古或樹林的演出氛圍令人印象深刻。皇家歌劇院及艾伯特音樂廳演出古典劇碼與音樂，氣勢磅礴，另有後台參觀導覽都值得一看。

提供後台導覽的表演場地	資　訊
莎士比亞環球劇場 **(Shakespeare's Globe Theatre)** http www.shakespearesglobe.com	**地址**：Shaftesbury Avenue, London W1D 6BA **交通**：近Blackfriars、Mansion House、London Bridge地鐵站 **參觀時間**：每日10:00～18:00 **公休日期**：12/24～25 ※欣賞戲劇則另須購票，依劇碼有下午與晚上時段
皇家歌劇院 **(Royal Opera House)** http www.roh.org.uk	**地址**：Bow Street, Covent Garden, London WC2E 9DD **交通**：Covent Garden地鐵站 **參觀時間**：公共區域10:00～15:30。其他採線上預約 **參觀票價**：定時Backstage Tour ※表演票價依劇碼、時段、導覽團的種類而異
皇家艾伯特音樂廳 **(Royal Albert Hall)** http www.royalalberthall.com	**地址**：Kensington Gore, London SW7 2AP **交通**：近South Kensington、High Street Kensington地鐵站。 公車有：9、10、52、452 **參觀時間**：依導覽團而異 ※表演票價依劇碼、時段而異。最有名的是BBC 夏日逍遙音樂季

其他指標性表演場地	資　訊
攝政公園露天劇場 **(Open Air Theater)**	只在夏天演出戲劇，Baker Street站附近。 http openairtheatre.com
國家劇院 **(National Theater)**	表演藝術的殿堂，Waterloo站附近。 http www.nationaltheatre.org.uk
南岸藝文中心 **(Southbank Centre)**	綜合性表演場地，Waterloo站和Embankment站之間。 http www.southbankcentre.co.uk
巴比肯藝文中心 **(Barbican Centre)**	綜合性表演場地，Barbican站附近。(參見P.84) http www.barbican.org.uk
倫敦大劇院 **(London Coliseum)**	經常演出英格蘭國家芭蕾舞團的表演，Leicester Square站和Charing Cross站之間。 http londoncoliseum.org
沙德勒之井劇院 **(Sadler's Wells Theatre)**	全球頂尖編舞家和舞團的聖地，Angle站附近。 http www.sadlerswells.com

倫敦節慶與國定假日

節慶一覽表

1/1	新年遊行 (New Year's Day)	從中午開始約2英哩的遊行活動 http londonparade.co.uk
2月某週末	中國城新年	中國城、萊斯特廣場、特拉法加廣場皆有活動
2月與9月中旬	倫敦時尚週，一年2季 (London Fashion Week)	時尚圈最重要的一週，除了走秀，品牌服飾也配合活動 http www.londonfashionweek.co.uk
3/17前的週末	聖派翠克日 (St. Patrick Day Festival)	全國都有紀念活動，到處可見綠色布置
3月底～4月初	復活節 (Easter)	全國都有彩蛋和兔子的商品與活動
3月底～4月初	牛津與劍橋划船賽 (Oxford and Cambridge Boat Race)	兩校較強的比賽於泰晤士河舉辦 http theboatrace.org
5月第三週	皇家賽馬會 (Royal Ascot)	皇室親臨開幕，出席名媛的正式服裝與花枝招展的帽子成為英國社交界、體育、時尚界的盛事 http www.ascot.com
5月底～6月初	雀兒喜花展 (Chelsea Flower Show)	英國最大的國際花卉園藝展 http www.rhs.org.uk
6～7月	溫布頓網球公開賽 (The Championships, Wimbledon)	網球最重要的公開賽事 http www.wimbledon.com
7～8月	BBC逍遙音樂祭 (BBC Prom)	每年於倫敦皇家艾伯特音樂廳舉辦約80場的音樂盛會 http www.bbc.co.uk/proms
8月最後一個週日與週一	諾丁丘嘉年華 (Notting Hill Carnival)	全球第二大嘉年華，熱情的音樂與舞蹈和烤肉，充滿了歡樂。週日為兒童表演為主，重頭戲在週一假期 http thelondonnottinghillcarnival.com
整個9月	泰晤士河節 (Totally Thames)	從泰晤士河上游到出海口，沿岸舉行藝術、生態、歷史、考古等各種河流主題活動。 http thamesfestivaltrust.org
9月中旬	倫敦設計週 (London Design Festival)	建築、空間、產品、平面、等等各種藝術設計，在各會場皆有不同主題活動 http www.londondesignfestival.com
9月下旬週末	開放建築 (Open House)	參觀建築活動(P.88) http www.londonopenhouse.org
最靠近11月5日的週末	篝火節 (Bonfire Night)	失敗的政治暗殺演變成全國放煙火慶祝的日子，大型煙火會日期可查詢各自治市政府的網頁
12月	聖誕節 (Christmas)	桑摩塞特宅等地為戶外滑冰場 http www.somersethouse.org.uk/ice-rink 12/26 Boxing Day 店家聖誕折扣 12/31 於倫敦眼後方施放跨年倒數煙火 http www.london.gov.uk

國定假日

1/1	新年 (New Year's Day)	5月最後週一	春季公共假期 (Spring Bank Holiday)
4月中旬	耶穌受難日 (Good Friday)	8月最後週一	夏季公共假期 (Summer Bank Holiday)
4月下旬	復活節 (Easter Monday)	12/25	聖誕節 (Christmas Day)
5月第一個週一	五月公共假期 (Early May Bank Holiday)	12/26	聖誕節翌日 (Boxing Day)

※國定假日諸多博物館或商店公休，耶穌受難日、復活節每年不同。可參照英國政府公告日期。 http www.gov.uk/bank-holidays

食尚 美味在這裡

英國飲食不再只是炸魚薯條的刻版印象。米其林大廚們及耳熟能詳的地獄廚神戈登·拉姆齊等人努力,將英國食材全新做了詮釋。加上倫敦各國的美食齊聚、競爭也日趨劇烈,人們有了更多相對平價的選擇。

而連鎖餐廳經常推出特價活動、菜色,或轉戰位置與廣設分店,前往用餐時,不妨官網確認資訊、餐飲情報資訊網站還有米其林餐廳折扣。倫敦歇腳時,記得體驗多元飲食喔!

人氣美食餐廳

大英飲食國粹的炸魚和薯條(Fish & Chips)以及大眾的社交場所酒吧(Pub),是文化體驗的一環。倫敦異國料理,也表現得出類拔萃,拉攏各國味蕾。

道地英式家常味

現點現做百年炸魚老店

The Rock and Sole Plaice

鱈魚、鰈魚和比目魚炸魚,肉質非常細緻。少見的魟魚肉身飽滿且富含鮮汁,連軟骨沾番茄醬都別有一番滋味。由於炸魚與手切塊的薯條採現點現炸,別忘了撒上胡椒、鹽巴與檸檬汁並且趁熱吃,正統吃法是淋上黑色麥芽醋!番茄醬和塔塔醬也是一番好滋味。胃口小者,不妨與好友合點大分量炸魚薯條。地下室壁面除了木船還繪滿了藍色歡樂海底世界,原來百年魚店也可以這麼活潑!

....

✉ 47 Endell Street, London WC2H 9AJ ☎ +44 (0) 20 7836 3785 ➡ Covent Garden地鐵站(深藍色Piccadilly線)。出站後往左前方大馬路走,遇到大馬路Endell Street左轉大約2分鐘 ⏰ 請先查詢營業時間 http www.rockandsoleplaice.com

1 Rock and Sole Plaice 室外露天區是享受陽光的好地方/**2** 地下室的海洋壁畫又是一番風景/**3** 桌上的黑色麥芽醋,不妨嘗嘗看

大分量的炸魚與手工切塊薯條,趁熱吃才能感受最佳滋味。

天然原味的魔力炸魚吧

George's Protobello Fish Bar

　　這間讓許多名人主廚、Chelsea國家足球隊經常光顧的魔力炸魚吧,小小店內充滿食物熱騰騰的氣味,牆上剪報與專欄推薦,層層堆疊出了對感官的誘惑。僅使用於傳統麥芽醋、鹽巴、胡椒的炸魚,以凸顯食物本味為主,就是希望人們回歸最單純的飲食。價格親民,還有令人垂涎的烤肋排唷!

✉329 Portobello Rd, London W10 5SA ☎+44 (0) 20 8969 7895 ➡Ladbroke Grove地鐵站(黃色Circle線、粉色Hammersmith & City線)。位於波多貝羅(Portobello)市集最底端 http www.facebook.com/georgesportobellofishbar

最簡單的手法表達最新鮮的食材

1 倫敦在地人最愛光顧的熱食吧之一/**2** 牆上各式剪報,包含奧利佛的推薦/**3** 經驗豐富的老闆,從凌晨挑魚、炸魚,手法精確到位/**4** 科芬園轉角人氣最旺的酒吧The White Lion

21天熟成肋眼排是店內的招牌

The White Lion

　　白獅酒吧(The White Lion)是科芬園醒目的地標之一。酒吧除了炸魚薯條、自信的21天熟成的肋眼排,還包含蘇格蘭煙燻鮭魚(Smoked Scottish Salmon)和包裹肉料的蘇格蘭炸蛋(Scotch Egg)。

✉24 James Street, London WC2E 8NT ☎+44 (0) 20 7240 1064 ➡Covent Garden地鐵站(深藍色Piccadilly線)。抵地面出口後,往右手方向下坡直行約1分鐘 http www.nicholsonspubs.co.uk/thewhitelioncoventgardenlondon

提供多樣傳統英式酒吧餐點

Shakespeare's Head

　　酒吧建築最具特色的是依照莎士比亞的相貌所做的立體招牌像。酒吧之所以受歡迎，除了與逛街商家連成一氣，2樓王者之尊的復古家具氣勢非凡。眾多啤酒中，愛爾蘭的健力士黑啤酒(Guinness)或是女性喜愛的淡啤酒混雪碧的Shandy都很不錯。傳統英式酒吧餐點，如牛肉啤酒派(Steak & Ale Pie)與螯蝦堡(Breaded Scampi)都可嘗試外，酒吧拼盤(Platter)包含迷你牛肉腰子派和啤酒派、英式香腸、約克夏布丁(酥皮)佐以熬煮濃稠的褐色肉汁與番茄醬，讓人一次享受酒吧精華。

點份酒吧拼盤，就能嘗到經典酒吧食物的迷你版

1 英國大文豪莎士比亞的立體頭像招牌是醒目的指標/**2** Shakespeare's Head是位於牛津街巷弄裡最人氣的英國老酒吧/**3** 酒吧越晚越熱鬧/**4** 酒吧2樓最具貴族家庭氣氛

✉29 Great Marlborough Street, Soho, London W1F 7HZ
📞+44 (0) 20 7734 2911 ➡近Oxford Circus地鐵站(淺藍色Victoria線、棕色Bakerloo線)。位於Liberty百貨後方 http www.greeneking-pubs.co.uk/pubs/greater-london/shakespeares-head

貼心小提醒

傳統酒吧點餐5步驟

1. 先到吧檯點飲品
2. 找位置坐下來並利用桌上菜單決定餐點
3. 到吧檯點菜和付款
4. 回到座位等候
5. 接著就享受送上的飲品與餐點吧

※用餐前不妨先至各官網取得酒吧最新折扣訊息

超過400年以上的酒吧老店
Anchor Bankside

建於1615年，因位居泰晤士河畔重心而見證倫敦百年歷史，包含延燒4天的倫敦大火，以及二次大戰，為倖免於難的古蹟。許多歷史聞人曾在此高談闊論或是專情筆耕，到此點杯啤酒感受百年的歲月軌跡。

✉ 34 Park Street, Southwark, London SE1 9EF
☎ +44 (0) 20 7407 1577 ➡ London Bridge地鐵站(灰色Jubilee線、黑色Northern線)。可逛完泰德美術館後前往；面對泰德美術館左手邊，沿著泰晤士河畔散步約8分鐘 http www.greeneking-pubs.co.uk/pubs/greater-london/anchor-bankside

1 酒吧一磚一木都是古蹟/**2** 在泰晤士河畔屹立不搖的Anchor Bankside/**3** 遠遠就能看見酒吧的船錨招牌和紅色門窗

有美酒圖書館之稱的酒吧
All Bar One
連鎖店

以清新專業形象開創英國飲酒文化的All Bar One，採用挑高的空間、大面透光玻璃，以及大量焦點光源，讓這裡就像拋光打蠟過般閃閃發亮，廣受年輕新生代的青睞。有酒圖書館之稱的櫥櫃裡，每支佳釀閃耀金光，和酒吧上的大把花束輝映成趣。

✉ 有多家分店，清先查詢官網最近的分店地址 http allbarone.co.uk

1 點杯清新迷人的香檳，陶醉在倫敦的午後/**2** 花草、光線、木作，構成All Bar One自然放鬆的感覺/**3** 歐洲國家知名新鮮啤酒在此也能嘗到

經濟的早餐與特定優惠晚餐

Weather Spoon Pub 連鎖店

　　酒吧裡也供應正統又實惠英式早餐，包含番茄醬燉豆、培根、薯餅、香腸、蘑菇及烤番茄和煎蛋，簡單版的早餐是將番茄焗豆放在烤土司上。雖然並非每個人都喜歡吃焗豆，但出門旅遊不訪嘗鮮看看。這個連鎖酒吧經常有各種優惠，如週二的牛排特價、週四的咖哩特價，或一杯咖啡價格無限暢飲一天，可以先上官網查詢特價活動。這是一家能滿足你一整天早、中、晚便宜餐飲需求的酒吧。

📧全國有多家分店，可上網搜尋最近地點 http www.jdwetherspoon.co.uk

1 女性與兒童喜愛的J2O果汁汽水/2 咖哩特惠餐同時提供米飯和麵餅

一盤英式早餐包含番茄醬燉豆、培根、薯餅、香腸、蘑菇及烤番茄和煎蛋

曾被評選為世界上最好吃的早餐

Bill's 連鎖店

　　來自澳洲的Bill's曾被紐約時報評選為世界上最好吃的早餐，李奧納多迷戀不已，日本人更是趨之若鶩，跨文化國界的一致讚賞，使得Bill's成為旅人的口袋名單之一。

　　其著名的招牌早餐，光芒幾乎來自於那黃澄澄、天然香醇的有機蛋。無論是煙燻鮭魚蛋佐烤吐司，或是傳統英式早餐，只要沾上了香濃飽滿的蛋黃，所有的美味立即加倍衝頂。尤其傳統英式早餐裡的特製香煎薯泥，比一般傳統

生活素材是空間裡具有親和力的媒介

陽光般的經典早餐是其招牌之作

炸薯餅更加入味；邊緣微焦的麵包吐司又酥又軟，刮上蛋黃醬一口咬下頓時讓人精神為之一振。難怪許多人指名到Bill's吃個早餐，才稱作一天的開始呢！

　　早餐通常供應到中午，若無法趕上，那麼別氣餒。Bill's的另一個祕密武器就是英國家常點心Eton Mess。大量新鮮的英國草莓加上mascarpone起司、打發鮮奶油、壓碎的蛋白霜餅和覆盆子醬，又是一個活力的起點！

📧全國有多家分店，可上網搜尋最近地點 http bills-website.co.uk

名廚指揮的精緻家常菜

麵包街廚房
Bread Street Kitchen

連鎖店

地獄廚神戈登‧拉姆齊(Gordon Ramsay)在2011年於聖保羅大教堂附近開的一家餐廳,專賣現代英國菜及各式酒飲。之後他接著往中東和東南亞展店,直到前幾年才回倫敦開分店。

戈登‧拉姆齊旗下餐廳總共擁有17顆米其林星星,麵包街廚房屬於餐酒館風格的精緻家常菜,並不是高級料理,但是衝著能以平價吃米其林主廚設計的菜單,讓該店在倫敦的分店越來越多,也進駐都是一線名店的巴特西發電廠商場。

位在麵包街的本店,餐廳裝潢營造出老派英格蘭紳士俱樂部的典雅,以及紐約1960～70年代的工業風,空間用許多老物件、懷舊款檯燈做裝飾,近來還添加一個登月小艇造型的包廂。每家分店裝潢不太一樣,但大多都是這樣的古典都會風格。

麵包街廚房受歡迎的菜除了炸魚薯條、戈

登‧拉姆齊的招牌烤肉外,就數威靈頓牛排捲(Beff Wellington)最出名。每家餐廳的菜單也不太相同,有機會可以試試牧羊人派、蘇格蘭炸蛋、印度咖哩等等經典英國食物的現代詮釋。週間上午也可以吃傳統英式早餐。

✉ 10 Bread Street Kitchen, London, EC4M 9AJ ➡ 最近地鐵站 St Paul ⁉ 本店入口在 One New Change 商場 2 樓
http www.gordonramsayrestaurants.com/bread-street-kitchen

1 葛登拉姆齊以威靈頓公爵造型畫成肖像/**2** 麵包街廚房走一個古典都會與工業風/**3** 家常菜清蒸鯛魚因為醬汁而有了驚喜/**4** 像登月小艇的太空船空間是可預訂的包廂

歐洲風味料理

獲頒英皇室勳章的正統義大利料理

Carluccio's

 連鎖店

出生於義大利的同名電視名廚創設了寶藍色調的義大利餐廳Carluccio's，由於服務、品質皆具高水準且致力義大利飲食不懈，因此除了獲頒英國皇室OBE勳章，也同時獲得義大利OMRI的殊榮肯定。

Carluccio's常推出兩道式特價套餐，讓大家可以更親民地享受義大利美食。主食除了義大利麵類，讓人最驚豔的是它的前菜竟有跟鵝肝醬一樣滑順濃郁的油封雞肝泥(Chicken liver pâté)！雞肝泥奢侈地抹在托斯坎尼烤麵包上，加上醋醃小黃瓜，義式的幸福滋味讓人暫忘何謂膽固醇！

全英國各分店的午間特價餐單略有不同，可上官網感受一下異國風情，內用也另加服務費12.5%起。而店內也提供沙拉輕食，以及販售眾多義大利迷人可口的小點心、特調橄欖油。

✉ 全國有數家分店，可上網搜尋最近地點 🌐 www.carluccios.com/restaurant/london-south-kensington

1 以藍白基調為主的Carluccio's/**2** 新鮮食材富含令人開懷的熱香肉汁/**3** 其自家小點心非常涮嘴，很難停下口/**4** Carluccio's 清爽舒服的空間，氣氛十分放鬆

奢侈濃稠的雞肝泥佐麵包

葡式、東非混血烤雞鮮嫩多汁

Nando's

連鎖店

有著可愛公雞招牌的Nando's，最初發源是葡萄牙移民到東非莫三比克，接觸到產於西非與南非野生的鳥眼辣椒(African bird's eye chilli)，又稱peri-peri，然後加入本身葡國料理所產生的混血菜系。

來到Nando's必選peri-peri烤雞，可選不同分量和部位，從雞肉到雞肝(Chicken Liver)都有，更有不同的辣度或口味可選。不敢吃辣就選原味。若是多人共餐，不妨選擇較經濟的拼盤(Platter)組合，並加點幾項小菜享用，附有兩人飲料無限暢飲拼盤組合，最受歡迎，因為烤肉就是要配源源不絕冰涼的汽水才痛快啊！

現烤大蒜麵包也是把葡式烤雞肝塗在微焦微脆的麵包上，老饕絕不放過。

自助區的各種招牌祕製peri-peri烤肉醬分有特辣(Extra Hot)、辣(Hot)、中辣(Medium)、香料或芒果(Lemon & Herb/Mango & Lime)或原味(Pain)等等，一定都得先試一點，選擇自己最愛的組合沾著雞肉，才不枉來到Nando's。若想來份甜點，可試試葡式蛋塔(Nata)，作為收尾。

在倫敦有數十家分店，科芬園(Covent Garden)、蘇活區(Soho)、南華克教堂(Southwark Arches)、國王十字車站(King's Cross)等等，分店眾多，可參考官網分店資訊，安排旅遊路線上的分店。

http www.nandos.co.uk

1 焦香的烤雞餐包含沙拉、大蒜麵包和烤雞/2 較大的超市也能找到Nando's的醬料系列/3 Nando's有著顯目的公雞招牌/

Nando's點餐流程

1 說明用餐的人數(A table for 人數 persons, please.)、等候帶位。

2 侍者帶位後，會解釋點餐流程、給一支Nando's雞號碼牌。

3 看好菜單，到櫃檯點餐付款。先告知號碼牌數字(Table No.)、每樣烤物的辣度(Hot、Medium……)，櫃檯邊的小菜點心可一起付費取用。餐點若含無限暢飲，則會給空杯讓顧客自行取用。

4 上菜前，可到自助區選用醬料：烤肉醬、沙拉醬、番茄醬等等，以及餐具。

5 待餐點上齊，號碼牌會被收走。

6 將醬料混搭倒在餐盤中，開始大快朵頤吧！

TIPS 若常來點餐，可索取集點卡參加兌換活動。

不能錯過的地中海風味

Bistro 1

以地中海菜單為主的Bistro 1，位在蘇活(Soho)區懷舊小酒館情調，從牆上隨興的插畫、鈴蘭形的壁燈，以及畫框式的鏡面呈現出來。雖然空間位置稍嫌擁擠，但較經濟的價格讓人們慕名而來。

Bistro 1以提供實惠的中餐2道或3道套餐為口碑，兩者價差不多，但是多了手工甜點。首先附上可續點的免費麵包，安撫了期待的不安。接續十多種前菜選擇，讓人都想試試；蝦沙拉(Prawn Cocktail)清爽、水分多，是安全的選擇，若想挑戰與眾不同的重口味，煎得鹹酥的土耳其辣腸(Turkish Spicy Sausage)頗具特色。

主餐以希臘和義大利式為主，從排餐、義大利麵、米飯、素烤羊起司等十幾種。排餐的肉塊給的豪邁，若想均衡飲食，希臘菜Meat Mousakka的起司烤茄子肉醬、沙拉與飯營養滿滿。人們常忽略的點心表現得極為出色，雪白的檸檬雪酪(Lemon Sorbet)細緻爽口，清涼又酸甜，適合為炎熱的午後做註腳；像是一球球小炸彈的杏桃甜點(Stuffed Apricots)，由杏桃為主角包裹涼如冰淇淋的奶油起司和豐富的開心果粒，上頭澆灌著覆盆子醬，美味整個翻攪那小鹿亂撞的味蕾。

．．．．．．．．．．．．．．．．．．．．．．．．．．．．．．．．．．．．

✉27 Frith St, Soho, London W1D 5LE ☎+44 (0) 20 7734 6204 ➡Leicester Square地鐵站(深藍色Piccadilly線、黑色Northern線) http bistro1.co.uk

土耳其辣腸
(Turkish Spicy
Sausage)

1 Bistro1招牌配色鮮明/**2** 偏硬的傳統義大利麵食，可請餐廳煮軟/**3** 杏桃點心雖不起眼，但口感驚豔、層次豐富/**4** 這裡也提供飲食均衡的餐點Meat Mousakka

亞洲風味料理

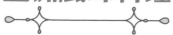

超人氣印度孟買料理

Dishoom

連鎖店

是什麼樣的餐廳,總是讓一群人心甘情願地在門口排隊?又是什麼樣的魔力,讓大家一訪再訪?它就是平價多樣且具特色的孟買創意料理餐廳——Dishoom。

Dishroom的料理如同其格言「From Bombay with Love」,以豐富有層次的辛香料理呈現著孟買的特色與情感。空間氣氛復古又時髦,餐廳只接受六人以上訂位,通常先到場排隊,接著領你入等待區點調酒或軟飲料先開胃,等到用餐區有座位了,再領你入座。

咖哩炒蛋佐餐包,看似簡單,卻有著令人驚豔的口感;咖哩的香甜酸辣,在腦裡像小花兒不斷地綻放。各式烤肉,經過精心選料醃製,再大火烤炙,保留了外邊酥脆、裡面多汁鮮嫩的口感。就連素食的蔬菜起司燒烤也同樣美味。最不能錯過的是招牌菜——香料羊排(Spicy Lamb Chops),完全吃不到羊騷味,鮮軟肉甜,搭上薄荷葉和石榴,讓小羊肉的滋味更清新了。

每家分店的裝潢和位置不同,甚至還有花園呢!不妨選擇喜好或方便前往的Dishroom享用一番。

✉ 全國有數家分店,可上網搜尋最近地點和各店特色
http www.dishoom.com

1 開胃菜咖哩餐包/**2** 香料羊排為推薦招牌菜/**3** 別忘了擠一下檸檬讓烤肉更爽口/**4** 熱情的調酒師迎接著每位賓客

冰火相容的創意
開胃前菜Bhalla
Papdi Chaat

素食大烤餅搭配香軟餡泥的絕妙滋味

Sagar

連鎖店

名列眾多素人評分美食網站前茅的Sagar，是純素食的印度餐廳。有些人一聽到素食兩字，會露出惶恐的表情，但是一到了Sagar才發現原來食物的變化也能推翻以偏概全的印象。

以其招牌烤餅餐來說，點餐率最高有兩種：一種是類似於可麗餅的方式，在烤酥的餅皮上加入馬鈴薯和咖哩花椰菜調合而成的餡泥，外酥內軟，然後沾著調醬食用，是一道有飽足的鹹點；另一種最令人驚喜的是，幾乎與桌等長的脆熱大烤餅，佐以蔬菜餡料。蔬食裡看得出對每樣食物分別處理的細心，例如切成方形煎過的彈性豆腐，再拌上依不同熟程時間分炒的蔬菜與香菜，表現出每項食物本身的恰到好處的口感。

✉Sagar Vegan & Vegetarian Restaurant 倫敦有5家分店，可上網搜尋最近地點 http www. sagarveg.co.uk

1 Hammersmith的總店/**2** 和桌子幾乎一樣長的烤脆餅，搭上綜合餡料，入口滋味難忘

印式入味窯烤雞、香濃咖哩飯為首選

Masala Zone

連鎖店

Masala Zone分店各有裝飾特色，科芬園店內數百個懸掛在天花板的民俗戲偶最具震撼效果。印度知名小吃窯烤雞肉不止有Tikka風味，Masala Zone還加了創新元素，例如印度起司番茄咖哩雞、特製酸辣椰汁蝦，還未上菜唾線就已開始分泌。

推薦開胃前菜Bhalla Papdi Chaat。紅石榴和香菜末落英繽紛地撒落在炸得酥脆燙口的餅殼上，殼裡填充著冰涼微酸甜鹹的羅望子優格，衝突的對比入口後，形成一股冰火交融的絕妙感受。總匯拼盤則包羅了印度的主食：米、麵餅，以及像蝦餅口感的Pappad脆餅，搭配上各式咖哩蔬食與豆泥，可交錯搭配找出自己滿意的排序表，讓飲食更充滿了樂趣。

除了肉食，Masala Zone也提供多樣化的素食與阿拉餐，適合各種不同飲食習慣者。

✉全國有數家分店，可上網搜尋最近地點 http www. masalazone.com

炭烤骰子肉鮮甜多汁

Best Mangal

連鎖店

土耳其信奉回教，其菜單裡沒有豬肉，但也造就了雞羊醃製特長。

頗受肯辛頓地區居民推崇的烤肉，除了隨性如傳統小吃攤的Bosphorus，另一家就是Best Mangal。

Best Mangal在肯辛頓連開3家分店，以傳統土耳其中心安納托利亞(Anatolian)為飲食核心，二店裡建造了土耳其傳統烤爐，以製作配方麵餅，Q軟有嚼勁，為最佳銷售員。此外，大火炭烤的快感，令人口水直流，尤其是名為Kuzu Sis的烤肉是每次必點美味。原因在於它的羊肉肉質鮮美，不腥不羶，非常具有彈性。尤其以大火炭烤的方形肉塊，每一均面都能嘗到烤肉香，以及咬下的鮮甜肉汁；同時，恰好分量的爽脆蔬菜沙拉，更使兩種口感相互輝映。外帶這道烤肉捲比內用便宜，每到中午門庭若市。若喜愛火烤方型骰子肉塊者，不妨來此一嘗它的好滋味，這裡也有素食選擇喔！

TIPS

菜單名稱末加個「v」通常表示素食，但有些餐廳是指蛋奶素，「vg」才是全素。「s」表示有辣度。

....

✉ 在西南倫敦有2家店，Fulham 和 South Kensington 🌐 bestmangal.com

1 自信的主廚一面對鏡頭竟害羞了起來/**2** 玻璃櫃裡新鮮的烤肉串/**3** 外帶烤肉捲是最划算的選擇

平價日式風味小食堂

Misato

Misato上菜速度快、翻桌率高，簡餐多樣化，是留學生最愛餐廳之一(只收現金)。

主要推薦菜色日式炸豬排(Japanese Fried Pork with Rice)，豬排一口咬下，酥脆外衣令人感動。若點咖哩豬排還會加上日式甜味咖哩醬，和著白米飯令人停不下筷。冬天來碗熱呼呼又清爽的烏龍湯麵，舒服通徹。

✉ 11 Whitcomb St, London W1D 6PG ☎ +44 (0) 20 7734 0808 ➡ Piccadilly Circus 地鐵站 (深藍色 Piccadilly 線、棕色 Bakerloo 線)。出站後面對愛神雕像Eros和霓虹看板Boots大樓，往右手方向直走，經過牆角有馬匹的路，然後在M&M巧克力世界前面左轉 🌐 misato.has.restaurant

1 空間擁擠卻人氣十足的Misato/**2** 日式咖哩炸豬排

亞洲 平價日式亞洲料理連鎖店

龜兔莊
Hare and Tortoise

連鎖店

龜兔莊除了擁有大批留學生粉絲，更深受英國居民喜愛。生魚片、握壽司，到炸物、炒飯麵或日式小菜等等，主餐價格大約£12起。椒炒豆豉牛肉麵，布滿了鮮嫩的牛肉片和彩椒、洋蔥，分量之大，幾乎看不見下頭的麵條。燒鴨飯的鴨肉充滿淡淡的八角、乾草等甘甜香，還嘗得到鮮嫩的美味滷汁。

✉ 90 New Bridge Street, London EC4 6JJ ☎ +44 (0) 20 7651 0266 ➡ 近Blackfriars地鐵站(黃色Circle線、綠色District線) 🈺 週日、銀行假期(Bank Holiday) 🌐 www.hareandtortoise.co.uk

1 海鮮丼飯這裡也吃得到/**2** 簡單大方的室內空間/**3** 握壽司是奢侈的滿足

大碗分量的主餐

連人氣小館烤肉必嘗

Yalla Yalla

連鎖店

位熱區牛津街的巷弄，有著半對外窗Yalla Yalla，為許多人與死黨換帖的祕密基地。

在此揭開黎巴嫩的神祕面紗。繪畫、溫暖的燈光、原木、鮮花以及澄澄發亮的點心，讓人有種卸下心房講講悄悄話的舒適感。喜歡它的沙拉，充分拌勻了紅櫻蘿蔔、番茄、黃瓜、石榴子和諸多捲切得碎細的香草與脆餅屑，簡單的橄欖油與辛香調味，極度清爽、新鮮有聲。烤得焦香的麵餅和薄荷佐豆子泥是好朋友，濕軟入餡又有飽足感。不論單點或分食都很適合的綜合炭烤(Mix Grill)，除了各種烤肉、特殊的紅洋蔥香料沙拉、薄韌的餅皮，還有米飯和優格莎莎醬，分量十足。

倫敦市中心有數家分店，可上網搜尋最近地點 http
www.yalla-yalla.co.uk

美味的綜合烤肉一個人就能掃盤

濕潤的鷹嘴豆泥加上紅石榴更加提味

黎巴嫩餐廳Yalla Yalla經常高朋滿座

1 每到用餐時間湧進人龍的文興酒家/**2** 櫥窗裡的粵式烤鴨令人食指大動/**3** 叉燒也是點菜率最高的餐點/**4** 農曆新年中國城張燈結綵

吮指回味粵式烤鴨

文興酒家Four Seasons

　　中國城聚集亞洲飲食，尤其文興酒家人氣旺頂。櫥窗裡一隻隻金黃肥嫩的烤鴨，襯著偶爾滴落的醬汁，更讓門口人潮飢腸轆轆。

　　鎮店的粵式烤鴨分為去骨和不去骨兩種，皆有不同擁護者。烤鴨肥滑多汁，以青嫩的白菜為底。只消一碗簡單熱白飯，淋上烤鴨醬汁、一段鴨肉，就能讓人不間斷地開心扒飯。港式三寶中的叉燒，彈性十足，亦為人氣選擇。叉燒烤鴨雙寶飯則是一個人外食的好朋友。

　　細火慢燉的牛腩煲，透著薑片的香氣；魚香茄子煲的茄段與辣椒，聯手挑逗味蕾，兩者都是下飯的良伴。桌上的醬料拼盤裡，醋醃青色的小辣椒解膩不辣口，是中場爽口的功臣。

　　每當搭機旅遊或回台灣，總擔心又有陣子吃不到肥而不柴、滑嫩滴汁的文興烤鴨，而開始煩惱起來。

✉ 12 Gerrard St, London W1D 5PR ☎ +44 (0) 20 7494 0870 ➡ Leceister Square 地鐵站(深藍色 Piccadilly 線、黑色 Northern 線)。位中國城(China Town)裡 http www.fs-restaurants.co.uk

TIPS

文興酒家，白飯以人數計價，可隨時添加，食量大者非常划算。交通最方便的中國城分店，及位於 Bayswater 的總店，口味稍異，各有推崇者。

牛腩煲也屬下飯餐點

國際新泰式料理

Busaba

連鎖店

保有泰式木梁與家具，混搭著花瓣流水燭燈、佛像淡香以及現代燈具，讓Busaba有著一抹新鮮的泰國精神。創辦人是享譽國際的餐飲之神Alan Yau，開創Hakkasan、丘記茶苑(Yauatcha)等餐廳，並奪得米其林榮耀。屬平價的Busaba 水準亦脫俗。這裡採用大方桌和板凳，有著共桌食堂的精神。

推薦小菜Thai calamari，微焦的烤花枝，帶著鹹甜椒香和香菜，裝盛在一只手做陶碗，更顯清新細緻。斑蘭葉烤雞(Pandan chicken) 散發植物清香，米飯如香米飯或椰汁飯，載以瓷茶碗或竹器。

極度推薦簡餐：炭燒雞配綠咖哩炒飯(Green curry fried rice char-grilled chicken)。不同於濃稠的咖哩燴醬，綠咖哩入味地炒在米飯裡，醃過的雞肉炭烤後切片地浸在微辛香的綠咖哩汁中，有深度的米飯與焦嫩不分離的烤雞，似乎簡單卻又不簡單。

芭樂特調(Guava Collins)裡帶點萊姆汁、泰式萊姆葉和椰汁，是和友人們都偏好思念的家鄉果味兒，也是完美的結束！

✉ 倫敦有10家分店，可上網搜尋最近地點 🔗 busaba.com

TIPS

選擇簡餐最划算，若點合菜分食價格比較高，但能體驗更多的新泰式料理。而男女廁所有趣的標誌符號，也是特色之一。

1 以斑蘭葉入香的烤雞/**2** 令人愉悅的新泰式用餐氣氛、布置處處可見用心/**3** 最推薦的簡餐：炭燒雞配綠咖哩炒飯/**4** 茉莉香飯盛在一只婉約氣質的瓷碗裡/**5** 一人獨享烤花枝最為過癮

道地越南館Soho旗艦店

CÂY TRE

20世紀的越戰為倫敦帶來幾個越南難民社區，東南倫敦甚至形成一條越南街。隨著在英國成長的移民後代出來發展，倫敦的越南餐廳逐漸走出移民小吃店的格局。

倫敦人也熟悉河粉湯，連鎖店Pho的創立者甚至是個英國人。但如果嘴刁的台客想嘗試新舊融合的越南菜，而不只是標準的湯河粉、越式春捲(summer roll)和越南咖啡，還有許多獨立餐館可以選擇。

Soho區是倫敦餐廳的一級戰場，能在此立足絕對是經得起考驗。在越南街一帶起家的河粉店CÂY TRE，旗下還有烤肉店Viet Grill，以及倫敦3家越式三明治店Keu，也在Soho區開了一家旗艦店。在這可嘗到比本店更多的小菜，明亮的空間、親切的服務與創新的飲料，很受當地上班族喜愛。

亞洲胃可以嘗試在河粉湯加牛肚，檸汁熟成的醃牛肉沙拉很可口，我喜歡我的Gava Fevery氣泡飲，芭樂、椰汁與汽水調和得正到好處，但可惜一個人的胃只能吃下這麼多。

CÂY TRE SOHO

✉ 42-43 Dean St, London W1D 4PZ ➡ 最近地鐵是 Tottenham Court Road 站 Dean Street 出口，或是 Leicester Square 站 http www.caytrerestaurant.co.uk

Pho

✉全國有多家分店，可先上網查詢最近的地點 http www.phocafe.co.uk

1 CÂY TRE SOHO以黃燈籠妝點東方元素/2 CÂY TRE越文意思是竹子，在Soho區扎根了/3 在加了番茄熬煮的湯頭中添加海鮮米線，作法源自河內的螺肉麵/4 加牛排的河粉湯、木瓜沙拉、南洋風味氣泡飲，一個時髦的越南菜經驗

招牌手工粉粿口感層次豐富

馬來一哥C & R Café

　　中國城附近的小巷弄中，招牌上寫著斗大「馬來一哥」的C&R Café，自信的口氣很難不讓人向店裡多瞧兩眼。結合馬來西亞、新加坡、越泰等亞洲菜系，菜單還貼心地註寫中英對照。一到用餐時刻，不同國籍的倫敦人便如走進自家廚房般，熟練地點餐、用著筷子和湯匙；讓這家亞洲餐廳顯得有趣起來。單人用餐，一份簡餐價格約£12起不等，如海南雞飯、布上魚丸蝦的Tom Yum麵，就能飽足。

　　招牌蝦則搭配了青椒、洋蔥、黃瓜絲，酸酸甜甜加上鮮甜的剝殼蝦，吃來開味爽口。純正馬來手工製作的招牌粉粿，是其限量自信之作，淋上的小魚乾肉燥，思鄉情懷煙消雲散。

　　馬來煎餅吃起來外酥內Q，配上花生細粒的咖哩醬，層次豐富的餅皮加上濃稠的醬料讓口感熱鬧了起來。值得一提的是，這裡一碗飯，不論是單點或是附在簡餐內的雞汁、椰汁風味飯，分量相當大，讓人感受到滿滿的誠意。

1 招牌蝦充滿天然酸甜/**2** 限時限量的招牌粉粿是餐廳自信之作/**3** 小巷弄裡的馬來一哥雖空間不大，卻常見各國人來此用餐

TIPS

招牌粉粿(Malaysian Style Homemade Pasta)只有在週末和週一～週二販售，而且晚去就賣光囉！

✉ 4 Rupert St, London, Greater London W1D 6DY
☎ +44 (0) 20 7434 1128 ➡ Leicester Square地鐵站(深藍色Piccadilly線、黑色Northern線)或 Piccadilly Circus地鐵站(深藍色Piccadilly線、棕色Bakerloo線) http www.cnrrestaurant.com

食尚美味在這裡｜人氣美食餐廳

美洲風味料理與其他

嚴選天然食材製造出的人氣美味

Wahaca

連鎖店

1 主打墨西哥小吃精緻化的Wacha，適合量小多樣化的嘗鮮/2 人聲鼎沸的Wacha是倫敦最夯的餐廳之一/3 Tostadas布滿切得精細的鮮食，可見對小地方的用心

倫敦晚報Evening Standard寫道：「Wahaca是提供美味、創新、有價格競爭力且生氣盎然的新發現」；旅遊指南《Time Out》提及：「這個充滿活力的墨西哥小酒館，充滿了時髦特色裝潢、親民的價格和新鮮美味的食物……」。諸如此類的評價，加上獲得許多創意大獎肯定，很難讓人不注意它的存在。

女廚麥爾絲(Thomasina Miers)於2005年獲得BBC廚藝競賽節目「Master Chef」冠軍後，2007年開設了Wahaca，在倫敦競爭激烈的環境下，以黑馬之姿廣受推崇，並連開分店。以食材來說，他們採用放養環境的肉源、非基因改造的蔬果，並且重視海洋資源，選用口感佳但一般人較不熟悉的灰鯆魚或鯡魚，用以取代嚴重消耗的海洋資源魚種；這樣的理念，讓消費者一開始就對Wahaca的堅持感到信賴。

另一個Wahaca特色則是充滿活力的氣氛。分店的裝潢各有特色，但皆呈現了墨西哥對比色彩豐富卻調合的視覺效果，錯落的燈光搭配

好似置身在夜市熱鬧裡，挑高的空間和熱情的音樂使人放鬆又開懷。

當然，要擄獲大眾的青睞，口味和價格是關鍵因素。墨西哥菜新鮮的香料是靈魂，萊姆汁、芫荽、酪梨、青紅椒交錯共舞，玉米餅皮或軟、或熱，或脆地環抱食物，菜單種類繁多，每種讓人躍躍欲試。基於墨西哥市場小吃的精神，每種分量不大、價格不高，恰恰好和朋友共同分享，也可輕易掌握預算。

人氣小吃之一Tacos，細火慢燉的豬肉極盡吸收飽滿醬汁之能事，再配以醃過微酸的洋蔥，盛放在超薄且Q餅皮上，酸甜鹹的平衡搭配得極好，對此項小吃，Wahaca的註解是混亂、但是美味！喜愛海鮮的話，Tostadas則是必選，蝦、干貝、小黃瓜、洋蔥、生菜、辣椒等等豐富組合，海鮮與生菜本身的鮮甜，加上辣椒洋蔥的提味，十分開胃。Quesadillas則是外煎酥脆的餅皮，中間夾了嫩雞肉、碎番茄、醃漬辣椒加上香滑的起司，吃起來濕潤有層次，也是不可錯過的推薦品項。沒到過墨西哥，就來到這裡吃過個癮吧！

✉ 全國有多家分店 🌐 www.wahaca.co.uk

①

多樣化拉丁美洲風味料理

Las Iguanas

拉丁美洲融合了南美、西班牙、葡萄牙，以及非洲文化，展現飲食的多元創新性。

緊接著在Las Iguanas傳達開來。西班牙Tapas前菜、墨西哥酸辣風味以及巴西椰調料理，在洋洋灑灑的菜單，加上每天現熬30多種蔬果豆醬，自信表現在不同的餐點裡。

舉例來說，包裹手撕烤鴨的捲餅，搭配了酸辣醬，而烤雞捲餅則佐以番茄莎莎醬；各醬料皆依肉質口感而有所歸屬。此外，捲餅烙烤後趁熱吃方能感受其萌發的層次變化。

醃燻大蒜肉腸(Cha-Cha Chorizo)是用盡心力的一道前菜，以紅酒、洋蔥、番茄及墨西哥辣椒燉煮多時，取麵包吸收醬汁再配上切片肉腸，鹹香的重口味最適合喜愛大口喝酒、大口吃肉的朋友。若想吃飽又吃巧，不妨單點墨西哥經典(Mexican Classics)裡的主食；大盤的主食裡不但有各種風味捲餅、沙拉，還有毫不小氣的米飯和特殊的鹹豆泥，元氣分量滿點！而巴西番茄椰汁蝦鍋飯，則是個人海鮮控的私心最愛。

✉ 全國有多家分店，可上網搜尋最近地點 http www.iguanas.co.uk/restaurants/london-royalfestivalhall

1 全民瘋狂的足球盛事，在大螢幕用餐區也不會錯過/2 米飯餐點分量豪邁，歐美的紅豆泥多為鹹口味

②

連厚實飽足的墨西哥大捲餅

Tortilla

有時候飢腸轆轆，就是口袋不夠深，或是沒空好好坐下來吃一頓，那麼Tortilla就是最佳首選。工作人員像是有效率的生產線，一字排開分別作業，首先請客人決定捲餅或選擇餐盒款，然後選擇內餡(Fillings)豬肉、雞肉或素食，最後加上配料如萊姆或墨西哥米及醬料。於是，一捲又厚實又長的墨西哥捲就完成啦！若不熟悉流程也沒關係，看著前面熟客指選食材，依樣畫葫蘆就即可。

最喜歡捲餅裡有米飯和莎莎醬，以及每口都吃得到令人滿意的肉條，一捲裡同時享受麵皮的嚼感、米飯的飽足感、濕潤的肉塊、開味莎莎醬……。若想來點不同變化，再來點桌上獨家的祕製醬，味蕾完全解放。

✉ 倫敦有多家分店，可上網搜尋最近地點 http tortilla.co.uk

1 捲餅內餡飽滿，絕不縮水/2 深受上班族喜愛的Tortilla

配料、醬料可隨選搭配，外帶內用都方便

①
②

新鮮超值平價龍蝦餐

Burger & Lobster
連鎖店

　　沒有看錯，在倫敦也能吃到加拿大進口、深海著名龍蝦產地Nova Scotia的龍蝦餐！

　　Burger & Lobster在甚麼都貴的倫敦展開許多分店，仍消化不完排隊人潮，靠著就是新鮮、超級平價的龍蝦吸引無數的饕客，以及好口碑。Burger & Lobster的餐點非常簡單，整隻龍蝦Lobster、龍蝦堡Lobster Roll，以及漢堡Burger(牛蝦各半)3種。

　　龍蝦的肉質鮮甜緊實又有彈性，來上一尾讓人直呼過癮。若懶得動手感受挖取蝦肉的快感，則可優雅地選擇簡單調味過的龍蝦漢堡。漢堡則提供海陸的美味結合選項。無論選擇哪一種餐點，同樣都會附上新鮮野菜和酥炸薯條，富有飽足感。這麼超值平價的餐點，讓人思思念念、不懷念也難。

　　由於排隊人潮眾多，建議先訂位或避開用餐時段。各家分店營業時間、訂桌人數限制各異，詳見官網。

1 夾滿新鮮龍蝦肉的漢堡/**2** 對半剖開的龍蝦份量不少/**3** 龍蝦漢堡會附上沙拉和薯條/**4** 店家貼心附上吃龍蝦專用的圍兜

✉ 倫敦有多家分店，可上網搜尋最近地點 http www.burgerandlobster.com

省錢外食的關鍵字

1 Take away please
在簡餐店用餐比有桌邊服務的餐廳便宜，除了等級不同，簡餐店不需要給服務費或小費。也有簡餐店外帶訂價比較便宜。外帶的英式說法是**Take away**，如果內用是**Eat in**。

2 Let's order delivery!
使用外送平台訂餐需支付外送員的人力成本，有時訂價反而比內用更高。很在意價格的話請先事先比較。外送平台許多家，點餐可能需要有英國手機門號。

3 May I try this before ordering? please?
在酒吧點啤酒前，如果不確定可以請酒保讓你試喝看看再點。

4 One pint or half?
當你選好要買的啤酒，酒保會問你要大杯或小杯的啤酒。大杯是One pint(1品脫)小杯是Half pint(半品脫)。

5 Pre-theatre dinner/post-theatre dinner
倫敦西區劇院林立，劇院附近的餐廳通常在表演前或後的時段提供的特定的套餐，通常是**3**件式套餐，價格比菜單上的好，不限看劇的人享用，只要願意在非熱門時段用餐，就可以用小錢嘗試不錯的餐廳。

6 Tape water please
倫敦水龍頭水可生飲，許多餐廳不介意提供免費自來水。如果不想點付費的瓶裝水，可以請求提供「水龍頭水」。

7 Afternoon tea / High tea
品質好的下午茶場所，都是一個價錢吃到飽，小鳥胃的人可能發現吃了茶點就吃不下晚餐了。為了健康並不建議一整天只吃這一頓甜點，但如果下午茶的菜單有**High tea**的選項，表示在甜點和三明治之外還有包含鹹口味熱食，可以點來當做午晚餐。

8 2 for 1 Voucher
經常有連鎖餐廳和部分獨立餐廳提供優惠促銷，例如「**2 for 1**」折扣，通常是**2**份主菜裡低價的那一份免費。可以先上網用餐廳名字、**discount**、**deals**、**voucher**等關鍵字尋找折扣碼或折價券，同時還要留意小字的說明，例如折價是否包含酒水、或是什麼時段不能使用。也可在餐廳情報網(下方列表)直接查看有哪些餐廳正在辦折扣促銷。

9 Tips / Service charge
小費**Tips**是對提供服務的餐廳服務員表示感謝之意，不強收，餐廳禮貌上是給一成，如果表現特好或不好，可以再斟酌加減。但觀光客通常不懂這種文化潛規則，所以觀光區的餐飲店經常直接在帳單加**Service charge**，已有漲到**15%**。如果餐廳提供的服務不理想，結帳時可以和餐廳討論降低或不付服務費。

餐飲情報資訊網

OpenTable餐廳情報網
http www.opentable.co.uk

下午茶情報網
http www.afternoontea.co.uk

最後一分鐘特價情報網
http www.lastminute.com/experiences/afternoon-tea.html

倫敦米其林餐廳
http www.visitlondon.com(網站選擇Things to Do頁面中，選擇Food and Drink分類內，Restaurants裡的Michelin-Starred

倫敦米其林餐廳折扣情報
http www.bookatable.co.uk/michelin-star-deals

連鎖輕食特輯

交通轉運站或熱鬧街角，經常可見輕食連鎖店，適合忙碌或趕車的人們。

Wasabi

剛開幕時以自選組合的各色壽司為特色，現在專心提供鮭魚握壽司、鮭魚生魚片等壽司(也有素食選擇)與沙拉組合的餐盒，另外還有三角飯團等冷食，也有味噌湯、咖哩丼飯、燴麵等熱食。想吃到日本米口感的飯粒和價格經濟的熱食，這是最實惠的選擇。外帶價格比內用便宜。

http www.wasabi.uk.com

1

適合外帶的壽司便當

主打壽司和便當的Wasabi

1 蝴蝶的輕快美麗象徵品牌提供美好輕食的理念 /2 主打壽司餐盒可以快速解決午餐

2

itsu

販售與Wasabi類似的生魚片壽司便當，熱食有味噌湯與亞洲風味的湯麵、包子、餃子，混搭風格的食物可能會有人覺得不道地，但itsu的空間比Wasabi摩登、潔淨，內用很舒適。該餐廳的理念是「eat beautiful」，源自創辦人對東京便當店保有快速、美味與美的印象。除了美麗的用餐空間，也更在意健康和永續，打烊前未售出的食物會以半價出售。近來也進軍英國大超市冷凍與冷藏櫃。

http www.itsu.com

Pret A Manger提供平價異國輕食

Pret A Manger

　　法文意為Ready to Eat。集合了各種異國輕食，如特製夾餡的煙燻鮭魚、酪梨、生菜烤鴨肉、瑞典肉丸的捲餅和拖鞋麵包，墨西哥、馬來西亞、摩洛哥、義大利等各國濃湯沙拉，更有種類繁多的切片麵包和點心。它能在倫敦擊敗眾多對手，靠著天然、僅限當日新鮮的材料，以及三不五時推出的鮮果沙拉、招牌湯品。曾有旅人誇讚過，在這裡有著吃不厭的異國風情呢！

http www.pret.com

Caffe Nero 是倫敦人所推崇的連鎖咖啡之一

Caffe Nero、
Costa Coffee連鎖咖啡

　　英國本土自豪的口感咖啡。明亮藍底標誌的Nero屬於英國血統的義大利系咖啡，濃醇如香水、餘味十足的Espresso為其經典飲品。慵懶愉悅的音樂和舒服的沙發，是旅人們的私房角落，彷彿領人走入義國享受生命的爽朗與美好。Costa Coffee的Latte則讓人暖洋洋地，像是曬在陽光下的棉被，搭配小點心和三五好友話閘子，嘰嘰喳喳的一個午後多麼愜意。

http www.caffenero.com & www.costa.co.uk

酥皮鹹派為Greggs強打

Greggs

　　近年來躍居英國最大烘焙坊的Greggs，酥皮餡餅為招牌，各式鹹派、捲餅，適合不嗜甜的嘴巴。餡餅如奶油蘑菇雞或番茄燉肉餡餅，就像是喝碗酥皮濃湯，趁熱才好吃。早餐和中午都會推出麵包飲品特惠餐，單品£2、3起跳，在倫敦算是非常划算的選擇之一。

http www.greggs.co.uk

熱湯和開胃杯飯是近來EAT的強項

EAT

　　EAT所提供的熱食種類更多。週週推出兩款新口味熱飯杯，例如開胃的泰式綠咖哩雞飯、BBQ烤肉扒絲飯。招牌湯如南法燉蔬菜湯、雞湯蛋麵或養生蔬果湯，日日都有新鮮感。尤其是天冷的時候，手捧一杯熱呼呼的湯飯杯，多麼暖和。

http www.eat.co.uk

甜蜜點心時光

除了聞名的英式下午茶之外，倫敦更匯集各國各式迷人的鹹甜輕食點心。天然蔬果滋味、無國界料理、精益求精的世界大賞創新巧克力、義式冰淇淋，還有擁有死忠粉絲的獨營咖啡、烘焙糕點，以及特殊的建築氛圍，都讓午後的英倫時光滿溢無限幸福。

像英國夏天一樣美好的滋味

L'ETO caffe
連鎖店

玻璃櫥窗一長排的漂亮蛋糕，L'ETO每家店面都吸引人駐足圍觀。自2011年在Soho開張，如今在倫敦市區有多家分店，更跨足中東地區。店名L'ETO的涵義是夏天，因為夏天是英國一年中最美好的時光，俄裔經營者Artem Login以俄文Eto和義大利文創造店名，孕育L'ETO文化混血般的時尚感。

L'ETO三餐都有供應，但特別推薦糕點與咖啡。店家特調咖啡House Blend入口時有檸檬味道，入喉卻沒有檸檬的酸或是咖啡的苦澀尾韻，令人回味。店中多款蛋糕各有愛好者，開心果蛋糕用料十足，搭配藍莓正好提味；椰

子芒果蛋糕也很受歡迎，真希望有很多個胃可以嘗試每一款。

....

✉ 155 Wardour St, London W1F 8WG ➡ Soho店最近的地鐵站是Tottenham Court Road站或是Oxford Circus站 http letocaffe.com

1 L'ETO販賣像英國夏天一樣美好的滋味/**2** 多款糕點以開心果為食材/**3** 開架成排糕點是L'ETO的店面特色

天才創新的無國界料理

焦糖鹽
巧克力脆

Ottolenghi

連鎖店

出生於以色列、深受義大利與英國飲食文化影響的奧圖‧藍吉(Yotam Ottolenghi)主廚，因其創新無國界料理尚無人能出其右，被譽為天才主廚。

由於Ottolenghi專精中東香料、義大利的烹調，以及精選英國的優質蔬果，透過烤、拌、炒、燜等手法，融合了各種乾果種子、新鮮香草如芹菜、羅勒、薄荷以及起司等，迸發出一道道前所未見的健康創新料理。食物裡嘗得到各種鮮味，卻又結合得天衣無縫，因此慢嚼慢活成了這裡的步調，人們常在腦海翻攪思考這些有趣的食材是什麼，又是如何相遇的。

最推薦的是焦糖鹽巧克力脆(Salt Caramel & Chocolate Brittle)。保留空隙又極脆的薄餅上，使用義大利麵粉和橄欖油製成，本身已富層次感，再加上苦巧克力、香草、榛果、蜂蜜、葡萄糖、鹽片細屑……讓每一口薄餅充滿了無限的想像和可能，教人一口接一口、無法抑制那微鹹微苦又帶有焦甜的絕妙享受，轉眼清空。即使這裡的價格稍高，但是優選食材好品味、精心製成的創新料理，是值得的。

✉ 倫敦有2家餐廳與6家熟食簡餐店，簡餐店氣氛較輕鬆。可查詢官網最近地點 http www.ottolenghi.co.uk

1 無國界料理Ottolenghi之諾丁丘分店 **/2** 口感細緻獨特的焦糖鹽巧克力脆讓人無法自拔地大口貪婪/**3** 甜點融合傳統與創新

從外觀常常難以直接猜出創造的口感，讓飲食成了一種驚喜的趣味

傲視倫敦無敵可麗餅

海鮮、雞肉蘑菇可麗餅

Kensington Crêperie

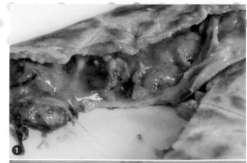

只要吃過Kensington Crêperie可麗餅，就是煩惱的開始。因為把胃口養刁了，很難再找到如此水準的烤餅，該如何是好？

Kensington Crêperie的餅皮外酥香，內Q軟濕潤，即使吃到最後一口仍兼具2種濕度的絕佳表現。同樣外酥內軟的餅皮，也絕非一招打天下。鹹(savoury)、甜(sweet)不同的餡料，所搭配的現烤祕方餅皮口感也不盡相同。鹹口味可麗餅諸如海鮮、葡式或墨西哥種類，餅皮厚一點，濕度高一些，和內餡蔬菜海鮮搭配起來，較一般薄片Pizza的皮餡更強烈好吃。甜可麗餅種類如果仁水果和義式冰淇淋等等，餅皮薄一些、Q軟一些。難怪許多人同時點甜鹹口味享用，因為那是2個系統獨到的階層。

由於團隊主廚背景各異，發展出豐富的可麗餅菜單。推薦海鮮和雞肉蘑菇口味，內餡裡的番茄海鮮精華或起司將可麗餅推向經典，而越簡單的甜口味就越能吃出餅皮的原始美味，分量皆十足。若時間上無法安排在參觀V&A博

1 海鮮可麗餅餡料最為豐富/**2** 巧克力可麗餅/**3** 從一間小店擴大成3間店面的超人氣可麗餅/**4** 熱情又專業的主廚

物館後到訪，請到此享用火腿蛋早餐、重新建立無敵可麗餅的印象。

....

✉2-6 Exhibition Road, South Kensington London SW7 2HF ☎+44 (0) 20 7589 8947 ➡South Kensington地鐵站(深藍色Piccadilly線、黃色Circle線、綠色District線)。票閘出口上樓往右手方向，在小叉路口左轉直走 http www.kensingtoncreperie.com

老法國時光酥派點心坊

Maison Bertaux

　　創立於1871年的點心坊，位於充滿藝術氣息的蘇活(Soho)區，雖然沒有華麗的裝潢和燈光加持，櫥窗裡各式點心的魔力，常讓人不知從何下手。水果夠新鮮、水分飽滿，酸甜比例恰如其分，光是莓類的變化，就令人掙扎。優質現打的鮮奶油，清新自然入口即化；香酥薄的餅皮，更是串起整份甜點的靈魂。

　　店內總充滿客人，悠閒地書寫閱讀，慵懶地享受這午後時光。某次對面的女士閱讀片刻，突然若有所思地說，她已是多年常客，每天下午一定要來這裡喝下午茶吃點心。這個行為就像是中了嗎啡癮，戒也戒不掉。推薦莓類酥皮點心，但要趕緊吃才能保持脆度喔！

　　Maison Bertaux被評鑑為法國地區外，口感最好的法式點心店。雖然許多毒舌評論家，批評這家小店裝潢落伍，點心外觀不是頂尖，卻總是在最後註記：「但它仍是最美味的法式點心」。雖然不販售咖啡，但仍吸引許多死忠粉

1 老舊過時的法式裝潢卻無礙於死忠粉絲的口腹之欲/**2** 夏日的Maison Bertaux露天座是蘇活區裡的一道風景/**3** 最銷魂的酥皮點心

絲。它也是英國導演兼生活美學藝術家德瑞克‧賈曼(Derek Jarman)的最愛。

✉28 Greek Street, London W1D 5DQ ☎+44 (0) 20 7437 6007 ➡Leicester Square站(深藍色Piccadilly線、黑色Northern線)。出站後往北走Charing Cross Road(書街)，在與Shaftesbury Ave交叉口的戲院左轉，然後右轉第一條路 🔗www.maisonbertaux.com

採用新鮮水果的泡芙點心

塔皮點心飽含入口即化的天然鮮奶油

堅持傳統法國原味普瓦蘭

Poilâne

在法國首屈一指的鄉村手工麵包龍頭代表——普瓦蘭，堅持採用傳統石磨磨麥加上法國布列塔尼(Guérande)鹽，並在柴火爐烘焙自然發酵的麵包，一切遵循古法、不走機械捷徑。因此巴黎僅有少數分店，但只要是提供普瓦蘭招牌Miche圓麵包的餐廳，等同於金字招牌。普瓦蘭

> Miche麵包手工果醬

❸

> 晚了就買不到的蘋果酥派

❶

❷

堅持品質，直到2000年才選擇倫敦開設海外唯一分店。店內明星產品是手工Miche圓麵包，以及來自亞爾薩斯果醬天后Christine Ferber的手工果醬。

✉Belgravia district, 46 Elizabeth Street, London SW1W 9PA ☎+44 (0) 20 7808 4910 ➡Sloane Square地鐵站(黃色Circle線、綠色District線) 🕐週日休 🌐poilane.co.uk

/1 Miche圓麵包/2 紅蘿蔔蛋糕與奢侈的普瓦蘭麵包佐Christine Ferber手工果醬/3 門面不大的烘焙坊

旅行小抄

倫敦大火與烘焙坊歷史

著名的1666倫敦大火起自於一個烘培坊的爐子。倫敦大火紀念碑(The Monument)就設在起火點布丁巷(Pudding Lane)附近，參觀人潮可登高紀念碑遠望。出Monument地鐵站右轉可見紀念碑，從這裡到里登荷市集(Leadenhall Market)約6～7分鐘(P.88)。

倫敦大火紀念碑
✉Fish Street Hill, London EC3R 6DB
🌐www.themonument.info

大火紀念碑

新藝術風格烘焙坊 連鎖店

Patisserie Valerie

1926年由比利時女廚Valerie所創設的點心坊，致力將最好的點心介紹給英國人。其中，以當季水果為主的派餅與塔類為其招蜂引蝶之作，尤其時而出現一般人較少食用的種類，如新鮮無花果、莓果、漿果甚至熱帶水果；加上內填卡士達黃醬，酸甜酸甜的刺激味蕾，收服了口腹之欲，綜合水果塔(Mixed Fruit Tart)為其代表。另一項推薦的是藍色香蕉(Blue Banana)冰淇淋，明亮藍綠色中，有著香蕉和薄荷濃郁又清涼的特殊滋味，最適合悶熱的時候爽口一下。牆上掛著法式復古的新藝術風格海報，色彩大膽、線條流暢，讓人一不留神就跌入穿著法式蓬裙的老時光。

✉位於倫敦的4家café只有Victoria店是在市中心，但是在許多Sansbury's 超市裡有設櫃 http www.patisserie-valerie.co.uk ❓一般烘焙坊的點心產品多會標註內用與外帶價格，較少以百分比方式附加計算

1 藍色香蕉冰淇淋/**2** 店內享用，侍者會提供餐具和飲水

❶

時令綜合水果塔
取材不俗

❷

進入愛麗絲夢遊仙境的優格冰世界

SNOG

原味
優格冰

2008年所創立的SNOG，為倫敦甜點注入了一股清流。無糖、有機、不怕胖的優格冰，短時間引起了狂熱，抱著冰淇淋窩在沙發看電視的倫敦人畫面，遂成為人手一杯SNOG漫步街頭的景象。就連冷颼颼的冬天生意還是火熱。

SNOG優格每日使用新鮮牛乳和益生菌，天然無添加物、低卡路里，幫助腸道健康也滿足口欲。點購步驟為：1.選擇優格口味，私心推薦原味。2.選擇容量及配料。中杯(Classic)是最經濟的選擇，配料有水果、各式乾果椰棗，甚至巧克力棉花糖都有。

店前的蘑菇椅，是最佳營業員，對著每個人微笑招手；走入店內，像是一腳跌入愛麗絲夢遊的奇幻世界裡……牆上繪著森林花草動物的插畫，挑高天花板上的LED燈泡則呈現迷幻色彩的變化，把人的好奇心和想像力都勾了出來。這樣獨特的設計出自於倫敦Cinimod室內設計團隊，設計論壇與雜誌上皆有深入熱烈的報導。

✉9 Brewer St, London W1F 0RG ➡最近地鐵站Piccadilly Circus站 ⁉在Southbank Centre 附近的河岸邊設有一台倫敦巴士改裝的販賣點 http www. ifancyasnog.com

最划算的中杯經典杯

❶ ❷ ❸

各種優格口味都可試吃

1 夢幻的燈光、壁畫和白蘑菇椅，營造出迷幻的氣氛/**2** 配料區的高品質水果/**3** SNOG的燈光變化是設計巧思/**4** 水果、乾果、巧克力配料都令人躍躍欲試/**5** 嘗過果乾和優格冰結合的感覺嗎

滿溢的芒果冰淇淋多麼誘人

榛果巧克力、芒果雪酪

🏪 連鎖店

米其林主廚也愛的義式冰淇淋

Oddono's Gelati Italiani

　Oddono's最經典的名言：「生命太短暫，不值得浪費在爛冰淇淋上」，表現了自信與對品質的堅持。開發口味眾多，每天販售種類略異。榛果巧克力和芒果雪酪是推薦品項。

　擁有十幾顆星星米其林餐廳的火爆大廚戈登·拉姆齊(Gordon Ramsay)曾不吝於公開稱讚Oddono's：「確定你點了一球？」；英國人敬畏三分的評論家瑪詩勒(Fay Maschler)對它評價是「極度美味」。若是預算時間不足到米其林餐廳，那來這裡嘗一口國際大廚推崇的冰淇淋吧！

1 Oddono's門口有著可愛的冰淇淋立體招牌/**2** 即使冬天，玻璃櫃裡的冰淇淋也常瞬間見底

✉ 倫敦有7家分店，交通二區內有South Kensington店和Hampstead店 🌐www.oddonos.com

研磨咖啡的精準完美比例

Monmouth

自1978年開始，堅持賣人人都能喝好咖啡的Monmouth，其人氣有增無減的背後，就是對咖啡豆烘焙的精準實力。來自有機農場的澤西全脂牛奶、哥斯大黎加有機蔗糖，讓咖啡呈現更完美的演出。Latte是其人氣招牌，許多獨營烘焙坊，打出使用Monmouth豆子咖啡的標語作為加持，可以見得其無法擋的魅力！

Monmouth希望你像義大利人那樣品嘗咖啡，而並非享用空間，無論是位於柯芬園的本店、波若市集旁的分店，座位都很少。烘豆場已遷移到Bermondsey車站附近的Spa Terminus，可在週五、週六來品嘗咖啡，但完全不提供座位。店家也停用紙杯，外帶請自備或當場購買環保杯。

1 波若市集旁的Monmouth/**2** 櫃檯一旁與咖啡相搭的小點心/**3** 每位店員都將心力專注在好咖啡上/**4** 無論老少都愛來杯咖啡話家常，點份麵包就可以無限享用桌上的奶油果醬/**5** Monmouth一角

✉2 Park Street, The Borough, London SE1 9AB ☎+44 (0) 20 7232 3010 ➡London Bridge地鐵站(灰色Jubilee線、黑色Northern線)。出Borough High Street 出口後，穿越波若市集(Borough Market)的部分市集，位於Middle Road和Park Street的交叉口。(Covent Garden 分店位科芬園NYR附近的27 Monmouth Street，延伸閱讀P.181)http www.monmouthcoffee.co.uk

Fresh Cream Truffles made by Sally Clarke
£1 each

古蹟裡的文青歇腳地

Burr & Co

Burr & Co位於二級古蹟Kimpton Fitzroy London五星級飯店內，此棟建築初建於1898年，採用奢華大理石與精緻的裝飾風格，為當時引領風潮的指標。相對年輕的Burr & Co進駐在飯店重新整修的一角，每個轉彎都是一個可窩上整天的小世界，不需住宿就可在此享用充滿歷史的氛圍。這裡的輕食採以平民的價格，且講究無敏無毒；穿過長廊就可通往飯店。若想了解這裡的歷史，櫃檯人員還會熱心的導覽一番呢！

/1 新舊的建築融合恰如其分/2.4 在此只消一杯咖啡就能讓人放空/3 不妨穿越長廊感受古蹟建築的宏偉/5 主廚創作的果乾和堅果點心

....

✉ 1-8 Russell Square, Bloomsbury, London WC1B 5BE, UK ➡距離Russell Square地鐵站最近 http www.kimptonfitzroylondon.com

紅磚地窖咖啡

Café in the Crypt

　　有些餐飲販售獨門勾魂料理，有些展現著匠心獨具的用餐環境，而聖馬汀教堂裡的地窖咖啡則屬於後者。

　　自18世紀以來保持良好狀態的地窖，其紅磚搭成的弧形拱頂為最大特色。按上現代的間接照明，讓拱頂間的曲線更加立體。餐飲採自助式，在此可隨性自在、如襁褓中的安適，寫寫旅遊日誌或是回憶相機裡的點滴片刻，都是把自己融入百年古蹟的方式。週三晚上爵士樂之夜，更精采了這磚牆建築。

....

✉聖馬汀教堂(St. Martin-in-the-Fields)地下室：St Martin-in-the-Fields, Trafalgar Square, London WC2N 4JJ ☎+44 (0) 20 7766 1158 ➡Charing Cross地鐵站(棕色Bakerloo線、黑色Northern線)。位國家藝廊(National Gallery)的旁邊、國家肖像藝廊(National Portrait Gallery)斜對面 ⚠若是逛累特拉法加廣場一帶，地窖咖啡鋪也是如廁的好地方 🌐www.stmartin-in-the-fields.org

1 在百年紅磚地窖裡休憩，是種難得又特別的體驗 /**2** 餐點採自助式，取餐、付款、找個位置坐下來

....

百年御用祕方糕點

The Original Maids of Honour

Maids of Honour

　　讓跋扈亨利八世臣服的祕方餅，原為宮廷女侍獻給其第二任妻子安妮‧寶琳(Anne Boleyn)的點心。沒料到亨利八世一嘗，龍心大悅將食譜深鎖在瑞奇蒙宮殿裡。不幸的女侍從此身陷地窖，只能烘焙給亨利八世及皇室成員食用。18世紀改朝換代，老鋪The Original Maids of Honour得到配方，才讓所有人得以和亨利八世同享這一份滋味。

　　位於皇家植物園附近的老鋪，有著舊式的鄉村步調；露天座位則花草扶疏，吐露

1 The Original Maids of Honour距皇家植物園(Kew Gardens)不遠/**2** 除了菜單上的點心，別忘了玻璃櫃裡還有其他選擇喔/**3** 只有司康餅和紅茶、牛奶的組合稱為Cream Tea Set

著自然純樸的氣息。經典的祕方點心Maids of Honour，有著貌似蛋塔的酥皮外衣，外酥內軟、微甜不膩；而店內的司康餅的外表烤得金

知識補給站 英式下午茶的由來

維多利亞時期，英國的貝德福(Bedford)女爵安娜瑪麗亞每到下午即有餓意，因此吩咐女僕準備麵包、奶油與茶。午茶讓夫人精神一振，開始邀請好友共享午後時光。隨即上流社交圈便興起了精緻下午茶的風潮。

典型下午茶先取瓷盤最下方的條形三明治開胃，再從中層取司康餅抹奶油和果醬食用，最後以上方的各式精選甜點作為完美的結束。

三層盤架的下午茶，由下至上層取餐

下午茶種類

高檔飯店如The Ritz London(需著正式服裝)，或高檔百貨如Harrods的餐廳，下午茶貴在精緻和一直補充食物。中價位的下午茶很常見，茶水、點心只供應一份不補充。若只有茶和司康餅的下午茶稱為Cream Tea，許多博物館附設餐廳、莎莉露麵包(P.223)皆提供。

黃，內饀柔軟並間以葡萄乾，一口派餅糕點、一啜濃熱紅茶，化口得溫暖、幸福。

✉288 Kew Road, Kew, Richmond Upon Thames TW9 3DU ☎+44 (0) 20 8940 2752 ➡Kew Gardens地鐵站(綠色District線、橘色雙線路面電車)或搭至Kew Gardens火車站。面對皇家植物園的維多利亞大門，往右走3分鐘 http www.theoriginalmaidsofhonour.co.uk

司康餅這樣搭

1. 以餐刀對切司康餅
2. 抹上一層厚奶油
3. 加上果醬後就可以享用囉

招牌祕方點心

超市推薦好食

隨著經濟日趨競爭激烈，超市也在這場戰役中互相角逐，且品質越來越好、種類越來越多。三明治、水果、沙拉、麵包、餐盒、熱食都是經濟實惠的選擇，思鄉的旅人也找得到亞洲食材取暖一下。此外，分店越大，販售產品越多，甚至涵蓋：現切生鮮肉品、起司區、文具禮物區還有服裝部門，儼然成為一個小百貨。

Marks & Spencer

曾經短暫來台的瑪莎(Marks & Spencer)百貨，占地廣大的分店才有完整百貨部門，而其超市部門，擁有一支強大的團隊，研發各種好味道，常令人恨不得有多張嘴和多個胃。其中即食餐盒與自有產品開發著力最大。

即食餐盒具有高水準表現，「Dine In for Two」系列，提供兩人的配餐，包含前菜沙拉、主菜、點心和酒，只需一張紙鈔。只要回家輕鬆加熱，即可享用外食的品質和在家慵懶的自在。

尤其對愛侶夫婦們來說，實為最棒的浪漫晚餐。

而在餅乾點心類，Marks & Spencer光是餅乾種類就可發展出占據一兩面高架的壯觀景象。燕麥、巧克力、薄片、牛油酥餅、鬆餅、果仁等系列。其手工製餅，更令人無法自拔，

> 異國點心

曾見架上剩孤單紙盒和僅存的兩片餅乾，經過的超市人員尷尬地笑著說：「你看，其他識貨的人也知道有多好吃！」洋芋、各種根莖蔬菜片狀烘烤零食，牛排、龍蝦到蜂蜜芥末口味，多麼誘人。包裝也是Marks & Spencer的強項，具收藏感的鐵盒，以及抓住目光、適合送禮的圖案，常讓人愛不釋手。

勇於創新的Marks & Spencer，像是驚喜製造機，以此抓住老顧客的心。綠咖哩口味蝦片、草莓白巧克力和核桃巧克力爆米花，誰知道下一個轉身，又有甚麼刺激味蕾的新作品呢？

http www.marksandspencer.com

1 大陣仗的架上零食/2 提供簡便輕食的小型分店Simply Food多設在交通繁忙地段/3 分門別類的各國香料

> 蔬菜脆片

Sainsbury's

販售多樣烹飪食材、開架麵包，兒童有機果汁也常找得到，因此，Sainsbury's 頗受主婦青睞。自有品牌「Taste the Difference」燕麥或是雙重苦巧克力餅乾，為推薦產品。貼心開發較多適合敏感體質的產品系列「Free From~」(不含有……)，讓無法吃蛋、麩質、果膠者也有好選擇。大型分店甚至可買到V&A博物館或皇家植物園(Kew Garden)的限量骨瓷杯。

http www.sainsburys.co.uk

知識 補給站 ▶ 區分四類果醬

Fruit Spread：天然原味果汁、無加糖果醬
Fruit Conserve：水果肉、加糖製作，或稱Jam，為常見果醬
Marmalade：柑橘類果皮為主製成的果醬
Fruit Curd：柑橘類果醬加上卡士達奶黃醬，常見為Lemon Curd

1 冷凍食品常有經濟的選擇 /**2** 兒童果汁 /**3** Sainsbury's Local 常見於社區街角，是品牌旗下營業時間到晚上11點的小超市

自有品牌「Taste the Difference」餅乾深受歡迎

Sainsbury's開架麵包每日現烤

這裡也能找到香腸喔

Waitrose

　身為皇家認證超市，Waitrose為最高品質的表徵，且近年價格也不再高不可攀。其生鮮品質高、多樣化。即時加熱餐盒常推出異國風味，從泰國酸辣風味雞、馬來西亞米粉和沙嗲到烤鴨拼盤都有。Waitrose還曾與米其林三星主廚赫斯頓‧布魯門索(Heston Blumenthal)合作推出餐盒；或邀請名廚特製醬料，讓民眾也能在家能輕鬆享受頂級星星美味。

水果雪酪

　　　　查爾斯親王的有機品牌Duchy Originals為招牌之一。冷食區裡連壽司捲餐盒也經常出現。最推薦冷藏櫃裡料多實在的薄片窯烤比薩，只要烤箱加熱，勝過許多外賣餐廳。回味無窮的紅酒大蒜香

①

腸、蘋果香腸，配飯都能再扒個好幾碗。清爽無負擔的水果雪酪，夏天還常常缺貨呢！

　Waitrose定價稍高，若懂得撿便宜，反倒能以少少的預算享受皇家等級品質。例如傍晚後，輕食冷藏櫃減價出清，£3的三明治可能就變成£0.49！可先冷凍再熱烤的家庭號大蒜麵包、賣不完的魚貨價格也會一降再降，太早逛Waitrose的鳥兒可就看不到便宜囉！

http www.waitrose.com

知識補給站　　DIY現烤法式焦糖布丁

在冷藏櫃裡可找到焦糖布丁(Crème Brûlée)的半完成品喔！

2 輕輕搖晃鋪平

1 只要撒上糖粒

3 放入烤箱數分鐘，待涼就可以品嘗囉

ASDA

ASDA尚未推出社區小店所以市中心沒有據點。以「天天都省」(Save your money everyday)為口號,促銷優惠、平價商品為特色。冷凍櫃常有平價的Pizza、冰淇淋以及加熱即食品。熱食區最受歡迎的烤雞、肋排鮮嫩滋味常常提早售完。其服飾品牌George常推陳出新,最推薦睡衣褲,舒服不扎肌膚。

http www.asda.com

占地廣大的ASDA市中心較少見

Tesco

市區最常見小型Tesco Express販售較多麵包、水果和飲料,甜味和原味豆漿也經常可見。「Everyday Value」自有品牌商品最為划算,例如玉米粒以及冷凍雞腿。法國火紅品牌好媽媽點心(Bonne Mama)食品也買得到,有趣的是與Waitrose的價格互為消長。若長時間旅居,不妨辦張會員卡,每3個月結算現金回饋及還送折價券。

http www.tesco.com

Bonne Maman
好媽媽點心

超市也能
買到豆漿

Tesco Card
會員卡

Everyday Value的
自有品牌商品

市區Tesco Express

十大英國超市紅不讓

正宗英國皇室認證品牌或是優秀新品,無論在哪個超市都是暢銷品,它們不僅代表英國飲食偏好、更忠實反映其精神文化。

Yorkshire Tea 約克夏茶
http www.yorkshiretea.co.uk

若無法到約克郡的貝蒂茶屋體驗經典下午茶,那麼也要沖泡一杯知名的約克夏茶。醇厚奶香的質感,只要輕泡一會兒並加入鮮奶,就是絕頂英式奶茶。

Innocent 果汁
http www.innocentdrinks.co.uk

Innocent創造多種均衡果汁、果泥飲。最知名為Big Knit活動,每年徵收迷你帽子編織,11月底套在果汁瓶上(多在Sanisbury's),每賣出一瓶就捐25p給老人機構,遂變成一項令人期待又關懷樂活社會的盛事。

Hovis 麵包
http www.hovisbakery.co.uk

Hovis一百多年的歷史,為皇室麵包供應商。台灣飲食習慣柔軟濕潤的口感,建議選擇丹麥式Danish吐司。

Clipper 茶
http www.clipper-teas.com

Clipper是英國最早獲得公平貿易和有機認證的好茶。「天然、公平、美味」(Nature, Fair, Delicious)為精神指標。推薦檸檬洋甘菊口味。

Gü 巧克力
http www.gupuds.com

原在比利時工作的主人翁,立志創造英國頂尖巧克力點心,於是偷偷在超市放上樣品,想不到搶購一空。Gü平均每2秒就賣出一份!布朗尼和巧克力慕斯是經典入門款。

Walkers 酥餅
http www.walkersshortbread.com

蘇格蘭的象徵除了威士忌還有Walkers牛油酥餅。酥餅濃厚的奶香,為英國人喝茶良伴第一首選。

Tyrrells 洋芋片
http www.tyrrellschips.co.uk

100%手工製造的Tyrrells,慢工細活中保存了原始材料的香氣和不規則的自然形狀,一開口就停不了。

Müller 優格
http www.mullerdairy.co.uk

Müller為英國最大的奶製品供應商。其中Müller Corner系列產品,豐富飽滿的果粒果醬和原味優格,兩者調合無與倫比的勝利滋味。藍莓、草莓口味百吃不厭。

McVitie's Digestives 麥維他消化餅
http www.mcvities.com

暢銷全球、英國老字號的消化餅——麥維他,點心派皮只要有它,幾乎就成功了。除經典原味,還有多種新品。

Marmite 酵母
http www.marmite.co.uk

Marmite是富含維他命B的酵母萃取物,嘗起來鹹又苦,烤吐司抹上一層極薄的醬是最常吃法。吃過的人不是極度Love it or hate it!心臟夠強挑戰自己的味蕾嗎?

皇室認證 超市也找得到

除了大家耳熟能詳的Twinings茶葉、和前述幾項食品外,超市還有哪些皇室認證商品呢?

威爾斯親王徽章　愛丁堡公爵徽章　女王徽章

何謂英國皇室認證(Royal Warrant)?

皇室認證目前僅由現任君主與其配偶,以及王儲有權對高品質或服務產業授予認證。經認證者,皆可標註該皇室成員徽章,以昭天下,每5年皇室會再重新審核其品質。雖然女王過世、新王繼位,已授予的認證仍會沿用到期滿。

Cooper's of Oxford 果醬

其Marmalade果醬,採用細切果皮製成,抹在麵包或加在熱茶裡,濃郁果皮肉香柔軟包覆口腔,難怪是女王的最愛。

Tip Tree 果醬

不加人工添加物的果醬,來自於自栽農場裡最頂級的水果品種,如桃子、漿果,還有台灣沒進口的果醬、蜂蜜和茶系列喔!

Colmans 黃芥末

法國有第戎芥末,英國則有Colmans。溫潤又提味的黃芥末,即使問世200年,仍無人能出其右。

HP 醬

以麥芽醋製成的棕色醬汁,和Heinz番茄醬稱為廚房雙寶。排餐、燉肉、濃湯有畫龍點睛之妙。

Heinz 番茄醬

酸甜比例極佳的番茄醬(英國稱為Ketchup),是沾薯條或炒菜開胃的法寶。英國餐廳幾乎都可見到。

Pimms 酒

正統英式雞尾酒、平民國酒。可直接飲用或加3倍檸檬氣水和水果調配。

英國人氣商品

人氣大推

Fox鹹味小餅乾

鹹味小餅乾為點心界新寵。大型Waitrose超市或Tesco超市可找到喔!

人氣大推

Tea Pigs茶

精選整片花草葉製成的Tea Pigs茶,細網立體茶袋讓原葉完全舒展,連名廚和凱特王妃都迷戀。

Carr's 小麥餅

英國小麥餅的代名詞。以最簡單的原料製作,常佐以起司、鮭魚、火腿等食用。

街頭、市集 專賣店挖寶

從街頭時尚品牌、市集尋訪到鑽入特色專賣店尋寶，倫敦充滿著各種新鮮多變與多元設計。光看著有意思的櫥窗故事和各式小物，就讓人急得直呼時間怎麼都不夠用！

倫敦大街
時尚採購

倫敦為歐洲一線首都，逛街地帶多匯集於市中心的地鐵站皮卡底里圓環(Piccadilly Circus)、攝政街(Regent Street)，緊接牛津街(Oxford Street)、龐德街(Bond Street)直到大理石拱門站(Marble Arch)。喜愛居家商品則可遊走馬里波恩大街(Marylebone High Street)以及地鐵喜季街站(Goodge Street)上Tottenham Court Road的生活居家商品。

潮流血拼街

國際精品

英國國際精品多以耐用與不退潮流為主要精神，且為倫敦強風多雨的天氣提供了最佳保暖、防水抗風的效果，尤以風衣最為著名，也是倫敦貴族具代表性的形象。經典的皇家認證精品格紋品牌包含BURBERRY、Aquascutum以及DAKS。

另一個以細緻羊毛為強項的皇室認證品牌Pringle of Scotland，菱形格紋加上觸頂級喀什米爾(Cashmere)羊毛不扎肌膚的輕暖柔順、以及貝克漢的代言，讓它享譽國際。Paul Smith則以創造彩色的條紋為特色，皮夾小包為入門款。

在時尚設計具有一席之地的，是素有「龐克教母」之稱的Vivienne Westwood自創品牌；骷顱頭和土星造型的飾品，充滿個性卻又不失精美。充分表現女性特質的KAREN MILLEN，服飾運用

倫敦聚集國際精品、流行時尚品牌之外，平價服飾、設計感十足又實用的鞋帽更讓人想一起帶回家，當作居遊英倫時光最好的紀念品。

商店營業時間與血拼提醒

攝政街附近的購物商圈，商店大約7、8點關門，可以安排在博物館參觀結束之後再來購物。要特別注意的是12/24聖誕節前夕商家會提早結束營業，12/25聖誕節當天沒有大眾交通，只有少數獨立小店營業。國定假期(Bank Holiday)也可能縮短營業時間或休息，12/26節禮日(Boxing Day)則是大打折扣，滿街人山人海。

一些品牌在百貨公司有設櫃，但可能會遇到品項不齊全的狀況。若計畫購買特定商品，建議到旗艦店採購或事先Email詢問。許多品牌擁有眾多分店、營業時間各異，欲查詢較方便前往的分店資訊，可於各官方網頁裡的「Store Finder」、「Store Locator」或「Find A Store」功能鍵入郵遞區號或「London」來搜尋相關資料，如電話、地址、休假時間以及店內專售系列。

※分辨位置：英國地址資料中，最後的英文與數字組合為郵遞區號。此外，路標上也會註明。

FRIDAY STREET EC4

郵遞區號

打褶、剪裁以及裁製的變化特色。作工細膩的REISS為凱特王妃鍾愛品牌，簡練中藏有微妙的變化，最能表現大家閨秀的氣息。TED BAKER則深受金融名媛青睞，亦以高品質揉合細節為精神指標。近年來國人較為熟知的皮件品牌MULBERRY，利用編織、流蘇、配件五金等手法，賦予提包生命力。聖誕節時國際精品大打折扣，極為誘人。

倫敦旅行家

品牌資訊

Aquascutum
於攝政街起家的奢侈品牌，目前倫敦沒有零售點
MAP aquascutum-active.com

BURBERRY
121 Regent Street, London W1B 4TB
http uk.burberry.com/store

Pringle OF Scotland
400 Oxford Street, London W1A 1AB
http www.pringlescotland.com

Paul Smith
40-44 Floral Street, Covent Garden, London WC2E 9TB
http www.paulsmith.co.uk

DAKS
10 Old Bond Street, London W1S 4PL
http www.daks.com

Vivienne Westwood
44 Conduit Street, London W1S 2YL
http viviennewestwood.co.uk

KAREN MILLEN
247 Regent Street, London W1B 2EW
http www.karenmillen.com

REISS
172 Regent Street, London W1B 5TH
http www.reiss.co.uk

TED BAKER
245 Regent Street, London W1B 2EN
http www.tedbaker.com

MULBERRY
100 Regent Street, London W1B 5SR
http www.mulberry.com

掌握品牌情報
僅列出攝政街附近的據點，其他分店以及最新產品資訊，購物前可至官網瀏覽一番。

時尚與潮流、平價品牌

小資族群最愛的潮流平價服飾，經常推出多樣少件、充滿時尚元素的款式。在倫敦，一定可以找到屬於自己的風格。

時尚與潮流

ALL SAINTS

有點個性、龐克卻具獨一無二設計感的品味服飾，連店內工業冷調的裝潢也是特色之一。在波羅多貝羅市集(Portobello Market)分店裡，整棟內牆的各式古董縫紉機最為壯觀。

✉攝政街分店：240 Regent Sreet, London W1B 3BR
🌐 www.allsaints.com

Clarks

幾乎所有英國人的鞋櫃裡都有雙Clarks鞋，就不難想像它在英國不可取代的核心地位。柔軟的

皮革、頂級的作工、時尚好搭的款系，是到訪英國絕對推薦好物。

✉260 Oxford Street, London W1C 1DN 🌐www.clarks.co.uk

Dr. Martens

耐穿耐磨的馬汀大夫鞋，是戶外運動及龐克族的最愛。近年來發展諸多流行圖騰系列，深受年輕女性的歡迎。

✉17-19 Neal Street, Covent Garden, London WC2H 9PU 🌐www.drmartens.com

FRED PERRY

為英國網球奇葩Fred Perry的同名品牌，其標誌為桂冠，傳達征戰世界無數冠軍的輝煌戰績。除了生產高品質的運動休閒服飾，近年來也開始加入時尚的概念。

✉12 Newburgh Street, London W1F 7RP 🌐www.fredperry.com

FRENCH CONNECTION

都會剪裁加上文字、色彩、圖騰等，表現自我個性。

✉55 Duke Street, London W1K 5NR, UK 🌐www.frenchconnection.com

HUNTER

起源於蘇格蘭的靴鞋，其極佳防水、保暖、耐用品質，不但提供大戰時期的軍用靴，近年來更為各國際時尚人士、影視巨星所青睞。靴鞋販售於各大百貨公司，如Harrods、John Lewis、購物中心Westfield LONDON 或鞋專賣店Office等。自2023年夏天起不再有專賣店。

🌐 hunterboots.co.uk

Jack Wills

正統的英國品牌，也是最具英倫學院氣息的服裝，無論學生或上班族極為喜愛的文青風格，穿上它似乎濃濃的英國腔就流洩了出來。

✉ 136 Long Acre, Covent Garden, London WC2E 9AD
🌐 www.jackwills.com

Laura Ashley

以優雅柔媚為主調，針織與印花為其服飾特點。其家具家飾系列更受英國家庭喜愛，帶點復古輕柔的手法，無論是印花布料、壁紙、餐具、時鐘到擺飾，都令人愛不釋手，尤其讓喜愛鄉村小調雜貨者無法克制。家具家飾系列僅在大型分店展示。

✉ 目前為Next集團旗下，僅在部分 Next 分店展示，也可透過Next官網購買 🌐 www.next.co.uk/shop/brand-lauraashley

Miss Selfridge

以青春流行的女性服飾為主，俏皮的洋裝、外套最受歡迎。

🌐 由ASOS接手後，目前沒有實體商店，僅能透過 ASOS官網購買 www.asos.com/miss-selfridge

MONSOON、Accessorize

以精細繡線、拼花、小珠、印花等元素巧妙地將民俗融合在時尚風格裡，大概

Accessorize飾品與文具

唯有MONSOON堪稱第一把交椅。它讓兒童到長者，各顯其出眾，而 Accessorize原本為其周邊搭配飾品，因大受歡迎遂獨立成為專門品牌，略帶民俗風的帽子、包包、飾品以及英倫圖騰商品，自用送禮皆宜。

MONSOON

✉ 498-500 Oxford Street, London W1C 1LQ 🌐 uk.monsoon.co.uk

Accessorize

✉ 55-59, Oxford Street, London, W1C 1JA 🌐 uk.accessorize.com

民族圖騰印花的現代服飾

OASIS

以時尚走秀為靈感，設計出大眾平日也能穿搭的品味。皮革外套、洋裝、針織品以及皮件非常耐看有型。

✉ Unit 12-14, Argyll Street, London W1F 7TJ http www.oasis-stores.com

RADLEY

皮革裁成的蘇格蘭梗犬為注目的標誌，雅致又俏皮。即使小錢包也附保護套和盒子，自用送禮皆宜。科芬園的專賣店貨色較齊，John Lewis百貨的皮件區也有基本款。

✉ 37 Floral Street, Covent Garden, London WC2E 9DJ http www.radley.co.uk

RIVER ISLAND

略帶誇張的裝飾或是剪裁，更讓RIVER ISLAND有著獨特自我的魅力。牛仔系列與包、鞋，散發源源不絕話題性。

✉ 207-213 Oxford Street, London W1D 2LF http www.riverisland.com

Superdry

服裝上有著「冒險魂」的漢字品牌，前身是過去極受歡迎的「極度乾燥」。其講究打版造型的戶外型風衣以及吸汗的T-shirt，顛覆了運動品牌寬鬆的刻版印象。

折扣季和購物村購買價格更划算，但熱門色彩及型號容易一推出就斷貨。

http www.superdry.com

Topshop

創造與集合英國年輕潮流品牌的Topshop，整棟包含設計師以及名人設計的獨家商品，且集合特色品牌、男女品項通包，是年輕時尚的代名詞。

http 由ASOS接手後，目前沒有實體商店，僅能透過ASOS官網購買 www.asos.com/topshop

WAREHOUSE

都會流行風格，也是大學生表現成熟的選擇。皮革外套和洋裝為其強項之一。

✉ 19/21 Argyll Street, London W1F 7TR http www.warehousefashion.com

貼心小提醒

持有效學生證，別忘了打折喔

諸多廣受學生族喜愛的品牌，如new look和Accessorize等等，正品期間結帳出示學生證可享折扣，不無小補喔！

一些品牌只接受以下兩種英國全職大學學生身分註冊認證的優惠(優惠細節若變動以官網公告為主)。

英國大學聯名學生卡(TOTUM，原名NUS卡)
http totum.com

英屬大學聯名學生卡(Unidays)
http www.myunidays.com

「學生豆」優惠券下載(食衣住行育樂)
http www.studentbeans.com

平價品牌

DOROTHY PERKINS

充滿小女人特質的服裝品牌,其實已有將近百年的歷史與實力。尺碼提供從6～22號及高個子、小個子,更貼近所有女性的身形。

✉ 138-140 Oxford Street, London W1D 1LY http www.dorothyperkins.com

new look

主攻20～35歲族群的平價流行品牌,洋溢青春年華和各種可能性。除了服飾,配件的種類廣且多。

✉ 73/89 Oxford Street, London W1D 2ES http www.newlook.com

next

原本以郵購起家的next,品牌系列眾多且涵蓋家庭各成員需求,加上平價與求新求變、緊跟流行,廣受歡迎。若有機會在店中拿到網購優惠券,價格有可能更划算。

✉ 120-128 Oxford Street, London W1D 1LT http www.next.co.uk

PRIMARK

愛爾蘭的年輕品牌,以便宜、快速流行的優勢,在經濟不景氣環境下有著致命的吸引力。£5以下就可能買到流行飾品,特價的時候無論是嬰幼兒到成人服裝,都可能以銅板價購得。各國遊客如織,都以提籃搶購。建議一到營業時間就進入,更衣室有時人滿為患,若在商場鏡子前試套,可省去排隊時間。

✉ 499-517 Oxford Street, London W1K 7DA http www.primark.co.uk

其他流行國際品牌

ZARA

INDITEX集團是西班牙服裝鉅業,旗下品牌ZARA最知名,以不斷推出時尚、平價又限量的服裝為策略。旗下最高等級的成熟品牌Massimo Dutti、寬鬆混搭風格的PULL & BEAR、以及青春洋溢的Bershka。購物大街上可看到它們分據一頭,展示最新的款式。

ZARA
✉ 333 Oxford Street, London W1C 2HY http www.zara.com/uk
Massimo Dutti
✉ 315-319 Oxford Street, London W1S 2HS http www.massimodutti.com
PULL & BEAR
✉ 315 Oxford Street, London W1C 2HS http www.pullandbear.com
Bershka
✉ 469 Oxford Street, London W1C 2QB http www.bershka.com

H&M

同樣地以提供顧客最多樣的選擇為銷售手法之一。在倫敦展店頗為迅速,服裝從基本款式到當紅設計、配件飾品甚至鞋子,男女或兒童全都顧及。善於行銷的H&M常與名人合作推出限量設計服飾,平民的價格、名人的加持,常讓眾人趨之若鶩。

✉ 174-176 Oxford Street, London W1D 1NX http www.hm.com/gb

COS

H＆M的姊妹牌,價格較高。以建築結構為概念的剪裁提供都會男女方便單穿或混搭的豐富性。

✉ 222 Regent Street, London W1B 5BD http www.cosstores.com

網購或親自選購 貼心小提醒

一些潮流品牌如RIVER ISLAND等架設國際購物網站,提供直送台灣服務,好處是可選購全系列商品,但缺點是需加國際運費、可能的關稅以及不合身的情況。相對的,在英國到店購物可試穿、檢查品項,達門檻可省國際運費。若計畫購買特定商品,建議到旗艦店採購。

規畫完善百貨商城

百貨公司或購物中心，提供舒適的室內購物環境，座椅、餐廳、洗手間讓逛街不再焦躁，寄物櫃服務更免去當挑夫的辛苦。各家掛保證的自有商品，更是不可錯過。

富麗堂皇的尊爵百貨

Harrods

Harrods每年湧進超過1,500萬觀光客，是倫敦訪客列入必訪的高級百貨公司。白天可細看建築本身的刻畫，晚上燈球串結，各有不同景致。Harrods百貨代理眾多品牌，從高級定製服、國際一線精品到進口食材，琳瑯滿目令人眼花撩亂。因此建議先索取各樓層的平面地圖手冊，以方

❶

便快速鎖定目標，後背包規定一律前背或手提。

金光閃耀的埃及區，是絕不能錯過的區塊。法老的雕像、象形文字的浮雕以及露台壁飾，氣勢非凡。若不知道怎麼走到該區，可尋找平面指示、手冊地圖，或直接詢問櫃檯人員埃及手扶梯(Egyptian Stairs或Egyptian Escalator)所在地。

位於1樓(Ground Floor)的食品區

❷

1 藏身各角落的Harrods制服熊／**2** 夜晚的Harrods別有一番風情

(Food Hall)分3大區。第一區為販售茶葉和甜點的地方，Harrods自有品牌無論自用的紙盒裝或送人的浮雕鐵罐茶、太妃糖、餅乾品項與口味皆為繁多，常教人舉棋不定。其他國際品牌巧克力，如比利時Leonidas、Godiva、neuhaus或皇室認證的Prestat等等禮盒也齊聚一堂，若只想嘗鮮，玻璃櫃裡的巧克力都可單顆販售。另一區則販售生鮮食品與現烤麵包、派餅，明亮又井然有序的擺設，引誘人們一嘗風味的欲望。還有一處擺放調味如蜂蜜果醬，以及中東工藝點心的玻璃專櫃，吸引著人們停駐選購。

位於3樓(Second Floor)的紀念品專區(Harrods Gift Shop)，是最吸睛也是吸金的地方。文具、購物袋、鑰匙圈等等，不論是經典英倫圖騰或交通工具、大大的Harrods燙金字樣或活動限量商品，讓每個人不禁清點起親友伴手禮的清單。而身穿不同英倫服飾的大型Harrods的玩偶熊，在此樓層角落出現，勾起老少所有

人與其合照的童心。

位於5樓(Fourth Floor)的鋼琴下午茶餐廳(The Harrows Tea Rooms)，提供給旅人同時享受逛街、午茶與歇腳的好去處。

✉87-135 Brompton Road, Knightsbridge, London SW1X 7XL ☎+44 (0) 20 7730 1234 ➡Knightsbridge地鐵站(深藍色Piccadilly線)。依「Harrods」出口方向指示即可到達 🌐www.harrods.com

1 烘焙坊裡豐富的選擇/2 重金打造的埃及館/3.4 Harrods經典伴手禮

貼心小提醒

回饋積分卡

於Harrods購買可辦理回饋積分卡Harrods Rewards Card(最低門檻為黑色卡片，消費£1可得1點，500點可折抵£5，特定活動日期點數加倍)，購買精品很容易達到折抵優惠。且積分卡本身無期限，高消費或有機會再次消費者，可考慮辦理。若忘了加買什麼，機場的免稅小櫃點是最後的機會囉，但價格有時候與店內購買略有高低差異。

倫敦貴氣百貨的下午茶
The Harrods
Tea Rooms

下午逛累Harrods想補充元氣和戰鬥力嗎？習慣穿著舒適、不需正式西裝禮服約束的午茶時光嗎？只要搭扶梯到百貨5樓(Fourth Floor)的餐廳，就能體驗一場英國傳統下午茶的飲食文化。

精選下午茶套餐裡包含了一壺熱沖茶、牛奶，以及三層盤架上新鮮的總匯三明治、司康餅、特選蛋糕。茶品約有10種，伯爵、阿薩姆等紅茶、茉莉東方茶及水果花草茶等等，可從中選擇偏好的茶葉搭配各有特色的點心；牛奶與糖可隨意添加。

毋須擔心不夠填飽肚子，這裡的三層點心都是吃到飽，侍者會補充想要的品項。倘若想嘗試更高等級的下午茶，則會再加上一杯氣泡迷人的香檳。

來自紐約的蒂芬妮藍盒子咖啡分店在地下樓，除了早餐也提供精緻下午茶。
....
🄒下午茶供應時間：週一～週六10:00～19:00，週日11:30～17:00 🔤www.harrods.com(在網頁下方的「THE STORE」點選「Restaurants」即可找到The Harrods Tea Rooms)

1 慶祝175週年慶的裝飾/**2** 可到食品部外帶Harrods自家甜點回家享用/**3** 三層瓷盤的下午茶點心/**4** 上層甜點常因時令變換

假日建議事先訂位 貼心小提醒

精選下午茶套餐每人約£75，12.5%服務費另計。每週五、六、日還會有鋼琴師親自演奏，用餐者也較多，建議先網路預訂座位。或是到Harrods後先至餐廳預約下午茶，逛完百貨再依時間前往。餐廳後方的廁所，既復古又優雅，離開前不妨補個妝吧！

最具魅力工藝、獨特設計的殿堂

LIBERTY

LIBERTY保留典型黑木條白牆的都鐸風建築，因此在時尚購物街區顯得更加醒目。由亞瑟・拉森畢・利伯提(Arthur Lasenby Liberty)在1875年創立的百貨公司，不同於其他大型百貨的採購方針，他親自到世界各地旅行並尋找最有價值、獨特、美麗的設計好物，從裝飾品、布料到藝術品，橫跨到日本和亞洲。其對設計界也深具影響力，早在1890年代的工藝美術運動以及新藝術運動之時，許多大鳴大放的設計師都是受到利伯提的鼓勵。

為了讓顧客們有如回到家的舒適感，百貨內部採用大量原木、小隔間、隔牆以及溫暖的燈光。販售其他百貨公司鮮有的設計師單品、工作室開發商品，以及地毯織物，成為其迷人特色。尤其印花圖樣的獨立開發以及應用，更是其他百貨所望塵莫及，周邊縫紉零件、配飾、碎布皆為手作創作者的心頭好。偏好個人風格的顧客，更能在這此發現眼睛一亮的商品。

✉210-220 Regent Street, London W1B 5AH ☎+44 (0) 20 7734 1234 ➡Oxford Street地鐵站(紅色Central線、棕色Bakerloo線、淺藍色Victoria線) ❓LIBERTY有免費的無線網訊，提供購物者現代便利的服務 http www.liberty.co.uk

1 仿都鐸建築風格的LIBERTY，在倫敦獨具特色/2 LIBERTY販售世界各地精良的地毯與織物/3 原木的溫暖不同於一般商場的質感/4 LIBERTY以設計印花見長/5 縫紉材料與花布，讓裁縫創作者找到心靈歸屬

旅行小抄 臥虎藏龍的卡納比街也別錯過

　　LIBERTY百貨緊鄰卡納比街(Carnaby Street)，街上有許多特色品牌商店，而知名酒吧Shakespeare's Head(P.98)也在此占據一角。由於卡納比街介於攝政街和牛津街之間，中間有小巷可穿入，但最明顯的走法是從牛津街的地鐵站5號出口到地面後，右彎入第一條Argyll街，街尾可見LIBERTY百貨，面對百貨其左手邊巷就是卡納比街。

特色品牌商店林立的卡納比街

黃色不朽傳奇

Selfridge 👑

位於牛津街頭穩穩站立的宏偉建築——Selfridges，曾兩次獲評選為世界上最棒的百貨公司。其創辦人哈利‧戈登‧塞爾弗里奇(Harry Gordon Selfridge)原是一位美國出生的英國零售商，金邊眼鏡與翹鬍子為其典型，由於在芝加哥的成功，遂於1906～1908年斥資興建具有帝國氣勢的百貨公司。1909年開幕當天，一系列精製的廣告成功地吸引公眾的注意，光是洶湧的人潮就動用了30名警力維持秩序。僅至1922年，就有1500萬人購物。熟稔媒體力量的塞爾弗里奇並不就此罷手，除了播送了全英國第一支百貨電視廣告、還將首度飛越水面的飛機在店內展示，讓人們對百貨公司充滿了期待和興奮感。

百貨公司裡不但販售精品，亦包含有趣、時尚、能引領潮流的品味物件；其招牌黃底黑字的購物袋，也成為流行知性的象徵，不斷翻新的櫥窗設計更成為預測指標。以快速

創新話題及傳遞前衛新奇概念來吸引群眾之外，塞爾弗里奇的至理名言：「顧客永遠是對的」(The customer is always right.)，更使人們得到賓至如歸的尊寵。在穩定品質與服務水準雙管齊

❷

1 創辦人哈利‧戈登‧塞爾弗里奇/2 百貨正門宏偉，上方展翼的女神和時鐘為精神象徵/3 在Selfridge所展示草間彌生與LV合作系列的產品櫥窗設計/4 Selfridges百貨室內空間常見新奇創意/5 具有帝國氣勢的百貨建築/6 大膽又獨特的草間彌生精神擺飾。唯有Selfridge才能包容前衛又藝術的陳設

下，獲得英國皇家的認證。

現在，Selfridges販售品項更加寬廣，時尚服飾、家電用品、書籍、設計作品，甚至家具都是當下最火紅的品牌。食品區裡最新的異國當紅商品、獨營品牌、自營商品都讓人愛不釋手，好想統統帶回家。

....

✉400 Oxford Street, London W1A 1AB ☎+44 (0) 11 3369 8040 ➡Bond Street地鐵站(紅色Central 線、灰色Jubilee線)。依「Oxford St」出口方向指示，抵地面後左邊方向 🌐www.selfridges.com

截止收銀時間vs關門時間

　　有些百貨公司在關門時間前半小時停止收銀服務，這時只服務已經在結帳程序的顧客，顧客們只能瀏覽商品，無法再購買，這就像餐廳關門時間前還有一個停止點菜時間。如果在接近關門時間計畫進行大採購，不妨先詢問櫃員細節，以便順利結帳。

其他特色百貨公司

HARVEY NICHOLS

與Harrods相隔不遠但更獨善時尚精品的HARVEY NICHOLS，自1813年以來，專注於國際一線品牌。舉凡Alexander McQeen、miu miu、BOTTEGA VENETA，甚至貝克漢老婆維多利亞的自創品牌VICTORIA BECKHAM、女生夢幻逸品VERA WANG等等，為一座最頂尖時尚的精品專樓。許多國際設計師新作或發表會在此發表，國際影巨星或名人也常出沒其中喔！

✉109-125 Knightsbridge, London SW1X 7RJ ☎+44 (0) 20 7235 5000 ➡Knightsbridge地鐵站(深藍色Piccadilly線) ❓大多數百貨公司在開門半小時內僅供瀏覽而未開始收銀服務 🔗www.harveynichols.com

HOUSE OF FRASER

與John Lewis百貨相鄰的HOUSE OF FRASER。販售1,000多個品牌，以銷售精品為主。包括男女部門、嬰幼兒及家具商品。

✉318 Oxford Street, London W1C 1HF ☎+44 (0) 84 4800 3752 ➡介於Oxford Street和 Bond Street地鐵站之間(紅色Central線、棕色Bakerloo線、淺藍色Victoria線；紅色Central線、灰色Jubilee線) 🔗www.houseoffraser.co.uk

MARKS & SPENCER

深受職業婦女所仰賴的MARKS & SPENCER不僅開發超市部門寬廣又專業的食品種類(P.148)，其自營品牌的系列服裝，從嬰幼童裝、青少淑女、輕熟男女到熟齡階段，設計感與品質皆頗受英國家庭好評。尤其在折扣季時，更具魄力，例如一件單色百搭的100%喀什米爾(Cashmere)羊毛毛衣，不到£30，多買幾件就更超值了！

✉458 Oxford Street, London W1C 1AP ☎+44 (0) 20 7935 7954 ➡Marble Arch地鐵站(紅色Central線)。位Selfridge隔壁 🔗www.marksandspencer.com

優質英倫藏品大集合

John Lewis

除了Selfridge，坐落在牛津街的另一家皇室認證百貨便是John Lewis。提供全民高品質商品為信念，並與眾多商家品牌合作，精選熱門產品販售為目標。由於挑選設計質感的眼光銳利，John Lewis在英國已有30多家分店，並為倫敦奧運紀念授權專賣百貨。皇室認證超市Waitrose也在此提供自家商品，對遊客來說十分便利。

John Lewis代理許多專櫃品牌服飾，皮件、服裝、飾品一字排開，顧客選購完成再到櫃檯結帳即可。專業的類別服務人員可提供個人化的諮詢，與專櫃人員單面的銷售方式完全不同，因此挑選產品毫無緊迫盯人的壓力。John Lewis也是採購英國本土紀念品的好地方，尤其蒐羅英倫優質品牌文具、甜食以及家用品，為喜愛設計雜貨者流連之處。

1 百貨公司外牆的皇室認證徽章/**2** John Lewis 利用雷根糖(Jelly Bean)拼成女王肖像的巧思/**3** 連小小的手做用品也有販售/**4** 經常引進不同設計師品牌的雜貨商品/**5** 下午茶和女王主題最常出現在櫥窗布置

本店、姊妹店各有特色

姊妹店Peter Jones位於Sloane Square地鐵站附近，販售更多家庭用品、抱枕寢具甚至提供布料選擇與裁縫服務。位於購物中心Westfield STRATFORD CITY旁的分店占地廣闊(延伸閱讀P.176)，從頂層可眺望線條纏繞的倫敦奧運塔(Arcelor Mittal Orbit Tower)及運動場。

....

✉ 300 Oxford Street, London W1A 1EX ☎ +44 (0) 20 7629 7711 ➡ 介於Oxford Street和 Bond Street地鐵站之間(紅色Central線、棕色Bakerloo線、淺藍色Victoria線；紅色Central線、灰色Jubilee線) 🌐 www.johnlewis.com

水晶吊燈滿室的御用食品百貨

Fortnum & Mason

　　擁有300多年歷史的Fortnum & Mason，為皮卡地里街頭一道不可錯過的風景。由威廉‧佛南(William Fortnum)和休‧梅森(Hugh Mason)在1707年創立的百貨公司，一開始便受到安妮女王(Queen Anne)的喜愛，當時她的皇室成員房間就設在梅森屋內，因此佛南還得像男僕一樣走另外樓梯送貨。由於皇室要求每晚點上新蠟燭，那些只燃了一半的蠟燭就被佛南重製，如此一來，除了收取房租，還獲得額外的利潤以展開龐大的零售事業。

　　百貨屋簷下的火炬手、側門樓梯持蠟燭的創辦人像，都說明了Fortnum & Mason的起源。正門上方金光閃閃的皇室認證標章，紅磚牆上的大鐘也是建築特色。4噸重的大鐘，與大鵬鐘為同一鑄造廠精製，每逢整點響起18世紀風格的清脆音樂，時鐘兩旁分別出現佛南和梅森先生的雕像，仔細一看，頭部不但會轉動還會點頭。此外，以頂級工藝聞名的櫥窗設計，融合了產品與故事的連結，是令人無法移視的藝術品，每到聖誕節更是最華麗的演出。

　　店內大量的水晶吊燈、遍地紅毯、琳瑯滿目的精緻包裝、穿著燕尾服的人員等等，讓遊客

1 追求極致創意與精細的櫥窗設計／**2** 外牆上精緻的音樂大鐘／**3.4** 商品總擄獲人們的心／**5** 自傲的玫瑰花瓣果醬／**6** 茶葉聞香區／**7** 手工編織禮籃Hamper

們彷彿置身皇室華麗廳堂，不禁發出讚歎。百貨不僅販售生活用品、茶葉、點心、瓷器甚至生鮮都有豐富的選擇。矗立整面櫥櫃的果醬，大黃、香檳草莓、蘇格蘭黃金覆盆子、接骨木花配黑醋栗、白蘭地黑櫻桃等等，光是視覺的刺激就讓人唾腺發達。值得一提的是自傲玫瑰花瓣果醬(Rose Petal Jelly)，從人工清晨手摘、挑選、輕拌熬煮，每一個繁複製程細心呵護下，方能完成吐露芬芳的花瓣果醬。花瓣

果醬不但適合作為司康餅的抹醬，許多女性也熱衷將它加入熱茶之中，享受其高雅芳香。

另一項高檔的竹編禮籃(Hamper)，為頂級的食品組合，源自維多利亞時期在海德公園(Hyde Park)所舉辦的世界第一次萬國博覽會販售遊客的野餐組，而這項禮籃傳統概念延至今日，成為家戶最想收到的禮物之一，就連女王也帶著卡蜜拉和凱特王妃到此選購。

181 Piccadilly, London W1A 1ER +44 (0) 84 5300 1707 Piccadilly Circus地鐵站(深藍色Piccadilly線)。於愛神雕像箭頭所指方向的Piccadilly前進，約3分鐘即達。從Green Park 站往Ritz Hotel 方向走6分鐘，也很直接快速。斜對面為皇家藝術學院 www.fortnumandmason.com

貼心小提醒

食品百貨採購與飲食

1. 茶葉與食品屬於免稅商品，遵循衛生法規，一旦售出不退換。
2. 從食品廳拾階而上，可在The Diamond Jubilee Tea Salon享用餐點或下午茶享到飽。官網建議平日1～2週前、週末4～8週前透過網路或電話預約。有空的話，別忘了發現其他層樓的驚喜喔！

倫敦東西區的大型購物中心
Westfield Shopping Mall

　　毋須擔心晴雨或路上交通，購物中心逛街不但有室內空調、乾淨明亮的廁所、方便的座椅和餐廳、無線網路。Westfield購物集團在倫敦的東西區各設有一座大型購物中心：較早成立的西倫敦的Westfield LONDON，以及東倫敦的Westfield STRAFORD CITY。官網皆提供兩個購物中心內部的品牌資訊，可選擇較多感興趣品牌的分店前往。

貼心小提醒

購物中心優惠好康瞧一瞧

　　官網設有優惠活動資訊Offer專區，出發前瞧一瞧，說不定就能抓住折扣或驚喜唷！聖誕月營業時間異動，以公告為主。

Westfield STRATFORD CITY

　　位於東倫敦的STRATFORD CITY，是歐洲最大的都市購物中心，進駐250間商店及70家餐廳，知名餐廳如Nando's、Tortilla等。購物中心旁的John Leiws百貨頂樓可看倫敦奧運運動公園主場以及倫敦塔。

✉ 2 Stratford Place, Montifichet Road, Olympic Park, London E20 1EJ ☎ +44 (0) 20 8221 7300 ➡ 市中心3區Stratford地鐵站 (紅色Central線)、綠色DLR輕軌、橘色地上鐵線與火車站 http uk.westfield.com/stratfordcity

自 Westfield STRATFORD CITY 的John Leiws百貨頂樓可眺望倫敦

Westfield 購物中心

Westfield LONDON

　　擁有4個百貨、超過300個潮流品牌和40個精品專店的Westfield LONDON，包羅不少購物大街品牌。尤其街上品牌分店沒有展售的系列，如厚重的家具、家飾系列。商場內外都有飲食街，泰式料理Busaba (延伸閱讀P.111) 在此也有分店。

✉ Centre Management Suite, Unit 4006, Ariel Way, London, Greater London W12 7GF ☎ +44 (0) 20 3371 2300 ➡ Shepherd's Bush地鐵站(紅色Central線、橘色雙線路上鐵線)或Shepherd's Bush Market地鐵站(黃色Circle線、粉色Hammersmith & City線) http uk.westfield.com/london

貼心小提醒

超貼心手機充電櫃

　　手機沒電了？別緊張！購物中心裡的免費充電站，像是一個小的置物櫃，只要鑰匙還插在門板上的就表示可以使用。將手機放入櫃中插好電然後鎖起來，鑰匙保管好即可。充電就是這麼簡單！

//歷史空間活化的複合商場//
卸煤場休閒商圈
Coal Drop Yard

打破你對商圈和古蹟的想像，「卸煤場」商圈潮得有高度。比起由年輕設計師慢慢拓墾出的肖迪奇潮區，卸煤場這個由開發商主導的空間顯得大氣，請來為奧運設計火炬的鬼才設計師海澤維克(Thomas Heatherwick)，改造19世紀儲存和轉運煤炭的工場。他保留原始磚牆、廣場、金屬柱與坡道，加上一個曲線的空間，把兩排像巧克力棒的舊廠房串連起來，給歷史空間新風貌。進駐的商店都是精選，要不是設計感十足，就是有特色的選物店，例如設計師Tom Hox.的展示店，以及運用他設計產品的餐廳，連新增的前衛空間也是Samsung的概念店，在這兒即使閒逛也是享受。

卸煤場不是人潮擁擠的商場，它有許多開放空間，周邊有運河和水上書屋、聖馬丁藝術學院校區、設在舊倉庫裡的餐飲名店、建在舊瓦斯槽遺跡裡的豪華公寓與花園、廣場上的美食市集以及週末的文創市集，再加上偶有展覽與特別活動，可以消磨一天。有人說它是新肖迪奇，其實在肖迪奇的潮店崛起之前，最潮的夜店區就在卸煤場。

．．．．．．．．．．．．．．．．．．．．．．．．．．．．．．．．．．

✉ Stable St, London N1C 4DQ ➡ King's Cross St. Pancras 地鐵站，位在火車站後方運河旁 🄲 公共空間24小時開放，餐飲營業至22:00，各店家開放時間請分別查詢 http www.kingscross.co.uk/coal-drops-yard

1 卸煤場在舊建築上設計掀起的屋頂巧妙地連結兩個原本無趣的倉庫/**2** 以英國中世紀常見的市集建築為發想概念，卸煤場商圈想創造一個像市集的空間/**3** 卸煤場旁的小徑平日是悠閒用餐區假日是文創市集區/**4** 卸煤場商圈有許多設計師的店

名店雲集新休閒空間
巴特西發電站
Battersea Power Station

1933年開始營運時是倫敦重要的發電站，1977年搖滾天團平克‧佛洛依德以它為唱片封面，使之成為六大經典倫敦建築。1986年除役後等了三十多年，直到2022年才重新開幕。由於二級古蹟外觀不能變動，新的設計在於凸顯電廠內部宏偉的工業遺址，以及30年代裝飾藝術的細節，並用原始工法重建招牌煙囪，加上一個圓形景觀升降梯，可以在109公尺高的煙囪頂360度俯瞰西倫敦 (Lift 109)。

圍繞著發電站的有趣建築是古根漢博物館建築師法蘭克‧蓋瑞首度設計的公寓，也是開發案的一部分。這個包含商場、餐飲、旅館、表演場所、中高端住宅與辦公室的新生活圈，預計可容納2萬5千人在此工作和生活，蘋果電腦的英國總部就落腳在此。商場的商店有蘋果新旗艦店和樂高積木等重量級商店，餐飲有地獄廚神的麵包街廚房、Bao等中高端店家，同時又有連鎖簡餐店滿足上班族的需求，是個中產富足的休閒購物場所。

✉ Circus Rd W, Nine Elms, London SW11 8DD ➡ Battersea Power Station 地鐵站，出站順著指標走，或是搭水上巴士到同名碼頭，下船就是前門 http battersapowerstation.co.uk

1 Food Hall是美食市集的進化版／ **2** 保留舊控制室的特色改建的餐廳／ **3** 保留舊發電廠的部分機具做為與歷史的連結

折扣過季超划算

物超所值的半價淘寶處

TK Maxx

以「big labels, small price.」高檔品牌便宜價格為口號的 TK Maxx，蒐羅各種品牌過季或稍有瑕疵商品，以半價到近2折不等折扣回饋給消費者，為英國人平時精打細算的最佳去處。若是抱著隨興看看，不一定挖到好貨的心情，通常很容易撿到寶貝。

衣架上依照尺寸種類排列，每樣商品都是零碼，經常都是最後一件。眼明手快才能搶得機會，因此常見許多人將物品放在推車裡再慢慢挑選。有時可以£50買到£150的Viviene Westwood提包、£39.99購得£129品牌高跟鞋。這裡的Golden Label系列販售國際精品，例如DSQUARED2的外套原價£1,485，打折後不到£400，CERRUTI原價毛衣£80，折後不到£17，凱特王妃最愛的REISS洋裝市售£159，這裡不到£40。就連男士們也沉醉在此挑選品牌襯衫、西裝、鞋類呢！

除了服飾之外，其實TK Maxx的商品種類廣泛。近肯辛頓宮的High Street Kensington分店販售較多精品、飾品、鞋以及行李箱。書街附近的Charing Cross分店除了旅行用品，香氛產品、家用寢具、廚具也非常豐富。經常可見英國Cath Kidston旅行組、法國DELSEY頂級行李箱、義大利高檔太陽眼鏡及長靴，週週進貨，常常都有新的發現呢！

非折扣季時，倫敦也有過季商店可撿便宜，無論是國際精品、平價品牌甚至愛心慈善商店，處處有驚奇。

High Street Kensington分店

✉ 26-40 Kensington High Street, London W8 4PF ☎ +44 (0) 20 7937 8701　➡ High Street Kensington 地鐵站 (黃色 Circle 線、綠色 District 線) http www.tkmaxx.com

Charing Cross 分店

✉ 120 Charing Cross Road, London WC2H 0JR ☎ +44 (0) 20 7240 2042 ➡ Tottenham Court Road 地鐵站 (紅色 Central 線、黑色 northern 線) http www.tkmaxx.com

在 TK Maxx 也能淘到折扣的國際精品

TK Maxx精明選購小撇步

貼心小提醒

由於所有零碼商品陳列一字排開，每個人都可以慢慢地挑選、試穿戴與比較。在選購的同時也要多檢查是否有脫線、汙漬等瑕疵。採購後再統一結帳即可。

倫敦市內的過季暢貨中心

Outlet Shopping at The O2

　　如果高端奢侈品牌不是你的路線，不需花一天去牛津的比斯特，市內就有過季購物中心。設在北格林威治的千禧巨蛋O$_2$內的過季暢貨中心，店家都是英國大街品牌，例如Superdry、Jack Wills、Nike、Whittard等，折扣可達三折，在交通、產品和價格上都十分可親。

　　為了慶祝千禧年而興建的巨蛋體育場，在由O$_2$電信集團接手後改名O$_2$競技場(The O$_2$ Arena)。這個多用途空間內，除了2樓的過季暢貨中心，還有大型體育場、商店與飲食街，

1 O$_2$ 的室內暢貨中心非週末人少好逛／2 北格林威治休閒商圈廣場

是英國第二大的演唱會場地，五月天、阿妹都來過這兒演出，也曾是奧運比賽場地。這裡還有可付費攀爬巨蛋屋頂的獨特體驗喔。

　　O$_2$競技場外的戶外空間，近幾年也發展成一個休閒娛樂的水岸商圈，週末時廣場上有文創市集，不遠處的跨河纜車，是另一個由高處欣賞倫敦的地點。來這兒購物可以消磨半天時光，也可以在順遊格林威治後到此購物。

✉Peninsula Square, London SE10 0DX ➡在North Greenwich站下車，搭手扶梯到地面後，穿過背後的廣場，可以看見高識別度的體育場在左邊。暢貨中心在入口左側2樓 ⁉各商店營業時間不一，請查O$_2$官網http outletshoppingattheo2.co.uk

環保與惜物的慈善商店

Charity Shop

　　英國具有環保與惜物的傳統，因此家中用不著的新品、保存良好的物品皆可捐給慈善商店，再由它們整理標價後販售，販售的所得捐由各機構應用。市中心較常見的慈善商店為Oxfam及British Heart Foundation。父母經常尋找教育童書、唱片，茶館喜歡到此挑選樣式獨特的瓷器，連家電用品都可能出現。有時這裡還會出現驚人的古董喔！到此撿便宜還能兼做善事。

http www.timeout.com/london，搜尋charity shops

過季購物村——比斯特村
Bicester Village

位於牛津地區的過季購物村——比斯特村(Bicester Village)，是讓人容易失心瘋的地方。130家左右的國際名牌商品，個個強檔。精品BALLY、BURBERRY、COACH、FENDI、Dior、GUCCI、CHANEL、DOLCE & GABBANA、TOD'S；運動休閒的Clarks、Superdry、Timberland、POLO RALPH LAUREN；餐廚用品LE CREUSET、WEDGWOOD等等，只要約六折，有時砍到剩下1/3標價(好比聖誕季)，是不是很令人心動？

購物村裡，每家商店都是一棟獨立店面逛起來十分悠閒，村內餐廳也都是強檔。雖然是品牌過季款式，但是這麼漂亮的名牌價格，難怪許多人來到倫敦衝的不是Harrods或是精品專店，而是這裡的好物，連婆婆媽媽也愛。

....
✉ 50 Pingle Drive, Bicester, Oxfordshire OX26 6WD
☎ +44 (0) 20 8221 7300　http www.bicestervillage.com

留意電子報消息，折扣多更多　貼心小提醒

註冊訂閱電子報(點選網站Email Sign up)，可得到最新折扣消息外，還有機會了解近期配合廠商的用戶的貴賓折扣方式。比如出示活動聯盟航空公司的會員貴賓卡、特約飯店住宿房卡等(限本人/當日)，就可得到貴賓VIP10%的當日折扣券(若不確定最新活動可Email詢問)。有些交通套裝行程也送折價券。折扣券的使用除了少數品牌與活動，幾乎在購物村購買的東西還能再9折。換句話說，買價就是商品的過季價、再9折，那麼省超大！

精品挖寶小撇步

出發前可先網站查詢是否有感興趣的品牌。購物中心大多週四進貨，當天或隔天上架，通常只有一件庫存的商品或是低價好貨很快就會被挖走。雖然都是新品，但皮革類要特別注意裡外是否有嚴重磨損，多檢查才不會造成事後的困擾喔！

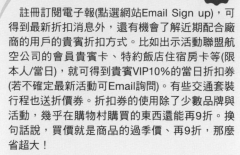

小木屋比鄰組成的購物村，沒有市區擁擠的壓迫感

比斯特村交通一點靈

從倫敦(London)出發

火車：從London Marylebone站搭到Bicester Village站，車程約46分鐘，每小時約2班車。到站後穿越停車場即達，通常下車人潮目的地都是購物村。

購物村品牌林立

牛津火車站外的S5公車

從牛津(Oxford)出發

火車：從Oxford Parkway站搭到Bicester Village站，車程約25分鐘，約2小時一班。
預購車票/試算票價
http www.chilternrailways.co.uk/destinations/bicester-village
公車：S5或X5公車可在牛津火車站外的公車站牌等或市區Magdalen Street(Stop C4,位The Randolph建築前，對面有紀念碑)。
票價與公車時刻表
http www.stagecoachbus.com

創意挖寶、體驗市集文化

逛市集是最能貼近倫敦生活形態、文化的方式之一，古董、庶民美食、龐克搖滾、獨立設計、塗鴉發言……，呈現了倫敦多元的可能性。

1 戶外的街頭藝人表演常吸引大批民眾觀賞／**2** 蘋果市集(Apple Market)多由工藝飾品設計師擺攤進駐／**3** 位於後棟的裘比利市集(Jubilee Market)／**4** 音樂表演工作者的聲樂或演奏節目，常獲如雷掌聲

╱熱鬧歡樂不斷╱
科芬園市集
Covent Garden Market

這是遊客們最容易親近的市集之一，使出渾身解數的街頭藝人、人潮如織的餐廳酒吧、各異其趣的市集與小商店，正是活力的源頭，讓每一位訪客的眼耳鼻舌觸覺體驗滿滿。

毋須擔心氣候的兩座室內市集，包含前棟的蘋果市集(Apple Market)以及交通博物館旁的後棟裘比利市集(Jubilee Market)，組成科芬園的中心。蘋果市集以設計師自創的商品為主，每天輪流駐攤展示不同作品，例如以各種造型湯匙彎曲而成的手環、手繪創意T恤、有機香氛產品等等。圍繞一旁的商家則有頗受歡迎的Whittard茶葉餅乾、時尚精品Chanel和科技潮牌Apple的直營門市。從地下室一角飄揚出來的現場演唱或演奏、廣場上的搞笑或模仿表演，更活絡市集的藝文氣息。後棟的裘比利市集則以各式倫敦紀念品、古董餐具等迷人的雜貨為主，只要眼尖，不難發現夢幻逸品暗藏其中。

科芬園周圍還有交通博物館、皇家歌劇院，大部分音樂戲劇院亦步行可達，因此附近的人氣品牌商店、知名平價餐廳為晚間娛樂的中繼站，將午後到夜晚時光串成歡愉的一頁。

➡Covent Garden地鐵站(深藍色Piccadilly線)。出站右轉直走 http www.coventmarket.com

世界最大古董市集
波多貝羅市集
Portobello Market

波多貝羅市集滿足劉姥姥逛大觀園尋寶的新鮮感！2,000家攤販，從私藏古董、生鮮熱炒、雜貨等等，各式各樣、令人目不暇給。市集在18世紀原本只是座農場，到了1948年位於國王十字(King's Cross)的市集關閉才轉移到此，加上由茱莉亞勞勃茲(Julia Roberts)和休葛蘭(Hugh Grant)主演電影《新娘百分百》(Notting Hill)到此取景，才把波多貝羅市集的知名度推上高峰。

市集前段擠滿了充滿傳奇、懷舊且琳瑯滿目的古董；各種蛇腹的古董相機、復古英式懷錶、大戰期間軍用品，甚至手工鐵皮倫敦公車、錫製餐具或古地圖書籍與黑膠唱片，彷彿將時光倒流。若是挖到寶貝，總免不了和老闆你來我往攻防論價一番，這就是淘寶樂趣所在。

走過懷舊時光，市集裡仍需隨時謹防扒手，而一攤攤誘人的熱食卻是讓人心甘情願把錢掏出來的小偷。香煙裊裊的德國現烤手工漢堡、熱滾滾的西班牙瓦倫西亞海鮮燉飯(Pella)。

如果想安慰一下失落的甜食胃，眼花撩亂的手工點心、蘋果及杏仁甜甜圈、巧克力馬芬

德國現烤
手工漢堡

美味西班牙
海鮮燉飯

(Muffin)、布朗尼蛋糕,還有可頌和香腸捲。微苦的布朗尼,鬆軟適中的成熟味,是個人推薦之一。

歐式麵包相當地多,無論是德、法、義式,皆不含人工添加物,越嚼越香,不論是單吃、塗奶油果醬或自製潛艇堡都非常適合。

其實波多貝羅市集不止是觀光客的最愛,當地居民也愛到這裡採買新鮮的蔬果。在此能夠發現超市少見的品種,也是尋找一種超市所沒有的人情味。夏季的桃子、櫻桃、無子紅葡萄,新鮮多汁,經常等不及帶回家,直接在路邊用瓶裝水洗過便大快朵頤。對了,這裡的蔬果只能用「手指語言」跟老闆點選哟,因此這裡的蔬果都展現出最佳體態。

最後,走到波多貝羅市集末段的Portobello Green小市集,高架橋下的此地更充滿各式流行飾品或設計師的有趣小玩意兒,則是女孩們流連忘返之地。這裡隱藏了許多歐洲好貨,甚至銅板價就能挑到設計感十足的洋裝哩。吃喝賞玩的精華都在這裡了,難怪電影中的休葛蘭走在這

頗有獨特設計感的耳勾式髮飾

條波多貝羅路,象徵著人生寒暑的更迭。

··

▶市集介於 Notting Hill Gate 與 Ladbroke Grove 地鐵站之間(黃色 Circle 線、綠色 District 線、紅色 Central 線;黃色 Circle 線、粉色 Hammersmith & City 線)。從 Notting Hill Gate 地鐵站 3 號出口直走,看到第一個路口即右轉前行看到左岔路的人群,跟著走就對了 ❓ 古董與復古小物攤僅於週六才有 http visitportobello.com

歐洲生鮮市場
波若市集Borough Market

　　來到英國，喜愛飲食文化者絕不能錯過擁有兩百多年歷史的波若市集(Borough Market)。這裡不但是電影《BJ單身日記》(Bridget Jones's Diary)和《哈利波特》(Harry Potter)取景地之一，更是許多主廚的靈感來源處。帥哥主廚柯提斯史東(Curtis Stone)於決戰

貼心小提醒

新鮮海產哪裡尋

　　如果想買新鮮海產，可揪團到倫敦漁市集散地Billingsgate Market。凌晨4點開始販售，快接近早上收市時，有的攤位接受小小殺價、且不需一次買固定大單位量。建議自備防水耐髒的袋子裝漁獲並注意地面濕滑。交通可搭到Canary Wharf地鐵站或輕軌站Blackwall再步行5～10分鐘。

🅒週二～週六 04:00～08:30 🈺週日～一及國定假日 ❓目前魚市場正準備覓地搬遷 http
www.billingsgate-market.org.uk

全球餐廳節目《Around the world in 80 plates》倫敦一戰時，便以此市集展開。

　　這裡聚集了歐洲農產的精華，不但展現各國農夫自傲的心血，更是歐陸飲食文化的匯流口。市場3個區域涵蓋現烤的熟食、新鮮的包餡輕食、種類繁多的奇蔬異果、異國調料、招牌點心小菜、有機試吃品等等，若還無法想像，再舉例：中東果仁工藝點心、酪農鮮製優格布丁、現刨庇里牛斯山的風乾火腿、手工窯烤麵包和派餅、冷壓初榨橄欖油與陳年葡萄酒醋(Balsamic Vinegar)、有機麥草特調蔬果汁、獨門風味起司與釀酒、法國餐蘿蔔或鮮薊、手繪厚實餐盤與麻袋等等。不必周遊歐國，就能享受產地飲食與熱情，置身色香味俱全的氛圍。

　　每經一個攤位，都令人細胞抖擻、味蕾跳躍、無法移目……，光看不過癮，早午餐在此解決才能獲得真正的救贖。對了，記得還要留個胃到市集旁的Monmouth(P.128)去喝杯現磨的人氣咖啡啊！

➡市集位於London Bridge地鐵附近(灰色Jubilee線、黑色Northern線)。可順走聖保羅倫敦塔路線走(P.18)攤位區週一休市/大部分商家10:00以後才開始準備營業 http boroughmarket.org.uk

■Tea 2 you
印裔老闆Ratan Mondal親自選擇最好的大吉嶺、阿薩姆和尼泊爾茶園，堅持手摘茶葉，提供道地又平價的手沖大吉嶺紅茶。老闆非常自豪其現泡的品質，例如印度蜂蜜薑茶，從水溫、現磨薑泥及茶葉與蜂蜜的選擇，每項都馬虎不得。更因皇室成員、各國採訪和旅遊網站的肯定，逐漸走向國際。

Tea 2 You有許多現沖現磨茶飲

✉8 Southwark Street, Three Crown Square, London SE1 1TL 📞+44 (0) 7910809740 ➡London Bridge地鐵附近(灰色Jubilee線、黑色Northern線) http tea2you.co.uk

■Le Marche du Quartier
販售優選法國起司和肉品的食材專賣店，最誘人的是現點現做、平價又大分量的油封鴨肉。鴨肉在鐵板上炒得滋滋作響，尤其美味的鴨油更讓人食指大動，當老闆豪邁地把鴨肉放上捲餅時，心靈第一次被撫慰。第二次則是，每咬下一口，肉汁不斷洩流而出的那瞬間。

✉35 9AH, The Market Porter Stoney St, London SE1 9AH 📞+44 (0) 7961726026 ➡London Bridge地鐵附近(灰色Jubilee線、黑色Northern線) ❓在 Three Crown Square (生鮮食品區)、Park St 和Stoney St 交接口附近 http boroughmarket.org.uk，在 Trader 底下找店名，可以找到簡介

▼Le Marche du Quartier的鴨肉捲餅讓人看了食指大動

/龐克搖滾復古風/
肯頓市集
Camden Market

　　龐克又搖滾、復古又前衛的混搭調調，是肯頓區市集的最大賣點！從Camden Town地鐵站到馬廄市集之間的街道兩側，店家牆面布滿風格濃烈的立體裝飾，掛滿造型誇張的皮衣、厚底靴、金屬飾物以及潮流衣飾等等，是龐克族與重機騎士經常流連的地方。

　　步行經過橫跨攝政河的小陸橋後，肯頓市集原始建築即在左前方。市集內的產品多元，許多手工設計師在此販售獨一無二的個性商品，從家飾、T恤到造型水晶鍊都讓人目不暇給。別忘了，彎進陸橋右手邊的巷子裡，各形各色的趣味小物、香味撲鼻的各國小吃在河岸展開來，這裡也是攝政河遊船的起訖站；買份平價異國美食於河岸品嘗、看著熙攘人群與悠哉水鳥，是最愜意的歇腳方式。

　　位於肯頓市集旁的馬廄市集，建於1854年、是倫敦最大的馬廄所改建而成。馬匹雕塑以各種形態出沒，彷彿訴說著那段輝煌的歷史。磚牆砌成的市集通道裡，擺滿古董復古物件，例

分量十足的墨西哥小吃

肯頓市集快速上手

不要小看這個倫敦地區規模最大的市集,認真逛一天看不完!

■水門區(Lock):原稱為肯頓水門市集,肯頓市集的歷史發源地,本區以工藝品以及運河邊的小吃為特色。

■馬廄區(Stables):原稱馬廄市集,設置在舊馬廄和馬醫院建築裡,少見的歷史建築也是亮點。商品以古著、CyberDog科技感的橡膠衣為特色。

■貨櫃屋區(Buck Street):此區從前的大門招牌正是肯頓市集,2020年以貨櫃城的新面貌出現,88個海運貨櫃容納餐飲、工藝品與選物店等商家,環保為此市集特色。

■水岸商圈區(Hawley Wharf):和水門區相隔一條馬路,此區在2015年以前以運河邊的小吃市集(Canall Village)為特色,2022年改建為有3層樓商場、辦公空間與住宅的時髦商圈。

■市場街(Inverness St Market):和貨櫃城隔著肯頓大街(Camden High St)相對,原是19世紀的傳統市集,在21世紀轉型為以餐飲店、服飾與紀念品為主的觀光市集。

如廣告路標繪版、紳士行李箱,讓人好想統統帶回家布置一個專屬英式空間。此地也是古董衣飾重鎮,吸引收藏愛好者重溫英倫上流社會的風華。一旁是量大味美的墨西哥捲餅、另一旁是熱情洋溢的老闆娘,更豐富了龐克市集的印象。

⊠Camden Lock Place, London, NW1 8AF ➡最近車站:Camden Town地鐵站5分鐘(近貨櫃屋區、市場街與水門區)、Chalk From地鐵站10分鐘(近馬廄區)、Camden Road地上鐵站(近水岸商圈區) ◎每日開放,各市場攤商營業時間略有不同,請查詢官網 http://www.camdenmarket.com

肯頓市集

建於1854年的馬廄市集

1 熱情大方的老闆娘對於寶貝商品如數家珍/**2** 手繪風格鐵皮招牌擁有一群收藏粉絲/**3** 逛累了來份異國小吃嘗嘗吧/**4** 倫敦路名鐵皮招牌勾起了某個特別的回憶/**5** 附近有運河船可以乘坐/**6** 以貨櫃堆疊而成的貨櫃城/**7** 人潮來來往往的肯頓大街

/塗鴉移民文化精神代表/
紅磚巷、週日市集
Brick Lane、Sunday Upmarket

相較於經濟發達的西倫敦，租金與物價較便宜的東倫敦充斥移民以及年輕創意，以塗鴉藝術著名的紅磚巷(Brick Lane)，是東區四大市集之首。附近還包含週日市集(Sunday Upmarket)、史匹托菲德爾市集(Old Spitalfield Market)以及襯裙巷市集(Petticoat Lane Market)。

紅磚巷除了最道地的印巴餐廳與商店以及二手家飾、新藝術畫廊之外，最引人注目的就是牆上充滿個人主義的塗鴉繪畫。早期的塗鴉以噴漆數字與標語為大宗，並為居民所詬病，直到比利時藝術家ROA黑白插畫風格的動物塗鴉受到肯定，並影響了政府對塗鴉的偏見，此後巷弄裡的牆面逐漸成為新興藝術畫布。到此一遊除了在轉角發現各式畫風，由於創意無限，新的漆料不斷覆上，作品不斷翻新於牆。

紅磚巷街上畫著大煙囪寫著Old Truman Brewery，是老杜魯門釀酒廠翻建的創意基地，附近還有幾個主題小市集，如同週日市集有獨門小吃、創意手作與收集品。

位於巷尾的貝果店(Beigel Bake)則是市集亮點之一，只消幾枚銅版就可享受分量與誠意十足的手工烘焙。其中最招搖的就是隔著透明櫥窗可見的鹹滷水牛肉貝果堡(Hot Salt Beef)。現今凡事講求

乳酪蛋糕

1.2.3 聞名的塗鴉藝術/**4** 老杜魯門釀酒廠/**5** 週日熱鬧的貝果店(Beigel Bake)

效率經濟快速的商業價值,相較於此處強調遵循古法製作的貝果,從水煮麵糰到發酵烘焙皆費時費力,為的就是呈現Q彈有勁、充滿麵香的貝果;貝果裡夾滿現點現切的多汁牛肉佐上黃芥末,真教人大口滿足。以濃香的乳酪蛋糕為鹹食收尾,實在經濟又實惠。即使無法週日前來市集,號稱一週7天,24小時無休(Open 24 Hours 7 Days)時時供應的美味貝果,永遠都在街頭迎接著你。

逛市集的順序可從Liverpool Street地鐵站出站後,先到史匹托菲德爾市集、襯裙巷市集再到白教堂藝廊(Whitechapel Gallery)看展覽或上廁所,然後轉到紅磚巷。若由哥倫比亞花市逛到東倫敦,可將路線倒過來,先接紅磚巷、最後接史匹托菲德爾市集。

紅磚巷市集(Brick Lane Market)

➡ Aldgate East 地鐵站 (步行 5 分鐘)、Liverpool Street 地鐵站 (步行 10 分鐘)、Shoreditch High 地上鐵站 (步行 10 分鐘) ◎ 市集週日 10:00 ～15:00/ 店家每日 http www.timeout.com/london/shopping/brick-lane-market

鹹滷水牛肉貝果堡 (Hot Salt Beef)

//創意淘寶好地方//

史匹托菲德爾市集、襯裙巷市集
Old Spitalfield Market、Petticoat Market

　　具有百年歷史的史匹托菲德爾室內市集，建築經過翻修之後，已成為觀光市集。各地設計師的創意熠熠生輝，如作工精細的圍巾、染色獨特的手拿包、手繪倫敦街景製品、編摺精湛的腰帶等等，每一樣都充滿手感的溫暖與質感。若想拍照，建議先徵得設計師們的同意，所有的商品可都是絞盡腦汁的結晶呢！

　　附近的襯裙巷市集其名源自早期販售多為女性衣物，由於價格便宜、款式眾多，擴大成為平價衣飾與紀念品的大本營。架上剛換季的服裝，可能才剛從牛津大街下市，有時衣服僅有小扣子脫落，回家動手縫補備扣就可以賺到美麗的價差。有的潮T恤品質雖然普普，但對於追求潮流者來說，卻是大碗又便宜的「五分

埔」。鞋子、皮包、飾品、上千個攤位充滿了驚喜。若想買些紀念品，這裡的價格比市中心商店販售還要划算呢！另外，這裡幾乎只接受現金喔！

史匹托菲德爾市集(Old Spitalfield Market)

➡Liverpool Street地鐵站(紅色Central線、黃色Circle線、粉色Hammersmith & City線、紫色Metropolitan線)。Commercial Street路上 ◎09:00～23:00各攤位營業時間不同請查看官網 http www.spitalfields.co.uk

襯裙巷市集(Petticoat Lane Market)

➡Liverpool Street地鐵站(紅色Central線、黃色Circle線、粉色Hammersmith & City線、紫色Metropolitan線)或Aldgate East地鐵站(綠色District線、粉色Hammersmith & City線)。Middlesex Street 附近街區 ◎週一～週五08:00～16:00小吃市集，週日09:00～15:00服裝市集 http www.facebook.com/100075770241390

1 過季品牌家飾也能找到/**2** 剛換季的服裝也能低價購得/**3** 重建的史匹托菲德爾市集(Old Spitalfield Market)看牌與建築/**4.5** 市集攤位設計師及其心血

其他特色市集總整理

倫敦市集資訊網
www.timeout.com/london/shopping/london-markets

South Bank Book Market

 二手書、海報、明信片、老地圖等印刷品

➡Waterloo車站。南岸(Southbank)滑鐵盧橋下英國電影協會(BFI)門前。位聖詹姆士(St. James's Church)教堂前 ⓒ 每日10:00～17:00 www.southbankcentre.co.uk/visit/shopping/south-bank-book-market

市集裡一位來自義大利老闆，專門販售鋼版製印章，從哥德到維多利亞風格、花鳥到交通工具，如數家珍

禮拜堂市集Chapel Market

 販賣在地生鮮蔬果、食品等市集，也販售衣物、居家用品

➡Angel地鐵站(黑色Northern線) ⓒ 週三～週日09:00～17:00 www.facebook.com/chapelmarket

Bermondsey Antiques Market

 銀器、裝飾品、古董與復古物件

➡London Bridge地鐵站(灰色Jubilee線、黑色Northern線) ⓒ 週五06:00～14:00 www.bermondseysquare.net

肯頓道市集 Camden Passage Market

 古董、書籍，尤其以維多利亞時期居家生活雜貨古董最多

➡Angel地鐵站(黑色Northern線) ⓒ 週三和週六09:00～18:00，週四、五、日街上也有古董商營業，請看官網說明 www.camdenpassageislington.co.uk/the-markets.htm

Brixton Village Market

特色 充滿非裔加勒比海的異國風味市集，香料、音樂和鮮明布料是其特色

➡Brixton地鐵站(淺藍色Victoria線) ⓒ 週一08:00～18:00，其他日08:00～23:30 brixtonvillage.com

Gray's Antique Market

 室內古董商場，多為精緻的古董藝品

➡Bond Street地鐵站(紅色Central線、灰色Jubilee線)Davies Street街 ⓒ 週一～週五10:00～18:00 www.graysantiques.com

Bayswater Exhibition

 肯辛頓公園內Lancaster Gate和Marlborough Gate之間掛滿藝術家的作品，包含繪畫、雕塑到珠寶飾品設計，瀰漫濃厚藝術氣息

➡Lancaster Gate地鐵站或Queensway地鐵站(紅色Central線) ⓒ 週日10:00～18:00 www.bayswater-road-artists.co.uk

Shepherd's Bush

特色 在地市集販售新鮮與熱食、可口異國蔬果以及用品家具等等

➡Shepherd's Bush地鐵站(紅色Central線、橘色地上鐵線) ⓒ 週一～週六09:00～18:00 www.shepherdsbushmarket.co.uk

後車廂大拍賣(Carboot Sales)

將家裡堆放已久的物品拿出來拍賣，更貼近倫敦人的在地生活，通常為週日、需門票。識貨買家或古董玩家總在這裡挖到許多設計師名家的作品呢！

Pimlico 拍賣 www.capitalcarboot.com
Battersea拍賣 www.batterseaboot.com

穿梭在鮮花馨香中
哥倫比亞花市
Columbia Flower Market

　　若想真實體驗倫敦人在地品味市集生活，那就別放過哥倫比亞花市！短短的哥倫比亞路上，每逢週日即充滿鮮嫩的花卉植物，朝氣蓬勃的倫敦人總喜愛輕鬆地穿梭其中，吸收舒爽芬多精、視心情犒賞自己一束馨香。

　　無論是白粉紫的大器繡球花、秀氣的桌上型盆栽、玲瓏可愛的多肉植物或翠綠蔥鬱的樹種，眾多唯有歐陸可見的品種在此搖曳生姿，讓人不禁想帶回為生活增添幾分色彩。一旁的竹編花器、南法風格鋁製澆水壺、烙燒木箱，或是鄉村風餐具、琺瑯罐，各個質樸又調性十足，絕對是熱愛園藝的綠手指們無法自拔的心頭好。一旁的歐風雜貨鋪、設計小藝廊、小品咖啡館，幾乎只有在週日營業，為懂得生活的都市人提供一處慢活的小角落。

　　即使頗具氣質的倫敦人，也不免在接近收攤時刻和花藝老闆殺價一番，精打細算的有趣對話，也是花市的番外一章。若時間還來得及，不妨步行到東區紅磚巷一帶市集，感受截然不同的塗鴉、移民、熱鬧滾滾的市集文化。

➡ Hoxton 地上鐵站 (走路 7 分鐘) ⏰ 週日 08:00 ～15:00 http
www.columbiaroad.info

1 附近的小店也有屬於自己的品味/**2** 哥倫比亞花市販售倫敦最多植物/**3** 粉嫩的繡球花是廣受歡迎的品種 /**4** 雜貨商品也是喜愛自然生活人士的目標之一

PUBLIC　　LEICESTER SQUARE　　SUBWAY

LEGO

不可錯過的
特色專賣店

倫敦備受歡迎的專賣店裡，有著品牌齊全的特色商品，溫潤又現代的文具雜貨、強調天然健康的保養、茶飲點心……，濃縮英倫精華的氣息，怎能錯過？

£491

具有歷史的茶葉包裝

英國百年唐寧茶舖
Twinings

成立於1706年，距今已超過300年歷史、比美國獨立還要早的老字號茶舖Twinings茶舖，是英國品牌的驕傲。說來有趣，創始人湯瑪士·唐寧(Thomas Twining)原本是咖啡商，而啤酒原是英格蘭早餐最重要的飲品，某天他突然想要改變早餐為喝茶的習慣，於是誓言開始販售最多種且最好的茶葉，此舉深深影響英國的飲茶習慣，連英國女作家珍·奧斯汀(Jane Austen)都成為Twinings茶的愛好者。

因此，Twinings茶葉維持著一貫嚴格水準，並得到皇室御用認證的加持，伴隨英國人民每天「一日七刻茶」的重要角色，尤其在寒冷的氣候裡，溫暖透心的茶香更撫慰了無數身心。日益求新的自我要求下，Twinings生產從單純的早餐茶、伯爵茶等濃厚的紅茶，到綠茶、白茶以及水果、低咖啡因茶等等，還分為散茶、單片茶、茶磚的種類，以及各種紙盒、鐵罐、木盒等多樣化的包裝，以滿足每一個人的需求。

在Twinings本舖裡，狹窄的長廊兩側販售著各種茶葉商品，許多茶種還提供聞香罐。在這裡有許多一般超市沒有的品項，可購買熱門單包茶葉讓自己嘗鮮或自組禮盒表心意；抑或買件經典慶典鐵罐收藏、品味最新得獎茶種。再往裡頭鑽，Twinings販售的茶具、咖啡豆、小博物館以及試飲台全都到位。尤其小櫥窗裡那不起眼的咖啡或茶葉斑駁包裝，透露出百年茶舖不斷求新求變、引領潮流的決心。而本舖這裡，正是見證這十萬多個日子以來的堅持。

✉ 216 Strand, London WC2R 1AP ☎ +44(0)20 7353 3511 ➡ Temple 地鐵站 (黃色 Circle 線、綠色 District 線)。出站後左轉往上直走遇到橫向大馬路 Strand 右轉，步行大約 5 分鐘。位皇家法庭 (Royal Courts of Justice) 對面 http twinings.co.uk

1 茶葉伴手禮與創始人湯瑪士·唐寧(Thomas Twining)畫像/**2** 茶葉聞香區/**3** 新裝修的品茗區供購買前試飲/**4** 老舖的門面非常迷你不小心就錯過/**5** Twining 的手繪馬克杯/**6** 有著金色上蓋的散裝茶鐵罐，令人真想收藏/**7** 館內的新展示架取代從前的小博物館

③

④

Pioneering Spirit

⑦

⑤

⑥

貼心小提醒

有時超市賣得比本鋪便宜

　　有些Twinings紙盒茶款超市打折後的價格比本鋪還要便宜，建議可先到住處附近超市觀察一番，來到本鋪時若看到相同品項可決定是否購買。另外，Twinings本鋪平日營業時間較早，若倫敦旅遊時間不長的話，可將這裡當作一天行程的先發站(延伸閱讀P.24)。

1 科芬園的Whittard/2 店內隨時提供一兩種圓罐裝即融冰茶試飲口味

連鎖複方茶葉專賣

Whittard

連鎖店

提起複方獨門茶，Whittard是最親民的第一選擇。創辦人華特‧惠塔德(Walter Whittard)於1886年的25歲那一年便決定離開富裕的家族皮革製品王國，專營進出口茶葉、並以獨到的眼光將一般單純茶種配製成複方茶，藉以提升茶葉的尊貴的價值。

Whittard多達100種茶葉，包含愛爾蘭早餐茶、俄羅斯商旅茶，讓人遲遲無法下手決定之外；還研發女性最愛的水果果粒茶和特調即融冰茶(Instant Tea)。尤其是店家免費試飲的冰茶，清涼芳香入口，讓人無法抗拒、暑氣全消，土耳其蘋果(Turkish Apple)、夢境(Dreamtime)以及英國果茶(English Fruits)是最受歡迎的熱銷品。十多種特調熱可和嚴選得

為生活增添色彩的 Whittard 餐具

獎咖啡也是Whittard成功拓展版圖的結果。

聰明的Whittard還推出現代幾何線條或手繪塗鴉的厚實餐具，以及多種適合搭配茶飲的酥餅，讓人們總能隨時隨地在家營造時尚午茶的幸福。

✉ 65/67 Regent Street, London W1B 4DZ ☎ +44 (0)20 7437 4175 ➡ Piccadilly Circus 地鐵站 (深藍色 Piccadilly 線、棕色 Bakerloo 線)、攝政街 (Regent Street) 分店眾多，請上官網查詢最近地點 http www.whittard.co.uk

具倫敦印象圖案的鐵盒茶

不占重量的 Whittard 紙盒裝茶，為遊客首選之一

貼心小提醒

熱銷品常常買二送一

Whittard有些熱銷產品長年都有買二送一的優惠。在節慶時如：情人節、復活節、聖誕節時還有特價優惠組，待節慶過後更陸續推出又一波促銷折扣！若不急著購買，為了可愛的折扣請先忍一忍唷。

//歐陸咖啡可可專賣老鋪//
Algerian

荷蘭Droste Cocoa
百分百純可可粉

與阿爾及利亞(Algerian)同名的咖啡店，是間有個性、堅持品質、不開分店，只有內行人才知道的百年口碑咖啡。

極小的咖啡鋪內經常擠滿了老饕和附近上班族群，有時尖峰時刻還無法輕易轉身。外帶現磨咖啡，在連鎖店充斥的蘇活(Soho)精華商業地段，價格十分優惠。小鋪還進口眾多歐陸各地、甚至世界優秀的產品。有機莊園咖啡、楓糖或蜂蜜、奶酒或薄餅，無論是頂級品牌或是在地廠牌，只要品質精良、全都被攏進這麻雀般的寶山。

老闆對咖啡豆的產地、年分、氣候瞭若指掌，經過諮詢就能指出自己的一帖配方。嗜可可者，這裡即是天堂，有著產地國旅遊也不易買到的產品。例如收藏者夢幻逸品的荷蘭老牌Droste Cocoa百分百純可可粉鐵罐，其封面為護士手持可可與托盤的無線

新鮮的烘培咖啡豆

連續遞迴設計，還被設計引用稱為德羅斯特效應(Droste effect)。架上來自各國巧克力雪茄、無花果可可，以及歐陸復古圖騰鐵盒薄荷涼糖，各個使出誘人的勾引姿態，難怪小鋪面對環伺連鎖強敵，依舊優雅佇立。

✉52 Old Compton Street, London W1V 6PB ☎+44 (0)20 7437 2480 ➡Leicester Square地鐵站(深藍色Piccadilly線、黑色Northern線)。出站後由Charing Cross路(往Tottenham Cout Road方向)直走約5分鐘，在Old Compton Road交叉口左轉 http www.algcoffee.co.uk

1 老闆對於咖啡有著充沛的熱情/**2** 有層次的精選莊園巧克力/**3** 各式歐陸點心架上排排站

黑巧克力與調酒的化學作用

HOTEL Chocolat 連鎖店

相較英國其他老牌巧克力，尚屬年輕品牌的HOTEL Chocolat在都市新貴族群裡颳起了旋風，不但囊括歐洲巧克力大賞，還進一步開設了專屬巧克力度假村，讓人嘖嘖稱奇。

HOTEL Chocolat一開始便鎖定國際路線，

並投資專屬可可莊園，以精準掌控原料品質及產品創新。黑巧克力和調酒香氣，迷人的微苦微甘，收攏廣大男性粉絲。真實精選果仁、果乾搭配絲滑口感配方，讓細胞感受天然與陽光的律動，讓女性停不了口。形狀不一的巧克力裹著各式精選餡料，誘惑每一個好奇心、挑逗每一張嘴。如果居住英國加入會員，經常有各種優惠活動，折扣之後很划算。

✉ 294 Regent Street, Marylebone, London W1B 3APN ☎ +44 (0)20 7631 4986 ➡ Oxford Circus地鐵站（紅色Central線、棕色Bakerloo線、淺藍色Victoria線）❓分店眾多，請上官網查詢最近地點 🌐 www.hotelchocolat.com

皇家御用巧克力

Charbonnel et Walker 連鎖店

女性最期待收到的心形巧克力禮盒

創設於1875年的皇室認證巧克力，由當時仍是王儲的艾德華七世鼓勵卡波內爾(Charbonnel)與沃克(Walker)兩位夫人所開設，為英國最早設立的巧克力商之一，並成為已故女王的最愛。

一顆顆由手工遵古法製成的巧克力，在櫥窗裡像是含羞待放的花朵，嬌貴安靜卻令人想一親芳澤。皇冠駿馬造型展露貴族高雅形象、英國玫瑰和紫羅蘭花瓣獨特細緻(English

Rose & Violet Creames)，而各式圓球狀的松露香檳系列口感濃密滑口，其中粉紅香檳松露(Pink Marc de Champagne Truffles)最受歡迎。Charbonnel et Walker精細的燙金紙盒和緞帶，小心翼翼地保護著贈禮人的心意，是最多人的首選。尤其是心形的紙盒搭配上皇家色彩的提袋，奢華情意不言而溢。

嘴饞的時候，挑選2、3個喜歡的口味嚐嚐吧

✉ One The Royal Arcade, 28 Old Bond Street, London W1S 4BT ☎ +44 (0)20 7491 0939 ➡ Piccadilly Circus地鐵站（深藍色Piccadilly線、棕色Bakerloo線）。位Fortnum & Mason斜對面巷（皇家藝術學院Royal Academy of Arts 旁巷）迴廊商店 🌐 charbonnel.co.uk

令人不忍心咬下的巧克力

1 店名和裝潢常讓人誤以為飯店／2 簡單的小盒裝巧克力適合獨自享用

Do Not Disturb!
Serious chocolate bliss in progress

Dark Champagne Truffles

Dark Truffles
A selection of luscious dark chocolate truffles

Isabelle
An almond and honey florentine, topping a praline filled cup

❷

❷

❸

CHOCOLAT CHARBONNEL THE CHOCOLATE DRINK ORIGINAL

1 位於迴廊商圈的Charbonnel et Walker／2.3 未嘗巧克力，光是精美的包裝就已讓人心花怒放

有機玫瑰鹽可可

Rococo Chocolates

創辦人Chantal Coady來自於藝術學院，對洛可可文化和巧克力有著無法自拔的迷戀，同時又致力於有機食材與巧克力的結合，這些精神便可從洋溢著手繪洛可可風格動植物的藍調包裝一眼察覺。

有機海鹽和玫瑰，是其得獎無數的招牌產品。微鹽粒點綴著香醇滋味，將巧克力推向一個新面向。世界頂級奧圖玫瑰提煉融製的巧克力，滿口玫瑰芬芳。再來一杯熱茶搭配黑巧克力薑味薄片餅，那是多麼享受。難怪許多巧克力大師暗自推薦Rococo Chocolates的天然風華。

手繪的有機巧克力包裝

✉ 321 King's Road, London SW3 5EP ➡ 最近地鐵站是 Sloane Square 和 Fulham Broadway. ❓ 在 Marylebone 另有一家分店 3 Moxon Street, W1U 4RQ ☉ 每日營業，請上官網查詢時間 🔗 www.rococochocolates.com

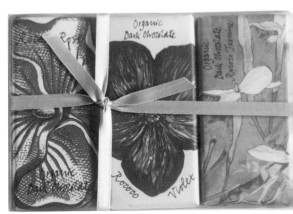

花朵插圖象徵巧克力樸實的本質

//充滿創造力的樂園//
LEGO® Store

連鎖店

2023年底前，全球最大的樂高旗艦店就坐落在倫敦！兩層樓高的空間裡，展示著許多細膩的倫敦著名地景積木組合，例如擬真比例的倫敦地鐵車廂，是工作人員用了637902塊積木打造而成，包含栩栩如生的樂高禁衛軍和莎士比亞。而6.5公尺高的大鵬鐘樂高，也是最大模型之一，需用廣角鏡才能勉強拍得下，它還具有報時功能。在樓梯間的牆面上，更以樂高拼出半立體的倫敦地景圖，令人深　刻感受到樂高積木的無窮變化。

這裡當然還販售種類繁多的樂高盒裝或自組積木，倫敦相關產品是主打商品，例如倫敦雙層巴士、倫敦塔橋周邊景點組合等等。若想再來些更特別的，可以自己挑選樂高人偶元件、花紋，印上名字，客製自己設計的積木

1 齊全的LEGO系列產品 /**2** 樂高版妙麗/**3** 等公車的莎士比亞/**4** 實體大的樂高跑車/**5** 巨型地鐵站牌也是由樂高疊成 (圖**1**、**5**圖片攝影／劉妍君)

小人偶，何嘗不是最特別的紀念品呢。此店觀光人潮多，入場經常要排隊，建議一大早前往；而對面的M&M's World旗艦店(P.185)，也頗受歡迎。

✉ 3 Swiss Ct, London W1D 6AP ☎ +44(0)20 7839 3480 ➡ Leicester Square地鐵站(深藍Piccadilly線、黑色Northern線) http www.lego.com/en-gb/stores/stores/gb/london-leicester-square

//歡樂繽紛巧克力旗艦店//
M&M's World

印象中，「只溶你口，不溶你手」M&M's巧克力，有著彩虹般繽紛的色彩，而M&M's的主角，總是透過表情豐富、誇張大眼的形象來消解人們的煩悶。

平常，不僅在超市能看到M&M's，現在，倫敦的Piccadilly市中心更佇立占地35,000平方英尺，共4層樓高的旗艦店。旗艦店裡，彩色巧克力築成壯觀牆面，上百種巧克力有的加上祝福文字，有的填滿倫敦公車撲滿，還許多可愛的形狀讓人處處都能挖掘驚喜、不知如何挑選。M&M's主角們，有的扮成皇家侍衛、城堡武士，抑或英倫經典形象歌手「披頭四」，守護著這座歡樂園。除了巧克力之外，這裡的諸多商品還包含玩具、服飾、餐具、寢具等，是孩童尋寶或復刻記憶的大人們，選擇頗具童心伴手禮的優選地方之一。

....
✉ 1 Swiss Court, London W1D 6AP
☎ +44(0)20 7025 7171
➡ Piccadilly Circus地鐵站(藍色Piccadilly線、棕色Bakerloo線) http www.mmsworld.com

1 化身為英國衛兵的M&M's巧克力/2 總是門庭若市的M&M's World/3 M&M's也有自己專屬的倫敦復古巴士/4 .6 各式各樣的伴手禮，滿足大人小孩的童心/5 化身為披頭四的M&M's巧克力，帶給大家驚奇和歡樂

皇室認證藥妝店Boots

皇室認證藥妝店

Boots 👑

連鎖店

　　皇家認證藥妝店Boots販售的項目繁多，從髮妝、維他命、藥品、三明治、零食、嬰幼兒服飾、眼鏡等等，幾乎能滿足生理上的所有基本需求。因此遊客在外有點傷風感冒或是腸胃不適等等，都能到Pharmacy部門諮詢藥師的意見選擇適合的藥物，眼鏡遺失破損則到Opticians配購，堪稱遊客出外的好朋友。

　　門市規模大的Boots裡可找到眾多歐美藥妝，如香奈兒、蘭蔻、YSL等品牌之外，自有研發商品物美價廉，深受大眾喜愛。舉例來說，No.7的緊膚霜(Protect & Perfect Intense Beauty Serum)功效卓越，推出後每分鐘銷量將近1,000支，還一度嚴重斷貨。而它的抗敏感系列(Simply Sensitive)基礎保養，天然無人工添加，價格只需百元台幣，是內行人的首要選擇。要不是行李有限重，整排掃貨都不誇張

呢！若遇到折扣季，各式藥妝品特惠組合再阿莎力地促銷，價格真的超級划算，常看到男士們也跟著搶購給另一半。下次經過Boots別忘了進去瞧一瞧喔！

> Boots自有品牌抗敏感系列(Simply Sensitive)為超值產品

✉ 44-46 Regent St, London W1B 5RA ☎ +44 (0)20 7734 6126 ➡ Piccadilly Circus地鐵站(深藍色Piccadilly線、棕色Bakerloo線)。位於出站後所見的霓虹招牌大樓 🌐 www.boots.com

貼心小提醒

Boots購物須知

　　Boots的維他命、保養品與食品等項，貨出概不退換，購買時請確認。嬰兒用品、食品在英國免貨物稅，是划算選擇。

//健康多元專業保健食品//　連鎖店

HOLLAND & BARRETT

　　只要一問到專業保健食品，英國在地人就會告訴你：「到皇室認證HOLLAND & BARRETT去吧！」品質精純、產品多元、價格平民，甚至享譽歐洲是其特色。

　　假若認為保健食品只提供給銀髮族那就錯

囉！女性最愛的各式細分子膠原蛋白或是飲食控制的副食品、有機食品果汁與無咖啡因飲品，這裡統統都有。天然的果乾零食則是暢銷品，重視飲食品質的顧客，視之為看電視、等公車的最佳涮嘴良伴。HOLLAND & BARRETT架上永遠都有不同的產品活動輪流促銷，尤其大方的買一送一，加£1多一件都讓人好雀躍。

牛津街分店

✉ 52 Oxford Street, W1D 1BG 🅿️全國分店眾多，可上官網查詢最近門市 http www.hollandandbarrett.com

1 HOLLAND & BARRETT是皇室認證最大維他命品牌/**2** 健康食品種類繁多，涵蓋果仁果乾與天然果汁/**3** HOLLAND & BARRETT魚肝油/**4** 商品經常輪番做促銷折扣

購買維他命請留意

貼心小提醒

　　台灣入境每人有維他命1,200顆限制，若超過必須走紅線報關，否則予以沒收，請留意。(其他品項如菸酒及說明，參考財政部關務署入境：報關須知。http web.customs.gov.tw)

自然精油的療癒

Neal's Yard Remedies(NYR)

連鎖店

簡稱NYR的Neal's Yard Remedies為解決現代人忙碌的壓力與過敏原，從飲食、氣味、精神、敷抹方式提供回歸自然的療法，並同時提升身心靈的健康。NYR有機產品眾多，栽種於英格蘭有機農場，初次接觸可經諮詢了解適合自己膚質狀況的精油保養品。玫瑰精油系列為推薦品之一。最特別的服務為複方藥草茶諮詢，像是中醫問診般，經由身體狀況的表現，現場配製個人適合的配方。盒裝紓壓、好眠、排毒、美膚活力複方茶，為緊繃外食的上班族提供一帖淨化的良方。若熟諳花精者，更可自行調製比例，應用在飲食或香氛上。

男士、媽媽、寶寶也有專屬產品，若內用外抹還差那麼一點點舒爽過癮的感覺，不妨預約試試各種指壓、針灸、按摩和整脊的服務。全身舒暢，生活品質也就爽朗了起來！

✉ 15 Neal's Yard, London WC2H 9DP ☎ +44 (0)20 7379 7222 ➡ Covent Garden 地鐵站(深藍色 Piccadilly 線) http www.nealsyardremedies.com

1 NYR精油產品/**2** 玫瑰系列最受好評

純精油香氛皂

LUSH

連鎖店

使用大量天然精油製成的香氛皂，未達店鋪就可嗅察，是LUSH特有的味覺招牌。各種複方精油、花草融製的皂塊，透明剔透抑或質樸趣味，像是工藝品般擺放架上，等待人們發掘。強調愛地球、無動物試驗的皂塊，含豐潤配方，觸感柔軟、泡泡細緻，讓洗澡變成一種幸福的享受。像起司般切塊計價的花果皂塊、獨門招牌洗髮餅，是粉絲們的不二選擇。

✉ 175-179 Oxford Street, London W1D 2JS ☎ +44(0)20 7789 0001 ➡ Oxford Circus 地鐵站(紅色 Central 線、棕色 Bakerloo 線、淺藍色 Victoria 線) http www.lush.co.uk

還未見到店鋪就能循線找到純精油香氛皂LUSH

貼心小提醒

私心推薦百年香氛保養品
Woods of Windsor

玫瑰和白茉莉沐浴乳香氣淡雅迷人，洗後好像穿了一件花香外衣，連自己都會忍不住優雅了起來。 http www.woodsofwindsor.co.uk

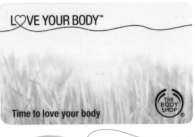

除痘抗消炎的茶樹精油是常賣聖品

防乾裂的滋潤聖品，是冬天乾癢剋星

高人氣無動物試驗美體小鋪
THE BODY SHOP
連鎖店

　　天然、無動物試驗配方的THE BODY SHOP是英國特色代表之一。雖然在台灣已設立分店，但來到品牌的產地還是不免俗地去逛一逛，因為這裡有更豐富的系列等著挖掘呢！多種功效的茶樹精油系列、維他命E日霜、藍玉米面膜，以及淡雅清香的白麝香系列都是萬年長銷品。

　　若購買總數量較多或金額較高，可先試算以£5辦理「Love Your Body」會員卡並分次消費折扣、甚至達換禮物門檻是否划算。實體店鋪和網路商店的折扣常常不一樣，若有想購買特定品項，可比較哪一種購買方式比較佳。會員卡及免運費條款請參考網站說明。

✉ 122 Regent St., London W1B 5RZ　➡ Piccadilly Circus 地鐵站　❓ 全國分店眾多，可上官網查詢最近門市
http thebodyshop.com

1 天然、無動物試驗配方的THE BODY SHOP產品/**2** 使用會員卡達購買次數與金額門檻，再送可自選的禮物、還有大方生日禮/**3** 開架商品皆提供試用

憨厚禮貌的帕丁頓熊

Paddington Bear Shop

英國最知名的兩隻童話故事熊，一隻是古典維尼、一隻則是住在倫敦帕丁頓火車站(Paddington Station)的帕丁頓熊。童話作家麥可邦德(Michael Bond)在聖誕夜看見櫥窗一隻孤零零的玩具熊，於是買下送給妻子，並開始了帕丁頓熊的故事創作。

話說帕丁頓熊是一隻帶著紅帽、穿著藍色鈕扣大衣和靴子、拎著一只行李箱的棕熊，被遺棄在人來人往的火車站，身上掛著牌子寫著：「Please look after this BEAR. Thank you.」(請好好地照顧這隻熊，謝謝。)某天被好心的布朗夫婦帶回收養，並依車站取了同名帕丁頓。帕丁頓熊個性憨厚，對人有禮貌，最喜歡柑橘醬三明治和可可。現在車站裡黃銅色的帕丁頓熊雕像已成為鎮殿寶之一。商店區的專賣店，除了經典帕丁頓熊偶，還有插畫繪本、筆記本與餐具等等，為旅人們憐愛的收藏品。

英倫代表之一的帕丁頓熊

✉ The Paddington Bear Shop, Paddington Station, London W2 1RH ☎ +44(0)79 1779 7427 ➡ Paddington Station 地鐵站 (黃色 Circle 線、綠色 District 線、棕色 Bakerloo 線、粉色 Hammersmith & City) 與火車站。雕像位於第一月台時鐘附近，專賣店在車站商店區 2 樓 http www.thisispaddington.com/article/paddington-bear-shop

1 紀念品商店有時也可看到帕丁頓熊的蹤影 /**2** 帕丁頓熊專賣車攤/**3** 火車站的帕丁頓熊雕像倚著小小行李箱/**4** 帕丁頓熊雕像身上掛著收留的牌子

全球最大的玩具世界

Hamleys 👑

只要提到玩具世界，在英國只有一個答案就是Hamleys。1760年起便帶給眾人歡樂，1938年瑪莉皇后和其夫婿喬治五世頒發Hamleys皇室認證榮耀，1955年伊莉莎白二世又再次頒發認證，高度肯定其品質與努力。它不但是世界上最大的玩具店，也是現今每年數百萬的旅客必訪景點之一。

尚未踏進這個寶殿，門口使出渾身解數的裝扮人員就把大家哄得哈哈大笑。7層樓高的玩具百貨，十分專業地配設無以計數的產品，有戶外踏車、滑板、遊戲機、模型、女孩們的娃娃，樂高和金耳扣收藏熊也占有重要地位。通曉各類玩具的專員，將

1 Hamleys也販售收藏價值的玩具/**2** Hamleys門前總有喬裝不同角色的店員引人注目/**3** 世界上最大的皇室認證玩具店Hamleys

紙飛機輕鬆向天花板拋出又收回、快速在彩繪版上變出魔幻般的圖畫、視聽效果極佳的搖控聲光玩具等等，猶如馬戲團。聖誕或開學季節，這裡的人潮比遊樂園還要踴躍，它永遠有著新法寶招喚無數的童心與好奇心。

....

✉ 188-196 Regent Street, London W1B 5BT ☎ +44 (0)87 1704 1977 ➡ Oxford Circus地鐵站(淺藍色Victoria線、棕色Bakerloo線)。往Piccadilly Circus方向路上 http www.hamleys.com

純淨簡約北歐風格
Orla Kiely

愛爾蘭設計師的自名品牌Orla Kiely，標誌上簡約的葉片透露出她的北歐風格。純淨大方的設計調性，讓她在皇家藝術學院畢業展時，即獲得Harrods百貨的高度肯定，並進而收購她的作品，從此嶄露頭角。葉片印花設計獲得好評後，Orla Kiely開始發展植物系列，並與habitat、Marks & Spencer甚至德、日品牌聯名推出不同生活用品與服飾，成為生活哲學的代名詞。凱特王妃喜愛穿著其印花洋裝展現清新氣質，更風靡整個時尚潮流。近年來，Orla Kiely更著力於紋樣的變化設計，從文具到家具展現略帶普普風格的北歐有機元素，重現斯堪地維亞設計永不退潮流的經典。

❶

❷

❸

🅘 目前實體店面暫時關閉，可在大型百貨公司如John Lewis、House of Fraser找到其商品

1.2 葉片印花文具/**3** 與德國淨水器大廠合作推出的水壺/**4** 豐富的Orla Kiely家用商品

❹

設計文具無疆界
Paperchase

英國最大文具品牌Paperchase，創造流行時尚、風格各異系列，舉凡古典鄉村、現代摩登、簡約樸實、可愛動物等等，讓人每隔一段時間就想瞧瞧上架新鮮貨。從實用生活用具、背包、餐盒，到各類卡片、筆記本、包裝紙等印刷紙品等等，年齡疆界在此模糊了，孩童到老奶奶都可在此挑選用品。

2023年起暫無實體門市，部分文具可在Tesco超市購買

令人愛不釋手的可愛風格文具

Paperchase產品開發已拓展至生活用品

//創意與藝術設計商品書店//
magMa

科芬園地區的magMa，收藏了各國設計師的原創性限量作品，例如瑞典的Anneli Selvefors利用工業廢料製成的貓頭鷹書籤迴紋針、法國Geneviève Gauckler所設計的「Wah！」倒影系列童趣鏡子、寫實插畫家Polly Horner所繪製的大麥町購物包、Rob Brandt的扭曲玻璃杯，以及芬蘭代表嚕嚕米(Moomin)和獨製文具與T-Shirt。甚至有時這裡也可以找到幾件Ryan Town的商品。

magMa室內設計也頗受肯定，其中一篇收錄在評論家約翰·史東(John Stones)一書《Very Small Shops》(台灣譯：《微空間大設計：全球39間超小型風格商店之創意現場直擊》)。小小的店裡，採用統一卡其色紙版，讓空間呈現化整為零的放大效果；從櫃檯到展架，也可隨時重新組合替換，兼具平價、環保以及實用。此外，紙版的角度變換、瓦楞格紋切面和平滑面的互搭，也豐富了視覺樣貌。從展架後方透出

動漫迷喜愛的磁鐵組

1 對商店全心注入的老闆/**2** 店內有許多新興設計師商品/**3** 藝術設計商店magMa/**4** DIY動手作組合

的光線更顯現產品的蓬勃朝氣。

magMa在設計工作坊林立的Clerkenwell區也有一家分店。對設計藝術者來說，停下腳步沉浸在此閱讀，深具充電療效。在此默默吸收養分、不疾不徐、不用擔心與世界合不合拍，那就是種最大收穫。

✉ 29 Shorts Gardens, Covent Garden, London WC2H 9AP ☎ +44(0)20 7240 7970 ➡ Covent Garden(深藍色Piccadilly線)或Leicester Square地鐵站(深藍色Piccadilly線、黑色Northern線)。若至Covent Garden地鐵站，出站左轉進小路Neal's St.，看到Shorts Gardens路右轉 http magma-shop.com

融合英式鄉村與時尚的印花設計

Cath Kidston

　　1993年開在Holland Park堆滿英式古董的小鋪，作品以懷舊印花的室內居家用品為主，沒想到大受歡迎。於是Cath Kidston開始致力於印花的設計，常見為玫瑰和圓點元素。生活素材也是她的靈感來源，諸如愛犬Stanley、倫敦街景、慶典以及英式划船活動等等。由於她的努力，挑起了人們對於從前種種美好單純年代的懷想，加上採以實用的棉布與防水材質，因此大受喜愛。更獲頒發大英帝國最優秀勳章(Most Excellent Order of the British Empire)，也許有些人對這個獎項陌生，但若再提到曾獲得此項殊榮的人士，包括亞歷山大‧麥昆(Alexander McQueen)、龐克教母薇薇安‧威斯伍德(Vivienne Westwood)，就不難了解Cath Kidston在英國設計火紅的程度了。

　　Cath Kidston的印花布料，不但讓喜愛手作者創造專屬作品，縫紉課程也頗受好評。印花包和家飾是招牌商品，餐具、寢具、文具、時尚配件也受歡迎。若預算有限，沐浴護膚用品為最佳餽贈親友的伴手禮。

🔃 目前沒有直營門市，在部分Next門市販售，或上官網直接訂購 http www.next.co.uk/cath-kidston

小碎花、幾何圖案以及溫暖的色調，是Cath Kidston的主要風格

1 名家設計師座椅及家具／**2**・隆‧阿仁(Ron Arad)的蟲型書架／**3** 室內陳設產品配色皆經設計的THE CONRAN SHOP

//英國生活設計的典範──康藍設計//
THE CONRAN SHOP

以個人品味引領整個英國的康藍爵士(Sir Terence Orby Conran)，其集團事業包含建築、家具家飾、餐飲到出版社等等，將好風格、高品質設計精神全面注入大眾生活達半世紀之久，為推廣設計生活最傳奇的人物。

二次戰後百業待興，康藍爵士在法國旅行中，深感不同於英國沉悶嚴肅的浪漫趣味風格，因此於1964年創立habitat(P.196)，販售人人都可買得起的活潑生活用品。對於更優秀的個人設計師作品，康藍爵士也無法拋捨，因此設立了較高價位、品質的THE CONRAN SHOP。

THE CONRAN SHOP像座小型生活美術館，名家設計師作品都可試坐、試躺。舉凡目前義大利設計師菲利浦‧史塔克的透明幽靈椅、丹麥設計宗師漢斯‧韋格納(Hans J. Wegner)的木藤編餐椅、丹麥建築巨擘安恩‧傑克布森(Arne Jacobsen)具腰身線條的螞蟻椅，無數件常見世紀經典家具皆聚首在此，就像是大師們的對話；當然，法國設計科比意(Le Corbusier)的鋼管椅以及英國本土極簡主義代表隆‧阿仁(Ron Arad)的鋼片椅和蟲型書架絕對不能缺席。

樓下展售的生活器具為創作者嘔心瀝血的藝術品，出版集團THE CONRAN OCTOPUS的設計書選也是經典。藝術設計無所不在，而THE CONRAN SHOP就是倫敦最好的教室之一。

✉ 16 Sloane Square, Chelsea London SW1W 8ER ➡ Sloane Square 地鐵站 ❓ 倫敦在 Marylebone 有一家分店(地址 55 Marylebone High Street, W1U 5HS)，海外其他分店1家在科威特，9家在日本 🔗 theconranshop.com

時髦平價的質感家具

habitat

　　時髦又簡練、輕鬆又趣味，是habitat敘述生活質感的方式。雖然habitat已轉售其他集團，不再屬於CONRAN子公司，但它仍堅守康藍爵士的信念：「致力於年輕現代的生活品味革命」，同時把持平價又有品味的步調。由於其對英國生活設計的創造貢獻，還曾在維多利亞與艾伯特博物館展覽一系列家具，顯現其對設計生活史篇的重要性。

　　不斷多元創新的產品以反映社會脈動的需要，讓年輕世代追隨父母的腳步認同habitat一貫營造的好品味，更是其成功的要訣。於是開發新興年輕設計師、吸取跨國與次流行文化元素，habitat經營者不斷創新擦亮這塊50年的金招牌，贏得人心的不只是時尚的家飾家具，還是一種品味潮流的生活方式。

🛈目前沒有展示中心，部分家飾品可在Sainsbury's 超市販售，或可上官網訂購 🌐www.habitat.co.uk

1.4 habitat曾有占地廣大的展示中心 /**2** habitat廚房用品 /**3** 一種材料就能變化不同的燈具

百年設計家具
HEAL'S

位於Tottenham Court Road的HEAL'S百貨，家具、生活用品與居家禮品井然有序地分布3層樓，是創始於1810年並經歷偉大美術工藝運動、包浩斯實用主義運動以及北歐斯堪地納維亞運動洗禮的名店。擁有兩百多年的豐厚經歷，讓HEAL'S最自豪的是洞悉潮流前瞻的敏感度，以及如何不斷網羅最好的創新設計師。舉例來說，19世紀末安布羅斯・希爾爵士(Sir Ambrose Heal)加入家族事業，即登高疾呼製造舒適、美觀、可負擔的家具，旗下最知名的設計師如：受包浩斯主義影響的德國設計巨匠密斯・凡德羅(Ludwig Mies van der Rohe)，其傳世名言為「少即是多」(Less is More)、開創世上第一件鋼管椅的馬歇爾・布魯耶(Marcel Breuer)以及開發的不朽聚丙烯椅的英國羅賓夫婦(Robin and Lucienne Day)等人，皆為HEAL'S所屬設計產品，使其成為歐洲最大的工藝理念實踐家。

HEAL'S持續吸收歐洲各種科技與文化的資產，以製造永不退流行、具原創性的劃世代家具聞名外，到此瀏覽別忘了其文藝復興的百年古蹟建築以及內部的鑄造迴旋樓梯，一樣訴說著不凡傳奇。一個小八卦，HEAL'S曾一度被康藍爵士收購，並移除建築特色廊柱而引發爭議呢！

✉ 196 Tottenham Court Road, London W1T 7LQ ☎ +44 (0)20 7636 1666 ➡ Goodge Street地鐵站(紅色Central線、黑色Northern線) http www.heals.co.uk

1 HEAL'S家具配色形態有著創新感/**2** 仿生物形體的造型搖椅，誰能不愛呢/**3** HEAL'S燈具部門玲瑯滿目

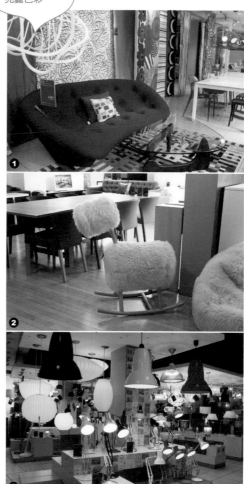

琳瑯滿目的亮麗色彩

旅行小抄 其他家庭用品專門店大集合

多元潮流家具dfs http www.dfs.co.uk
現代零售家具Aram http www.aram.co.uk
各式創意廚具 http www.lakeland.co.uk
多國優質廚具 http www.divertimenti.co.uk
經典工藝北歐風格家具
Skandium http www.skandium.com

倫敦紀念品

倫敦地標大鵬鐘、倫敦眼、國會,以及特色景物紅色電話亭郵筒巴士、黑頭計程車等,是紀念品商家最常選為題材的對象。商品轉製在生活用品、文具、裝飾品等等,從便宜的明信片到服飾、大型裝飾品,應有盡有。若行李還有空間,各式標語的馬克杯和存錢筒最受青睞,輕便的別針、年誌和筆袋也能時時勾起倫敦美好回憶。

美術館、博物館的附設商店也有獨賣紀念品,維多利亞與艾伯特博物館售有許多工藝設計商品、科學博物館以兒童科學益智玩具為

主、國家藝廊則有經典畫作復刻產品,有些僅在英國發行、深具意義。書局裡以倫敦地鐵、街道、景點為題的限量版大富翁,日後與同行夥伴玩樂,更能勾起共通的話題。

常見「Keep Calm and Carry On」字樣的海報、明信片、杯墊或馬克杯周邊製品,其銷售長紅,受歡迎程度不僅如此,還衍生出呼應時事的幽默對話,像是凱特王妃剛入王室時的「Keep Calm and Love Kate Middleton」,或是生活行業標語的「Keep Calm and Kiss On」、「Keep Calm and Go Shopping」、「Keep Calm and Drink Tea」等等不勝枚舉。下次不妨選個適合的標語禮物送給親友,藉以傳達心理想說的話,也是最英式表意的選項喔!

質輕不占空間的倫敦小紀念品

貼心小提醒

標價不一的紀念品

紀念品價格不一,可多貨比三家。小物件可至襪裙巷市集撿便宜(P.174),Bayswater地鐵站附近常有商家折扣。若旅程不順,毋須刻意前往,倫敦市中心即有許多紀念品商店。

知識補給站 英國最經典的樣板句:Keep Clam and Carry On

在英國最常看到的句子:「Keep Clam and Carry On」(保持冷靜、堅持向前),原本是1939年二次大戰,面對德軍席捲歐洲,英國國家資訊部面對德國可能的攻擊,為呼籲民眾所設計的海報。由於英國倖免於戰爭蹂躪,海報也就派不上用場。直到2000年,在英格蘭東北諾森伯蘭郡(Northumberland)的二手書店重出江湖,洗練的文字和色彩大受喜愛,從此成為英國最經典的樣板句。

創意充沛卻又富含文化蘊底的倫敦，是文青們最喜歡探索的城市，尤其讓生活多了幾分小確幸的創意商品，除了在博物館商店(如 Tate Modern Museum、Design Museum、London Transport Museum)、創意市集找到外，不妨探探特色品牌專賣店吧。

The Moomin Shop

來自芬蘭的嚕嚕米，是女作家Tove Marika Jansson 筆下的主人翁，亦是北歐最知名代表之一。憨厚的外型且富哲理的談吐，深獲大人小孩的喜愛；專賣店裡每個角落都精心設計，讓人彷彿置身嚕嚕米的童話王國。

....

✉Covent Garden, 43 The Market, London WC2E 8RF http www.themoominshop.com

圖片提供／劉妍君

Suck UK

由英國設計師 Sam 和 Jude 在倫敦聯手打造的品牌，提供增添生活樂趣、送禮自用相宜的創意商品，例如吉他造型的野餐盒、豌豆造型的製冰球盒、鼓棒筆等等，產品從£2～£200包羅萬象也屢獲國際大獎。

↑鼓棒造型文具為Suck UK經典代表作，一物兩用

....

http www.suck.uk.com

OXO TOWER大樓Ground floor
✉ Barge House Street, London SE1 9PH ⁇ 也在國家藝廊藝文場所禮品店販售，可在官網查詢

Present & Correct

為2位設計師所開設的文具選物店，除了販售個人設計商品、也挑選來自歐洲各地特色或古董風格文具販售。在此常可挖掘到特殊造型或用途的文具品項呢！

✉ 12 Bury Place WC1A 2JL，大英博物館附近，最近 Holborn 地鐵站 http www.presentandcorrect.com

→復古的複刻限量文具為一時之選

House of MinaLima

《哈利波特》電影及舞台劇的美術設計 Miraphora Mina 和 Eduardo Lima 兩人在 Soho 區開設的小店，除了陳列他們在電影裡設計的文件和海報，也出售限量印製品和草稿，店中還有明信片、筆記本等紀念品。比起連鎖的「哈利波特紀念品店」，MinaLima 的原創設計更多一份文青氣息。

✉157 Wardour St, London W1F 8WQ ➡ 在 Tottenham Court Road 站 和 Oxford Circus 站之間 http minalima.com

→哈利波特迷與設計迷的文藝勝地

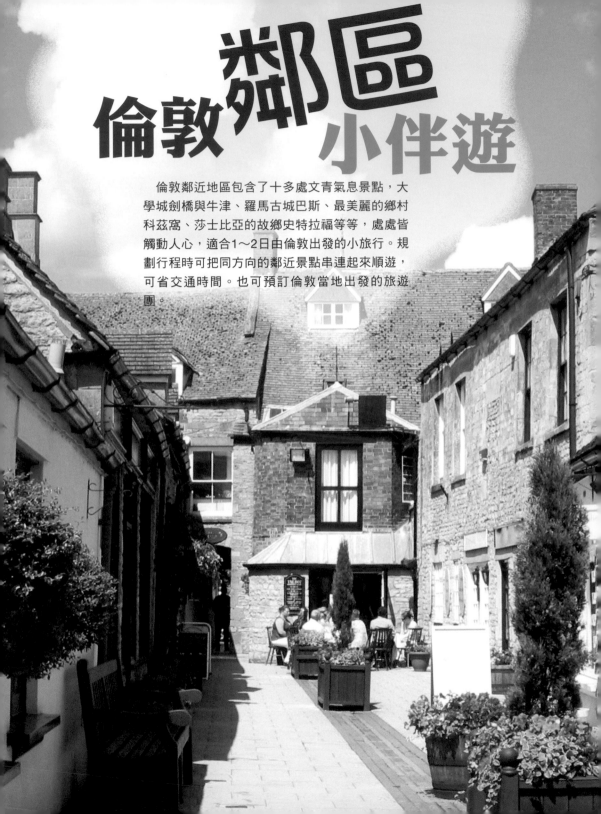

倫敦鄰區小伴遊

倫敦鄰近地區包含了十多處文青氣息景點，大學城劍橋與牛津、羅馬古城巴斯、最美麗的鄉村科茲窩、莎士比亞的故鄉史特拉福等等，處處皆觸動人心，適合1～2日由倫敦出發的小旅行。規劃行程時可把同方向的鄰近景點串連起來順遊，可省交通時間。也可預訂倫敦當地出發的旅遊團。

倫敦與鄰區相對位置圖

伊利
Ely

史特拉福
Stratford-upon-Avon

剑橋
Cambridge

M5

M1

M11

科茲窩區
Cotswold

Cheltenham

高地史杜
Stow-on-the-Wold

M40

比斯特
Bicester

Gloucester

水上波頓
Burton-on-the-Water

拜伯里
Bibury

牛津
Oxford

哈利波特片廠
Watford

Cirencester

泰特伯里
Tetbury

M48

M4

M49

布里斯托
Bristol

拉科克
Lacock

溫莎城堡
Windsor Castle

倫敦
London

巴斯
Bath

M26

M3

里茲城堡
Leeds Castle

M23

M20

小熊維尼故鄉
Hartfield

蘇利斯伯里
Salisbury

布萊頓
Brighton

頂尖大學城
劍橋

Cambridge

http www.visitcambridge.org

1 國王學院入口

　　劍橋其名來自康河(Cam)與河上橋梁(Bridge)的結合，1209年由牛津大學教師移居在此建立劍橋大學。劍橋培育名人不計其數，除了提出地心引力的牛頓、進化論的達爾文以及英國查爾斯王儲之外，並產出眾多頂尖研究以及諾貝爾得主。來到劍橋可撐篙(punting)遊河，悠閒穿越各學院特色建築與橋梁。蜿蜒的康河經過國王學院的後庭和小禮拜堂、仿威尼斯的嘆息橋，以及數學橋。小禮拜堂為哥德式建築，內有世界最大扇形拱頂。嘆息橋則連結學生宿舍與考場，為學生幽默比擬威尼斯連接法院和監獄的嘆息橋而來。而傳說數學橋原利用結構力學而不使用釘子搭建，但後人為驗證把木橋拆了，卻恢復不了原來樣貌，為現在所見螺栓固定的數學橋。

　　具有500年歷史的老鷹酒吧(The Eagle)，牆椅處處可見歲月痕跡。科學家法蘭西斯·克立克(Francis Crick)和及詹姆士·華生(James Watson)於1953年在此宣布DNA結構的大發現。若喜愛書香和沾沾文學氣息，劍橋大學出版社裡的叢書和紀念品似乎在幫你完成某個夢想呢！大部分的學院草皮是不准踩踏的。喜愛漫步取景的話，私心推薦校園樹林或是劍橋大學植物園和Sheep's Green沿岸。

📷 景點資訊

國王學院 King's College
🔗 www.kings.cam.ac.uk

皇后學院 Queen's College
🔗 www.queens.cam.ac.uk

三一學院 Trinity College
🔗 www.trin.cam.ac.uk

聖瑪利教堂 Great St Mary's Church
🔗 www.gsm.cam.ac.uk

圓頂教堂 The Round Church
🔗 www.roundchurchcambridge.org

**凱特美術館與民俗博物館
Kettle's Yard, Folk Museum**
🔗 www.kettlesyard.co.uk

**劍橋大學植物園
Cambridge University Botanic
Garden**
🔗 www.botanic.cam.ac.uk

老鷹酒吧 The Eagle
✉ 8 Bene't St, Cambridge CB2 3QN
📞 +44 (0) 12 2350 5020
🔗 www.eagle-cambridge.co.uk

劍橋交通一點靈

　　若由倫敦可搭火車從國王十字(King's Cross)站(約45～70分鐘)或利物浦街(Liverpool Street)站(約90分鐘)前往。若搭乘National Express巴士可從維多利亞巴士總站(Victoria Station)搭乘(約1小時45分鐘～2小時)。若從牛津(Oxford)經比斯特郡(Bicester)、白金漢郡(Buckingham)、米爾頓凱恩斯(Milton Keynes)和貝德福郡(Bedford)到劍橋，則可搭乘X5公車(約3小時45分鐘)。

National Express 🔗 www.nationalexpress.com
X5公車 🔗 www.stagecoachbus.com

買張門票深入校區參觀

貼心小提醒

　　若不想只是在河邊觀賞數學橋，不妨買張門票進入皇后學院參觀，還可以親自踏上數學橋和康河對岸的校園喔！另外，劍橋和牛津學院參觀購票時間各異，學生考試期間4月底～6月不開放。

1 劍橋店家也散發文學氣質/**2** 蜿蜒康河處處是美景/**3** 遊康河行經劍橋美麗的校園建築/**4** 國王學院優美的建築

伊利交通一點靈

從劍橋往北搭火車約20分鐘，即可到達。或在劍橋的鼓手街(Drummer Street)公車站搭乘9號往伊利的公車。

中古世紀七大奇蹟教堂所在地

伊利 Ely

http visitely.eastcambs.gov.uk

　　伊利其名來自早期因地處泥沼濕地的許多鰻魚(eels)而來。最著名的景點則是伊利大教堂，建築起源於11世紀，獨特的八角塔(Octagon Tower)和內部的彩繪玻璃博物館(Stained Glass Museum)是吸引各地人潮的瑰寶，值得付費參觀。若時間充足，可參觀17世紀軍事家的奧利佛・康瓦爾之家，了解其為農民爭權的背景，伊利博物館則反映過去和現代生活的縮影。

　　午後散步在大烏茲河(River Great Ouse)河畔，寧靜令人心曠神怡。許多人來到伊利的目的就是體驗連續獲得全英國茶葉公會最優秀大賞的孔雀茶屋。茶屋處處布置得溫馨又富鄉村風情，有時來晚了點心便售罄嚕。

📷 景點資訊

伊利大教堂
Ely Cathedral
✉ Ely Cathedral, Chapter House, The College, Ely, Cambridgeshire CB7 4DL
☎ +44 (0) 13 5366 7735
http www.elycathedral.org

奧利佛・康瓦爾之家
Oliver Cromwel l's House
✉ 29 St Mary's Street, Ely, Cambridgeshire CB7 4HF(位教堂西北方)
☎ +44 (0) 13 5366 2062
http www.olivercromwellshouse.co.uk

孔雀茶屋
Peacocks Tearoom
✉ 65 Waterside, Ely, Cambridgeshire CB7 4AU
☎ +44 (0) 13 5366 1100
http www.peacockstearoom.co.uk

頂尖古老大學城
牛津
Oxford

http www.visitoxfordandoxfordshire.com
www.oxfordcity.co.uk

　　牛津是世上第二古老大學，學院建築多有尖塔，因此稱為夢幻尖塔之城(City of Dreaming Spires)。800年來，牛津培育過無數頂尖人才，舉凡最偉大科學家史提芬·霍金、傑出女性政治家柴契爾夫人與翁山蘇姬，以及音樂劇大師安德魯·洛伊韋伯等等。這裡也是《愛麗絲夢遊仙境》故事誕生地。

　　牛津最大、最古老學院的基督教會學院是必訪景點，其餐廳和拱頂樓梯是《哈利波特》(Harry Potter)迷最愛重溫劇情處。學院正門的湯姆塔(Tom Tower)每天早上09:05鐘響101下，是最初101名學生的集合時間。位於鬧區交接處的卡爾法斯鐘塔是地標之一，它和牛津具代表性的聖瑪利教堂都可登頂俯瞰牛津街景。

　　牛津的嘆息橋位於地面，作為連結赫特福德(Hertford)學院內的天橋，附近的博德利圖書館(Bodleian Library)收藏僅次於大英圖書館，圓頂建築十分壯觀，電影《神鬼至尊》(The Saint)的主角在此甩掉警察的追緝。而莫德林學院橫跨徹韋爾(Cherwell)河，此處也是遊河起點；學院對面設立於1621年的牛津大學植物園，是英國最古老的藥用植物園。

　　牛津大學的自然史博物館擁有數百萬種展示品，包含巨大恐龍標本及各種特殊生物。英國古老的木製郵筒，就矗立在牛津博物館附近的郵局前，據說當年執教於牛津的翁山蘇姬丈夫，在此投下給愛妻的家書呢！

牛津交通一點靈

若從倫敦可搭火車從帕丁頓(Paddington)站前往，約1.5～2小時；若搭乘National Express或Oxford Tube巴士可從維多利亞巴士總站(Victoria Coach Station)搭乘，約100分鐘，於牛津Gloucester Green 巴士站下車。牛津市區與鄰近地區可搭乘Stagecoach公司的公車，也可搭乘其他公共交通工具達劍橋、巴斯、科茲窩。

National Express
http www.nationalexpress.com
Oxford Tube
http www.oxfordtube.com
Stagecoach Bus
http www.stagecoachbus.com

1 基督教會學院內，電影《哈利波特》所拍攝的拱頂劇景，為餐廳場景的入口／**2** 基督教會學院學生餐廳／**3** 魔法學院學生停車處／**4** 被哈利波特劇中人物馬芬爬過的老樹

延伸閱讀　　　　跟著哈利波特遊牛津

1 霍格華茲餐廳

基督教會學院的學生餐廳(The Great Hall)是《哈利波特》中霍格華茲學院餐廳的靈感來源。進入大廳前的階梯，是哈利波特、妙麗與榮恩三人第一次遇到麥教授的地方，在第二集也出現過。想進入必須購買學院的門票入內參觀，中午學生用餐時間不開放。

2 魔法學院圖書館

電影中的圖書館拍攝地就在博得利圖書館(Bodleian Library)裡，這是牛津大學的總圖書館。裡面有個古老神學院(Divinity School)，曾是牛津學生畢業口試的地方，在第一集中充當醫院廂房，在第四集變成麥教授教舞的舞蹈室。

也曾出現在講述安女王故事的《真寵》電影裡。至於霍格華茲的圖書館，則是在杜克閱覽室(Duke Humfrey's medieval library)。

以上兩個景點都需要參加圖書館的付費導覽才能進入，30分鐘的導覽就包含這兩處，

場次不多所以票很搶手，一定要預訂。

3 哈利波特網紅樹

新學院其實是牛津最古老的學院，入門後沿著綠地走到Chapel & Cloister的牌子，進入一條迴廊，就是第四集裡全校嘲笑辱罵哈利波特的校園走廊，而跩哥馬分爬上樹後來被變成一隻白鼬，這棵樹就在旁邊的方庭裡。參觀學院需要現場付費。

📷 景點資訊

牛津大學基督教會學院Christ Church College
🔗 www.chch.ox.ac.uk

基督教會學院美麗的前庭花園

聖瑪利教堂St Mary the Virgin
🔗 www.university-church.ox.ac.uk

三一學院Trinity College
🔗 www.trinity.ox.ac.uk

博德利圖書館Bodleian Library
🔗 www.bodley.ox.ac.uk

赫特福德學院Hertford College
🔗 www.hertford.ox.ac.uk

莫德林學院Magdalen College
🔗 www.magd.ox.ac.uk

牛津大學植物園The University of Oxford Botanic Garden
🔗 www.botanic-garden.ox.ac.uk

自然史博物館Oxford University Museum of Natural History
🔗 www.oum.ox.ac.uk

牛津博物館Museum of Oxford
🔗 www.oxford.gov.uk/museumofoxford

牛津博物館附近的木製郵筒

知識 補給站 ▷ 愛麗斯夢遊仙境(Alice's Adventures in Wonderland)

一隻兔子看著手裡的懷錶匆忙地往前跑，愛麗絲跟著跌進兔子洞裡，於是展開了愛麗絲的奇幻旅程。

英國文學家查爾斯·道奇森(Charles Dodgson)以筆名劉易斯·卡羅爾(Lewis Carroll)出版這生動故事，但其實一開始他所展露的是數學天分，因此畢業基督教會學院數學系後便留校任教。

1862年夏天，他與牛津大學副校長兼基督教會學院院長亨利·利德爾(Henry Liddell)的3個女兒，從牛津附近的夫利橋(Folly Bridge)划船到5英哩外的小村莊賈德斯掏(Godstow)遊玩，途中道奇森編了一個愛麗絲的小故事，讓年僅10歲同名的二女兒非常喜愛，並要求將故

愛麗絲之屋(Alice's Shop)

事寫下來送給她。之後的船遊，道奇森才開始認真寫作，為使故事更加生動，還研究自然動物並請其他作家小孩幫忙閱讀，以確認故事獲得兒童喜愛，直到1864年才將手稿《Alice's Adventures Under Ground》送給愛麗絲。事實上，手稿早在送給愛麗絲之前，道奇森已準備出版，並增加了柴郡貓(Cheshire Cat)和一場瘋狂下午茶的內容，讓有著撲克牌人和吹著泡泡的毛毛蟲故事更添想像力。故事至今，被翻譯成一百多種語言，為英國文學史上重要著作之一。

粉絲則別錯過位於基督教會學院斜對角的愛麗絲之屋，昔日為愛麗絲年幼經常買糖果的雜貨店，現則為周邊紀念品商店。

愛麗絲之屋(Alice's Shop)
✉ 83 St Aldates, Oxford OX1 1RA
📞 +44 (0) 18 6572 3793
🔗 www.aliceinwonderlandshop.co.uk

世界遺產布倫亨宮 📷

Blenhiem Palace

占地2,100英畝的布倫亨宮，為第一世馬爾堡(Marlborough)公爵約翰・邱吉爾1704年對法國的布倫亨戰役贏得勝利後，由安妮女王賜予皇家土地以及國會撥款建設宅邸的獎賞。它是英國唯一非皇室住仟卻稱為宮殿的宅邸，建築設計富麗堂皇，還有名家設計廣闊莊園，直比皇家規格。由於工程浩大，建築過程產生意見與資金缺口，誕生華麗巴洛克與優雅並存的風格；此處也是英國首相溫斯頓・邱吉爾的出生地，因此又稱之為邱吉爾莊園。

布倫亨宮建築裝飾可透過免費導覽人員了解其典故。舉例來說，鐘塔樓柱上的獅子抓著雞脖子，象徵當年英國制伏法國的戰役(英格蘭的皇室象徵為獅子，而公雞隱喻法國人)。另外，進宮前門口的天花板上風格獨特的6隻眼睛，是以第九世馬爾堡公爵與其著名深邃藍眼睛的第二任美國妻子為概念所繪。

諸多宮廷及壯闊電影，如《維多利亞女王》(The Young Victoria)、《哈姆雷特》(Hamlet)風華絕代、《哈利波特：鳳凰會的密令》(Harry Potter and the Order of the Phoenix)，以及網飛頻道(Netflix)的《夏洛特王后：柏捷頓家族前傳》(Queen Charlotte: A Bridgerton Story) 等都在此拍攝，此地也是政商名流舉辦婚宴的首選。

1 媲美皇宮的布倫亨宮(Blenhiem Palace)宅邸/**2** 紀念品區有諸多鄉村風格選擇

布倫亨宮交通一點靈

Stagecoach公司的S3和S7都經過景點所在地伍德史塔克村(Woodstock)，可在牛津火車站或市中心Magdalen Street上車。每天有發車，半小時(S7)或一小時(S3)一班車，車程約50分鐘。上車請告知司機於布倫亨宮提醒下車。搭公車遊布倫亨宮套票可享八折，於官網購票結帳時輸入折扣碼GREEN20。

🌐www.blenheimpalace.com/visitus/getting-here/

S3和S7 路線與時間查詢

🌐www.stagecoachbus.com/plan-a-journey

✉Woodstock, Oxfordshire OX20 1PP ☎+44 (0) 80 0849 6500 原價門票可以現場換成年票，可視自己的行程多加利用 🌐www.blenheimpalace.com

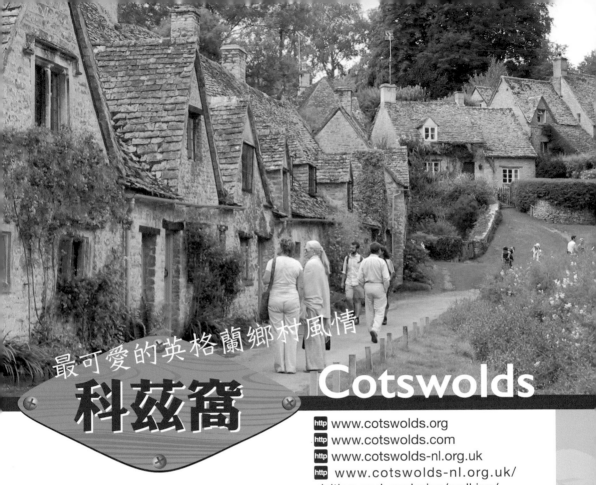

最可愛的英格蘭鄉村風情

科茲窩

Cotswolds

http www.cotswolds.org
http www.cotswolds.com
http www.cotswolds-nl.org.uk
http www.cotswolds-nl.org.uk/
visiting-and-exploring/walking/
tourist-information

　　最具英格蘭鄉村風情的科茲窩，本身就是一幅幅純樸蜂蜜色小屋錯落的鄉間水彩畫。這裡的石屋砌牆、一花一草，單純卻不簡單，充滿了各種層次的美感，就像是咀嚼一片蝴蝶酥餅，越嚼越不能自拔，即使掉了屑屑，仍一把掃進于心倒進嘴裡，每分每秒都想沉浸在那樣的天真。

1 高地史杜(Stow-on-the-Wold)角落風情/**2** 恬靜的拉科克(Lacock)/**3** 科茲窩常見童趣十足的雕像

3

拜伯里土黃色石房(Arlington Row)

拜伯里
Bibury

　　英國藝術與工藝運動之父威廉‧莫里斯(William Morris)曾形容這裡是英格蘭最美的村莊。Coln河裡魚群和天鵝優游自在，河邊成排的阿靈頓排屋(Arlington Row)是17世紀紡織工居所，也是攝影愛好者鍾情的地方之一。附近的天鵝飯店(The Swan Hotel)仍保存17世紀風情，養鱒農場則是孩童的最愛。

知識補給站 美術工藝運動之父——威廉‧莫里斯

　　生於倫敦、畢業於牛津大學的威廉‧莫里斯(William Morris)，自從參觀了1851年倫敦所舉行的第一屆萬國博覽會後(延伸閱讀P.74)，對工業產品的粗糙深感失望，遂堅持手工藝術美感與價值，提倡美術工藝運動(Art and Crafts Movement)，為設計史上重要浪潮。威廉‧莫里斯與菲利浦‧韋伯在倫敦東南方肯特(Kent)所設計的自宅「紅屋」為經典建築。他在晚期的作品更大量採用花草圖騰，設計應用於織品、壁紙與書本。若對其作品有興趣，不妨參觀位於倫敦沃爾瑟姆斯托中心(Walthamstow Central)的威廉‧莫里斯藝廊，而紅屋的下午茶也是倫敦旅遊局推薦是必行體驗之一。

威廉‧莫里斯藝廊 (William Morris Gallery)
http www.wmgallery.org.uk

紅屋 (Red House)
http www.nationaltrust.org.uk/red-house

水上波頓
Burton-on-the-Water

　　Windrush河蜿蜒地穿透這裡，有科茲窩的小威尼斯之稱。各種矮短橋和布幕般垂落的樹葉，構成了迷人景致。

矮橋是水上波頓(Burton-on-the-Water)的特色(圖片提供／吳靜雯)

高地史杜

Stow-on-the-Wold

此區是科茲窩最高處，早期以羊毛交易著稱，現為聚集著名聖愛德華(St Edward's Church)教堂和特色古董、設計雜貨店。街道石牆攀滿大量綠藤蔓佐以桃紅花朵，角落各成明信片風情。

高地史杜(Stow-on-the-Wold)角落風情

其他人氣景點

若時間充裕，可拜訪位於Chippenham且公車可及的克姆堡(Castle Combe)，此地被時代雜誌選為30個最棒小村莊第二名，保存了14世紀的路口市場和蜂蜜色童話屋。Chipping Campden亦為早期科茲窩的羊毛交易重鎮(古語Chipping為市場)，石磚市場(Market Hall)和羊街(Sheep Street)為當年榮景的見證。另外，恬靜的拉科克(Lacock)、有著古磨坊與花藝的史勞特(Slaughter)、童話般的伯利丁頓(Bledington)麥梗房屋以及草坡上的羊群，這些畫面完整了科茲窩的鄉野風情。來到這裡，請記得放慢腳步溜達玩耍和探險。

1 處處自然而隨性的園藝讓人心情愉悅/**2** Tetbury是查爾斯國王有機園藝坊Highgrove及其花園所在地(延伸閱讀P.224)/**3** 克姆堡保留至今的路口市場/**4** 低地史勞特(Lower Slaughter)/

1 稻草蜂蜜構成的純樸蜂蜜色小屋／**2** Chipping Campden為早期科茲窩的羊毛交易重鎮／**3** 草坡上放牧的羊群

科茲窩交通一點靈

搭乘公共交通工具到科茲窩旅遊，可從倫敦、牛津(Oxford)、巴斯(Bath)、布里斯托(Bristol)，甚至史特拉福(Stratford-upon-Avon)等地搭火車到科茲窩，再利用當地公車抵達人氣村莊。注意週末有些公車班次減少甚至停駛，週間前往較佳，亦可參加當地旅遊團。若時間允許，不妨在此過夜享受獨特的悠閒。

The Cotswolds Discoverer交通券

科茲窩地區間漫遊，可購買Cotswolds Discoverer One Day Pass 1日交通券，持券期間可在科茲窩無限次數搭乘火車和公車(火車限週一～週五08:50以後車，週末不限。巴士限Stagecoach West公司的限定路線。2024年新版通行證範圍不包含華人熟悉的幾個熱門村莊，請先查詢注意事項)。

💲成人1日£13，兒童半價，持火車卡Railcard有三分一的折扣。http explorethecotswolds.com/cotswolds-discoverer-pass/

科茲窩地區火車與公車查詢

以下可個別查詢配合的火車、公車時刻表。

http discovercotswolds.co.uk/getting-to-the-cotswolds/

http www.gwr.com > Check your Journey

http www.crosscountrytrains.co.uk/travel-updates-information/train-timetables

http tfw.wales/plan-a-journey

http www.stagecoachbus.com/plan-a-journey

科茲窩旅遊團

由巴斯出發、當天來回的小巴士旅遊團。配有經驗豐富的司機兼導遊，沿途講解科茲窩小故事以及散步。中午有時間用餐。

倫敦出發

http www.go-tours.co.uk/cotswolds-tour

http www.premiumtours.co.uk/en/lunch-in-the-prettiest-village-in-britain

巴斯出發

http www.madmaxtours.co.uk

http www.madmaxtours.co.uk

旅行小抄

置身夢幻薰衣草田

若喜歡置身一畝畝紫色薰衣草田，夏天花開季節，可前往位在百老匯(Broadway)、希欽(Hitchin)或薩里(Surrey)的農場(農場依花開狀況開放時間略異)。適合開車自駕或參加當地接駁，甘心為自然趴趴走的旅人。

http www.cotswoldlavender.co.uk

http www.hitchinlavender.com

http www.mayfieldlavender.com

http www.mayfieldlavender.com

文豪莎士比亞的故鄉
史特拉福

Stratford-upon-Avon

http visitstratforduponavon.co.uk

位於亞芳河畔的史特拉福，充滿都鐸式建築特色，英國文豪莎士比亞在這裡誕生、結婚到度過晚年。其最經典的名言之一就是：「生存還是毀滅，這是個問題」(To be or not to be: that is a question)。悲劇《羅密歐與茱麗葉》(Romeo and Juliet)、《哈姆雷特》(Hamlet)、充滿怪誕有趣的喜劇《仲夏夜之夢》(A Midsummer Night's Dream)都是不朽的著作。在此除了參觀莎士比亞相關史蹟，更可在此欣賞名劇或慵懶地在亞芳河畔休憩，沉浸於文學創作的誕生地。

史特拉福交通一點靈

若由倫敦可搭火車從馬里波恩(London Marylebone)火車站前往，約2小時10分鐘～2小時50分鐘，或搭乘National Express巴士從倫敦維多利亞巴士總站(Victoria Station)出發，約3～4小時。

1 矗立在莎士比亞中心附近的小丑銅像，是在莎翁浪漫喜劇《皆大歡喜》(As You Like It)中的一個角色／**2** 史特拉福火車站往市中心會經過的American Fountain

莎士比亞5處經典史蹟 📷

　　整個史特拉福充滿莎士比亞相關的史蹟，他出生成長的故居、上學的教室、發達後的新居，醫生女婿的家、甚至孫女婿的家(就在新居隔壁)都在附近街上。妻子娘家小屋沿著小徑散步30分鐘可到市郊，母親娘家的農莊稍遠，可以搭一站通勤火車到Wincote再步行3分鐘。

　　目前有4個地點開放參觀，其中3處入場券合購的套票稱為「莎翁的故事」(Shakespeare's Story，建議在官網站預購買門票)，一年內可多次參觀。可以以利用City Sighting這種觀光巴士為代步工具，串起所有景點。

🔗 city-sightseeing.com

1.3 莎士比亞出生地依據當年生活形態的仿演/**2** 出生地的老房子一角

1 莎士比亞出生地

Shakespeare's Birth Place

　　出生於1564年的莎士比亞，父親為手套製造與羊毛貿易商，母親是地主的掌上明珠。出生地目前仍保留當年樣式，並以語音劇場、文物以及真人仿演展示他早期富足的家庭背景，及婚後前5年與妻子生活的形態。百年來各地莎迷不斷，就連19世紀浪漫主義詩人濟慈(John Keats)以及最偉大的英國寫實主義小說家狄更生(Charles Dickens)都曾來訪。

✉ Henley St, Stratford-upon-Avon, Warwickshire CV37 6QW (位於莎士比亞中心旁，距火車站約步行10分鐘) ⏰ 開放時間每年各月分相異，詳見官網資訊 💲 非票制，包含莎士比亞小學堂的套票£25，或是Shakespeare's Story Pass套票£26，可參觀莎士比亞新居和安妮‧海瑟薇故居，都是划算選擇

2 莎士比亞新居

Shakespeare's New Place

湯瑪士‧納許是莎士比亞孫女的第一任丈夫，是富有的大地主。隔壁的New Place是1590年代期間，莎士比亞戲劇在倫敦大受歡迎後賺錢所買的房子，為當時史特拉福的第二大宅邸。若不在倫敦期間，莎士比亞便在此生活，直到1616年過世。由於17世紀蜂擁而至的觀光客讓當時屋主不勝其擾，因而破壞屋宅，後來改為目前所見的花園。

納許之屋旁的莎士比亞房子已不復存在

✉22 Chapel Street, Stratford-upon-Avon, Warwickshire CV37 6EP(距莎士比亞出生地約步行10分鐘) ⏱開放時間每年各月分相異，詳見官網資訊 💲年票制，目前只有套票，買Shakespeare's Story Pass套票£26，可參觀莎士比亞故居和安妮‧海瑟薇故居，是划算選擇

3 霍爾故居

Hall's Croft

莎士比亞大女兒與其醫生夫婿約翰‧霍爾居住的地方。已有400年歷史的故居房內保留當時看診的器具以及診療間，從家具以及用品可了解當年富裕生活的形態，寬廣的室外花園提供午茶。

✉Old Town, Stratford upon Avon, Warwickshire CV37 6BG
❓目前僅供英國中學校外教學，或是研究需求，暫不開放

霍爾故居(Hall's Croft)

4 安妮‧海瑟薇故居

Anne Hathaway's Cottage & Gardens

離火車站步行約30分鐘的安妮故居，是莎士比亞妻子出生到婚前居住的地方。當年闊氣而雅致的房舍以及田園氣質的花園，堪稱5個史蹟最羅曼蒂克的地方。據說《哈姆雷特》片段靈感來自這裡。

✉Cottage Lane, Shottery, Stratford-upon-Avon, Warwickshire CV37 9HH ⏱開放時間每年各月分相異，詳見官網資訊 💲年票制，買Shakespeare's Story Pass套票£26還可參觀莎士比亞故居和新居，是划算選擇

安妮‧海瑟薇故居是史蹟中最浪漫的地方

由故居可窺探當年的農村生活

5 瑪麗・亞當故居

Mary Arden's Farm

位於4英哩外的農場，是莎士比亞母親從出生到婚後前幾年居住的娘家，他年輕時也曾到此拜訪。農場的腹地相當廣大，目前為農場博物館，並有豬、羊、馬等動物、農業用具，以及真人仿演的農村生活，是兒童最喜歡嬉戲和餵食動物的樂園。

✉ Station Road, Wilmcote, Stratford-upon-Avon, Warwickshire CV37 9UN ⏰ 目前僅供英國小學校外教學，放假時的特別活動才對外開放

📷 其他文學景點資訊

皇家莎士比亞劇院與天鵝劇院都是莎士比亞戲劇評價極高的演出場地。附近的高爾紀念園(Gower Memorial)則有莎劇經典4個人物雕像，各自代表悲劇、哲學、歷史與喜劇。河畔旁的聖三一教堂是莎士比亞受洗、禮拜與埋葬之處。哈佛之家是頂尖美國哈佛學府創辦人雙親的住宅。

皇家莎士比亞劇院Royal Shakespeare Theatre; RSC

✉ Waterside, Stratford-upon-Avon, Warwickshire CV37 6BB
☎ +44 (0) 84 4800 1110
⏰ 每日11點起，週日以及沒有演出時於4點關門
💲 可免費入內參觀塔樓或使用廁所，欣賞表演的票價依劇碼不同
🌐 www.rsc.org.uk

聖三一教堂Holy Trinity Church and Shakespeare' s Grave

✉ Old Town, Stratford upon Avon, Warwickshire CV37 6BG
☎ +44 (0) 17 8926 6316

⏰ 只在無儀式進行時開放參觀，開放時間依季節不同，請查詢官網
💲 進入教堂免費，進入埋葬莎翁的高壇成人£5，兒童£1
🌐 www.stratford-upon-avon.org

哈佛之家Harvard House

✉ 26 High Street, Stratford-upon-Avon, Warwickshire CV37 6AU
☎ 44 (0) 17 8920 4507
⁉ 目前作為學校參訪的教室，不開放對外參觀
🌐 collections.shakespeare.org.uk/properties/harvard-house

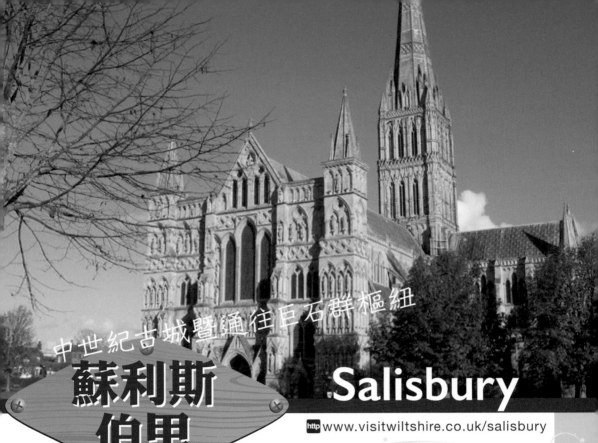

蘇利斯伯里

中世紀古城暨通往巨石群樞紐

Salisbury

http www.visitwiltshire.co.uk/salisbury

中古世紀的傳統木筋牆建築、城牆與商店古董級的招牌或花窗，走在蘇利斯伯里街頭頗有有時光倒流之感，最大看點是中世紀大教堂。

蘇利斯伯里大教堂

Salisbury Cathedral

全英格蘭最高尖塔建於中世紀1220～1258年，禮拜堂內展示的《大憲章》是在1215年制定，成為日後英國政治法律的基礎。這裡有歐洲最老卻仍在運轉的古鐘、全英國少數保留的大教堂石匠工場、有332階的教堂尖塔，以及千年藏書的圖書館，可以跟著導覽團參觀。

貼心小提醒

參加旅遊團更能密集行程規畫

若想1日內綜覽巴斯和巨石群，又不想規畫轉乘，可參加由倫敦出發的旅遊團。但是這種套裝行程車程長、時間緊湊。
Golden Tours http www.goldentours.com/
Evan Evans http evanevanstours.com

✉6 The Close, Salisbury, Wiltshire SP1 2EJ ☎+44 (0) 17 2255 5120 ◷週日12:30～16:00，其餘日09:30～17:00 ＄導覽費包含入場門票 http www.salisburycathedral.org.uk/visit-us/your-visit/

蘇利斯伯里交通一點靈

從倫敦可搭火車由滑鐵盧(Waterloo)站前往蘇利斯伯里，約1.5小時，火車站到大教堂步行約10分鐘。

史前巨石群

巨石陣亮點值得一看

Stonehenge

謎樣的史前巨石

巨石群於西元前3100年前就已存在，它是由許多高約6公尺的石頭所排列，估計是與太陽日曆或與宗教祭祀有關。由於巨石規模龐大，對於巨石圈的實際用途以及搬運方式仍無法確認，與麥田圈皆為尚未解開的地理之謎。

參觀巨石陣從遊客中心開始，搭乘5分鐘接駁車前往石陣區，跟著語音參觀會更有收穫。展覽廳內有360度投影片可讓觀眾感受巨石陣的四季變化，展覽廳後方有模擬的新石器時代村落，假期時常有教育人員做歷史仿演，寓教於樂。

Stonehenge Visitor Centre
✉ Salisbury near Amesbury SP4 7DE ◷ 夏 季 09:30 ～ 19:00，冬季到 17:00 $ 冬夏票價不同，請查詢官網。2024 夏季全票為 £27.2。官網預訂享 85 折優惠 http www.english-heritage.org.uk/visit/places/stonehenge

前往巨石陣交通建議 貼心小提醒

前往巨石陣的大眾交通，可先搭乘火車到最近的城市蘇斯伯里，然後在火車站前搭乘綠色車體的The Stonehenge Tour交通車前往，可在官網預訂。http www. thestonehengetour.info

若由倫敦出發，可選純巨石陣的半日旅遊團(6～6.5小時)，會在巨石陣停留至少2小時。由於倫敦到巨石陣單程需要1.5小時以上，包含其他景點的一日遊團在巨石陣只會停留45分鐘。

倫敦出發巨石陣團：
http www.premiumtours.co.uk/en/stonehenge-direct-tour
http evanevanstours.com/tours/day-tours-from-london/stonehenge-express

猜猜需要多少人才拉得動一根石柱？

世界遺產城市與羅馬遺跡溫泉浴場

巴斯

Bath

 visitbath.co.uk

巴斯地名源自於浴池(Bath)。相傳西元前860年患瘋麻的國王發現此地溫泉的療效,西元43年羅馬統治時期建城即為溫泉之城,並建立羅馬浴場和巴斯修道院。羅馬在5世紀退出英國後,直到喬治亞時代,浴場療養風潮興盛,巴斯遂成為英國上流社會度假勝地。莎莉露之屋為最古老建築之一;帕特尼橋(Pulteney Bridge)和亞芳河(River Avon),適合寫生和散步。巴斯修道院兩旁即是羅馬浴池及遊客中心。

文學家珍‧奧斯汀中心、時尚博物館、玻璃工藝體驗場和圓弧造型的皇家新月樓皆位山坡上。由於早期貴族居住在此,古董與特色商店也不少,是古蹟和現代文化並存的繁榮城市。

多多利用免費城市導覽   貼心小提醒

免費城市導覽(Mayor of Bath Honorary Guides)在修道院門口集合。除聖誕節外每日都有導覽,週六10:30一場,其他天增加14:00場,5到8月的週二、四增加18:00場。不需事先預約,行程約2小時。是一種懶得看地圖、增進知識的最佳方法。www.bathguides.org.uk

1 巴斯大街上的街頭藝人/**2** 巴斯市集

天空步道

Bath Skyline Walk

　　巴斯古城是個盆地，周圍山丘上的步道環成一圈，稱為天空步道(Skyline Walk)。步道入口在巴斯威克草原(Bathwick Files)，視野開闊，是眺望巴斯這個世界文化遺址景觀最佳的地方。

　　走完天空步道需要3.5個小時，如果只有1小時的時間，可以參考這個私房路線：從市中心搭乘一段公車到入口處附近，找到國民信託(National Trust)的標誌，沿著山坡往下走，順著階梯步道過馬路(路名是Sydney Buildings)，從小徑走到運河的小橋上，左手邊有幾個水門，運氣好時可以欣賞運河的水門操作。再沿著右邊的河岸走，欣賞河對岸美麗後花園，以及船上人家，河邊小船多是渡假小屋。遇到陸橋時上到馬路上(路名Bathwick Hill)，可以由此徒步或是搭車回市中心。

天空步道地圖這裡找

http www.nationaltrust.org.uk/visit/bath-bristol/bath-skyline

http nt.global.ssl.fastly.net/binaries/content/assets/website/national/regions/bath-bristol/places/bath-skyline/pdf/bath-skyline-map.pdf

1 巴斯威克是天空步道的入口之一／**2** 巴斯威克草原上可眺望巴斯古城

THE CITY OF BATH - WORLD HERITAGE SITE
The World Heritage Symbol commemorates the inscription by UNESCO of The City of Bath on the World Heritage List in 1987. This identifies the city as a masterpiece of human creative genius whose protection must be the concern of all.

巴斯交通一點靈通一點靈

　　若由倫敦可搭火車從帕丁頓(Paddington)站前往巴斯(Bath Spa)，車程約1.5～2小時。而從布里斯托(Bristol)的Temple Meads火車站前往，約15分鐘。若搭乘National Express巴士可從倫敦維多利亞巴士總站(Victoria Station)搭乘，車程約2小時20分～3小時5分。(巴斯常與鄰近的蘇利斯伯里、布里斯托或科茲窩作路線串連)

羅馬浴池、幫浦室 📷

Roman Baths、Pump Room

　　浴池目前仍湧出溫泉，羅馬時期的浴場工法結構、出土的馬賽克鑲嵌畫、羅馬女神殿等文物以及真人仿演，重現浴場生命。在幫浦室可小試溫泉水滋味或用餐。若想體驗泡溫泉，步行5分鐘即達巴斯溫泉浴場(Thermae Bath Spa)，享受環繞在巴斯景色的露天溫泉。網址：www.thermaebathspa.com

✉The Roman Baths, Abbey Church Yard, Bath BA1 1LZ ☎+44 (0) 12 2547 7785 📋每年詳細的時間皆會調整，出發前先至官網確認 💲與時尚博物館(Fashion Museum)合購套票有折扣，網路預購皆有優惠 🔗www.romanbaths.co.uk

1 溫泉出口/**2** 真人仿演古羅馬生活/**3** 浴池上方的羅馬戰士雕像/**4** 博物館內的羅馬浴場

巴斯修道院

Bath Abbey

目前所見為1499年開始重新整建的修道院，當年主教奧利弗‧金(Oliver King)夢見天使給予暗示，希望能重建幾乎已成廢墟的修道院，使之成為英格蘭中世紀最大的教堂。修道院西面可見天使們正在攀爬天梯姿態生動的雕像。喬治‧吉伯特‧史考特(George Gilbert Scott)爵士於19世紀利用石材修復中殿的壯觀扇形拱頂，也值得一看。

巴斯地標之一的修道院

✉12 Kingston Buildings, Bath BA1 1LT ☎+44 (0) 12 2542 2462 ◷每日開放，但禮拜儀式進行時謝絕參觀 $付費參觀，家庭票有折扣，可租借導覽器 httpwww.bathabbey.org/visiting/opening-times-getting-here-parking/

珍‧奧斯汀中心

珍‧奧斯汀中心

Jane Austen Centre

以《傲慢與偏見》(Pride and Prejudice)留芳的英國文學家珍‧奧斯汀(1775～1817)，文筆細膩描繪女性內心的衝突與束縛，有學者甚至將她的作品與莎士比亞並提。李安執導的電影《理性與感性》(Sense and Sensibility)，即是改編自珍‧奧斯汀的小說。她曾與家人於巴斯城內四度遷徙，實際上卻不喜愛巴斯奢侈的社交生活。在中心裡可透過服裝、手稿和影像展示了解她，並且回顧喬治王朝的巴斯。

✉40 Gay Street, Bath BA1 2NT ☎+44 (0) 12 2544 3000 ◷各月分區間與週末的開放時間各異，詳見官網公告 休12/25～26；1/1 $付費，限時段參觀，建議預先訂票 httpwww.janeausten.co.uk

皇家新月樓

Royal Crescent

30間宅邸所串連在一起的新月形高級別墅，由建築師小約翰‧伍德(John Wood the Younger)設計，起建於1767年。自喬治王朝起，許多名流貴族在此度假或定居。若想感受當年的榮景，可到新月樓1號的博物館參觀，或到15-16號的飯店過癮一晚，其他別墅目前為私宅。珍‧奧斯汀的電視影集也在此拍攝。

✉位於皇家新月樓的博物館No. 1 Royal Crescent, Bath BA1 2LR ☎+44 (0) 12 2542 8126 ◷週二～週六開放 休1月以及12/25聖誕節、12/26節禮日閉館 $付費參觀，建議預先訂票，入場卷是一年期多次使用 httpno1royalcrescent.org.uk

上流社會豪邸的皇家新月樓

集會堂與時尚博物館

Assembly Rooms and Fashion Museum

　　建於1771年的高級社交場所，同為小約翰·伍德所設計，上千位社交名流在此隨著水晶吊燈與現場演奏跳舞、玩牌或喝茶談論八卦，為當時最奢華的聚會場所。珍·奧斯汀也曾在作品中諷刺了這樣的生活。地下室的博物館則展示了早期至當代服裝潮流的演變。

集會堂與時尚博物館

莎莉露之屋

Sally Lunn's

　　相傳1680年，遭宗教迫害流亡的法國女孩莎莉露(Sally Lunn)，為求生存溫飽，於是用自己的配方烘焙清爽又好吃的圓形麵包(bun)，自喬治王朝開始大受歡迎。莎莉露之屋現在的建築為1482年所建，據說祕方是夾藏在小木櫃。早在1826年雜誌《Westmorland Gazette》便提到莎莉露麵包是一種生活時尚。目前建築已被列為二級古蹟。

　　這裡的餐點，大多將圓麵包對切，烤得金黃酥脆後才變化口味，連珍·奧斯汀也來享用過。最經典的莎莉露午茶(Sally Luun's Afternoon Tea)是在烤麵包上塗抹清爽的奶油

旅行小抄　**私心推薦的參觀景點**　*London*

　　與其付費參觀位亞芳河旁的普列得公園(Parade Gardens)，較推薦火車站南方的普萊爾公園園林景觀花園(Prior Park Landscape Garden)，其最著名的帕拉第奧(Palladian)義大利建築的裝飾橋，世上僅存4座。

普萊爾公園園林景觀花園
(Prior Park Landscape Garden)
✉ Ralph Allen Drive, Bath, BA2 5AH
☎ +44 (0) 12 2583 3422
➡ 出火車站左邊的公車總站搭公車1號(往Combe Hill方向)，景觀巴士City Sightseeing Bus也可到達
http www.nationaltrust.org.uk/prior-park

? 博物館正在尋覓新址，2022年12月起暫停展出。最新近況請查詢官網 http www.fashionmuseum.co.uk/news

1 1482年所建的莎莉露之屋是巴斯古蹟景點之一/**2** 無需消費也能參觀位於地下室的博物館/**3** 煙燻鮭魚搭圓麵包也很對味

(Clotted Cream)和果醬，再配上一壺茶；而圓麵包和鹹食照樣相襯，如奶油醃燻鮭魚，口味堪稱圓麵包第一把交椅。

　　地下室的博物館，展示早期莎莉露使用大爐灶製作圓麵包的情景、地下出土的遺跡和基石，還有莎莉露各式果醬、茶和咖啡、圓麵包。若親友相揪，招牌麵包買3送1更划算！

✉ 4 North Parade Passage, Bath BA1 1NX ☎ +44 (0) 12 2546 1634 🕙 每日10:00～20:00，從早餐到晚餐都供應
http www.sallylunns.co.uk

查爾斯國王有機園藝坊

Highgrove

自1980年，海格羅夫樓(Highgrove House)成為查爾斯國王位在科茲窩泰特伯里(Tetbury)住宅後，對園藝有極大熱忱的他，專研規畫與設計有機廚房花園，更發展成為有機生活品牌海格羅夫(Highgrove)。除了位在泰特伯里(Tetbury)的店鋪，它的食品系列可在倫敦的Fortnum & Mason百貨(P.174)買到喔！泰特伯里在距離巴斯1小時車程的科茲窩地區。

湖藍色清爽舒服的主色調和羽毛皇冠標誌，顯露清新高雅的皇室氣質。店內保養品和食品，皆來自有機花園及果園。花鳥、植物樸實而自然的插畫，印烙在略有紋理的紙張上。自然無華的風格也呈現在專業園藝與野生動物書籍或餐具上，即使是一捲園藝用色麻繩、木插牌，取來繫上禮物也會讓人開心。而單色澆水壺、小鳥屋、或花器，造型簡潔又不失設計感，就算不當栽種園藝高手、也想把它們統統帶回妝點溫暖的窩！若想進一步拜訪海格羅夫花園並喝杯下午茶、體驗國王的園藝生活，需事先預約。

查爾斯國王的海格羅夫花園Highgrove Garden：雖然採特定日期網路預購門票制，且無大眾交通工具到達，但是各地旅客還是為了進入花園的限量名額而搶破頭。http www.highgrovegardens.com

1.2 樸質的自然動植物都是取材來源/3 皇家徽章的查爾斯國王有機園藝坊Highgrove/4 園藝用品是園藝高手的最愛

大西洋貿易港都
布里斯托
Bristol

visitbristol.co.uk

克里夫頓吊橋

Clifton Suspension Bridge

壯觀的克里夫頓吊橋

面臨大西洋的布里斯托,因地理優勢,13世紀成為造船中心,至17世紀更成為菸酒與奴隸販賣的轉運點,繁榮景象一度僅次於倫敦。由於鄰城利物浦的競爭,加上大戰破壞,布里斯托轉型成為航空中心。主要的火車站Bristol Temple Meads,為1840年所建的仿都鐸式古蹟。

跨越亞芳河峽谷的克里夫頓吊橋,連接雷伍茲(Leigh Woods)與克利夫頓(Clifton)兩地,是史上最早的大跨徑懸索橋之一,75公尺高,主跨214公尺,為時僅25歲的布魯內爾(Isambard Kingdom Brunel)競圖冠軍作品。由於工程與資金浩大,從1831年建造33年才完工。1979年,史上第一個高空彈跳的牛津大學生在此表演。亦可爬至橋端小山坡上的克里夫頓觀察站(The Clifton Observatory),欣賞跨越峽谷的明信片取景角度。前往吊橋可從布里斯托的Temple Meads火車站搭乘8或9號公車於克里夫頓村(Clifton Village)站下車,大約步行10分鐘;由此步行約30分鐘可達一年一度的國際熱汽球會場。若是自駕會收過橋費,熱氣球節期間將進行交通管制。

www.cliftonbridge.org.uk

白天與夜晚的熱氣球各有迷人的體驗與活動

布里斯托國際熱氣球節

Bristol International Balloon Fiesta

　　每年8月湧入各國旅客都是為了參與熱汽球施放而來，白天與夜晚各有迷人之處。熱氣球節為期數日，其中幾天施放煙火。由於風向變化，有時候還能拍到熱汽球飄至克里夫頓吊橋上空的美麗畫面。場地位於阿舍頓莊園(Ashton Court)，市區有轉程接駁巴士Shuttle的服務。

　　此外，可順道造訪布里斯托大教堂(Bristol Cathedral)、受伊莉莎白一世青睞的聖瑪莉紅崖教堂(St. Mary Redcliffe)。港邊建造於1843年的大不列顛號(SS Great Britain)，提供當年布里斯托和紐約兩地客輪服務，是早於鐵達尼號的遠洋船，目前船內作為體驗博物館，詳見網址：www.ssgreatbritain.org。

班克西的塗鴉藝術

Banksy's Street Art

　　著名的神祕塗鴉藝術家班克西出生於布里斯托，也提升這城市作為街頭藝術重鎮的知名度。他有幾件作品就在市中心。從碼頭區的小吃市集往河岸走，或是搭一程水上巴士，水岸的M Shed 博物館收藏畫在船體上的《死神》(Grim Reaper)，以及在一個停車場旁的《Girl with Periced Eardum》，這一路上可欣賞碼頭遊艇及對岸成排彩色小屋，過河可走路或搭公車。在大教堂附近有個反諷標語：'you don't need planning permission to build castles in the sky'。不遠處的市議會旁有個《偷情者》(Well Hung Lover)壁畫。從這兒上坡到市立美術館，可欣賞館內的裝置藝術《Paint-Pot Angel》。

可下載 Banksy Bristol Trial 軟體自助導覽
apps.cactus.co.uk/banksy-bristol

London

平價住宿推薦

　　氣球節住宿到處狂漲，在此推薦青年旅館YHA Bristol，交通位置在市中心，非常方便，家庭住宿可包下一個房間。平價商旅 Hub、Premier Inn、和Travelodge都提供提早訂房價格優惠，有些有親子房不加價。

布里斯托交通一點靈

　　若由倫敦可搭火車從帕丁頓(Paddington)站前往，約2～2.5小時，或搭乘National Express巴士從倫敦維多利亞巴士總站(Victoria Station)出發，約2.5～3小時。

1.2 布里斯托的街頭壁畫/**3**《偷情者》壁畫的這面牆壁後面原本是性病診所，很黑色幽默

夏日海濱度假勝地
布萊頓
Brighton

http www.visitbrighton.com

早期的布萊頓還只是個小漁村，18世紀中葉Richard Russell醫生提出海水浴療功效，布萊頓海濱與周邊地區遂成為上流社會度假勝地。

名門貴族來到布萊頓度假的風潮興起，也吸引當時的攝政王(即後來的喬治四世國王)到此約會，並度過人部分的休閒時光，同時將農舍改建為現在的度假行宮：皇家閣。行宮的建築外觀樣式為印度風格，如明顯的洋蔥般圓頂，也有部分巴斯石灰岩石，但內部的裝飾則為清朝風格，龍、蛇、蓮花等家飾，與其喜愛中國文化有關。1850年，維多利亞女王將皇家閣賣給布萊頓市政府，並對外開放參觀。鄰近的皇宮碼頭 Palace Pier，是1899年完成的熱鬧碼頭，現在為各種歡樂設施的遊樂場和小吃攤販，旁邊的沙灘則是夏天熱門玩水嬉戲的好地方。

布萊頓交通一點靈

若由倫敦搭直達火車到布萊頓，從倫敦橋(London Bridge)站，約58分鐘；維多利亞(London Victoria)站，約52分鐘；聖潘克拉斯(St Pancras)站，約1小時16分鐘。若搭乘National Express円上可從維多利亞巴士總站(Victoria Coach Station)搭乘，約2小時15分鐘。

皇家閣Royal Pavilion
✉ 4/5 Pavilion Buildings, Brighton, East Sussex BN1 1EE ☎ +44 (0) 30 0029 0900 ⏰ 10～3月10:00～17:15(最晚16:30進入)，4～9月09:30～17:45(最晚17:00進入) ⊗ 私人活動時休館，請先查詢官網告示 $ 多次入場年票成人£18起 http brightonmuseums.org.uk/visit/royal-pavilion-garden/

電影探景重點之地

七姐妹斷崖

Seven Sisters Cliff

從海上看是一片壯觀潔白的山壁，七姐妹斷崖在電影中常做為多佛斷崖的替身，也是多部電影包括《哈利波特：火盃考驗》《007：黎明生機》取景地。這7座連綿的白堊山丘，傍著英吉利海峽、位於廣闊的南唐斯國家公園內，走在斷崖上只見開闊的草原和大海，非常愉悅，是著名的健行路線南唐斯步道(South Downs Way)。走完七姐妹斷崖約需4至5小時，可以挑其中一段走走。斷崖景點免費開放，但因周遭開闊無遮蔽物，避免強風大雨日出遊。

❶

值得駐足賞景點

鄉村公園遊客中心

Seven Sisters Park Centre

在七姐妹鄉村公園(Seven Sisters Country Park，只管轄河谷、海灘和部分的斷崖)遊客中心裡有教育展示、餐飲店與廁所可使用。過馬路沿著小河走30分鐘到Cuckmere Haven海洋保護區，這段路地景很秀麗。海灘右邊小屋是電影《贖罪》《戀夏時光》的取景地，左邊可以登上第一座斷崖。

鄉村公園遊客中心
✉ Seven Sisters Country Park, Exceat, Seaford BN25 4AD
🌐 www.sevensisters.org.uk/plan-your-visit/

柏令峽

Birling Gap

這裡是七姐妹崖最低點，設有國民信託(National Trust)的遊客中心、教育展示和餐飲店。可以走三層樓階梯下到海灘，就近欣賞白堊岩層。登上附近的山崖眺望布萊頓方向，這個景色曾是微軟Windos7的桌面畫布。

國民信託柏令峽遊客中心
✉ East Dean, near Eastbourne, East Sussex, BN20 0AB 🌐
www.nationaltrust.org.uk/vlsit/sussex/birling-gap-and-the-seven-sisters

比奇角

Beachy Head

這是英國最高的白堊斷崖，與七姐妹崖相連，海中燈塔曾出現在周杰倫《怎麼了》MV裡。崖上另有一個除役的Belle Tout燈塔，現為民宿。馬路另一端的餐廳是附近唯一建築，餐飲景觀俱佳。

Te Beachy Head餐廳
✉ Beachy Head Rd, Eastbourne BN20 7YA   🌐 www.eastbourne.org/tourism/beachyhead

1.3 卡克梅爾河出海口特色地形/**2** 斷崖下的燈塔與英國最高的白堊崖

七姐妹斷崖交通一點靈

從布萊頓火車站前的D站牌，可以搭往易斯特本(Eastbound)方向的巴士。12、12A、12X和13X都經過1號地點，12X車程比較短，13X只在週日行駛，但可直達2號地點。如果沒有13X可以搭到附近村莊口(站名East Dean Garage)，下車再走30分鐘。鄉村地區班次有限，上車前要先確認回程末班車時間。可以用感應式銀行卡付款，或是透過Brighton & Hove APP買日票。

查詢班次
🌐 www.buses.co.uk/seven-sisters-country-park > Plan a Journey Here
地圖與時刻表
🌐 www.buses.co.uk/services/BH/12
也可從易斯特本搭乘觀光導覽巴士，直達比奇角和柏令峽
查詢時間與地圖
🌐 www.ssbusandcoach.co.uk/eastbournesightseeing

伊莉莎白女王行館
溫莎城堡

Windsor Castle

紀念品區販售女王周邊紀念品

　　有著大圓塔的溫莎城堡，是女王伊莉莎白二世最喜歡居住的地方之一。1070年城堡最初建造用來防禦敵人。城堡內有幾個重要收藏，如國王寓所(State Apartments)裡原為拿破崙三世來訪製作的瑰麗大床、參與拿破崙戰役英雄肖像的滑鐵盧宴客廳(Waterloo Chamber)、收藏袖珍工藝的瑪麗皇后娃娃屋(Queen Mary's Dolls'House)。城堡內聖喬治禮拜堂(St George's Chapel)內彩繪玻璃與高聳的拱頂是最重要的資產，地下室為英國許多君王的墓園；而艾伯特禮拜堂(Albert Memorial Chapel)為維多利亞女王紀念其夫婿所改建的小教堂。最令人興奮的衛兵交接是在聖喬治禮拜堂與出口之間的空地。

　　從溫莎城堡步行到培養菁英的伊頓公學(Eton College)約30分鐘，許多王室名人如威廉與哈利王子都曾就讀於此。熱鬧的中央火車站與周邊，商店及餐廳林立，若喜愛歡樂的氣氛，則可搭Green Bus到樂高樂園感受童真創造力。

　　溫莎城堡於週二、四、六早上11點進行衛兵交接(視天氣許可)，也可能臨時取消，詳見衛兵交接資訊changing-guard.com/dates-windsor-castle.html。

📷 景點資訊

溫莎城堡 Windsor Castle

✉ Windsor, West Berkshire SL4 1NJ 📞 +44 (0) 20 7766
7304 🕐 3 ～10 月 10:00 ～17:15(最晚 16:00 進入);
11 ～2 月 10:00 ～16:15(最晚 15:00 進入) **請注意:**
由於目前仍有皇室成員居住,關閉時間會調整公
告 💲 年票制,成人票 £33,網路購票有優 http
www.rct.uk/visit/windsor-castle

伊頓公學 Eton College

✉ Walpole House, Eton Wick Rd, Eton College, Windsor
SL4 6EU 🕐 內 有 3 個 博 物 館 (Natural History
Museum、the Eton Museum of Antiquities 及 the Museum
of Eton Life) 每週日下午 14:30 ～17:00 開放,夏日週
五下午的付費導覽可以遊覽公學內更多空間 http
www.etoncollege.com

樂高樂園 Legoland

✉ Winkfield Road, Windsor, Berkshire, SL4 4AY 📞 +44
(0) 87 1222 2001 🕐 因淡旺季時間而異,詳見官網,
💲 票價依各總合優惠而異 £24.5 ～ £60(網路預購
享較多優惠) http www.legoland.co.uk

貼心
小提醒

巴士日票與交通套票比一比

　　如果從倫敦出發一日順遊溫莎堡與樂高樂園,
可以考慮買 Green Line 702 (Windsor Express)
巴士日票,從維多利亞車站附近出發,西倫敦
還有 3 個上車點,經過城堡和樂園。
如果只想去溫莎堡,Golden Tour 有從倫敦飯店
接送的交通車。另外有交通加樂園的套票,但
是門票在樂高官網預訂比較便宜。

1 城堡與聖喬治禮拜堂入口/**2** 溫莎城堡一角/**3** Windsor &
Eton Central火車站內,1894年的舊皇家火車頭/**4** 溫莎城
堡也有皇家禁衛軍的交接表演

溫莎城堡交通一點靈

由倫敦可搭火車從滑鐵盧(Waterloo)站到Windsor & Eton Riverside火車站,約1.5小時,再步行約3分鐘;或從帕丁頓(Paddington)站經Slough換車至Windsor & Eton Central 站,約40～50分鐘,再步行約8分鐘。若搭乘巴士可從倫敦維多利亞巴士總站(Victoria Station)旁的白金漢宮路(Buckingham Palace Road)搭乘綠色車身的Green Line 701、702。

Green Line ㏊ www.arrivabus.co.uk/greenline

樂高樂園

Legoland

溫莎的樂高樂園是世界第二個、2021年之前是世界最大的樂高樂園,這個結合飯店住宿的遊樂園,占地廣大,分12個主題區,旺季時熱門的遊樂器材需要排隊許久。園內的遊樂器材甚至連建築物都仿樂高積木的造型。最令人讚嘆的是小小世界區,世界重要地標都以樂高積木疊起來。

1 在園裡有機會遇到真人尺寸的樂高人偶/**2** 樂高樂園積木造型的大門/**3** 樂高積木疊堆的白金漢宮,後門還有個送牛奶的人/**4** 倫敦及世界重要地標都集合在這個迷你世界

世上最美麗的城堡
里茲城堡

Leeds Castle

有最美麗城堡之稱的里茲城堡，建於1119年，幾經改建與整修。1278年，城堡主人將它贈予國王愛德華一世，先後200年有多位王后居住於此，亨利八世也經常到此居住。1926年，奧利弗·貝利(Oliver Baillie)夫人買下城堡，並以女性細膩的眼光布置室內設計，二次大戰初期，城堡一度還成為醫院。里茲城堡在貝利夫人過世後交付基金會信託，並於1976年開放。城堡秀麗細緻，有護城河和廣大的庭院圍繞，孔雀與天鵝點綴其間，值得一日漫遊。

....

✉Leeds Castle, Maidstone, Kent ME17 1PL ☎+44 (0) 16 2276 5400 ⏰花園開放時間每日10:00～17:00，城堡比花園晚開早關，最後入場時間都是下午15:00，詳情請查官網 💲網路預訂有大約85折的優惠 ⁉鼓勵綠色旅遊提出證明可享8折優惠，詳情請見官網 http www.leeds-castle.com

里茲城堡交通一點靈

從London Victoria火車站搭75分鐘的車到Hollingbourne，出站搭5分鐘計程車，或是步行4.8公里(約35分鐘)。或是在Maidstone下車(此站也可從倫敦橋站搭火車)，出站後搭13號公車(約15分鐘)，再走10分鐘到票口處。

更多交通建議

http ww.goodjourney.org.uk/attractions/leeds-castle/

跟著魔法去旅行
哈利波特片場

The Making of Harry Potter

1 片場內可親睹電影人物的劇服(圖片提供／何舒軒)/2 最人氣的復古造型飛天汽車(圖片提供／施顏萱)

華納兄弟電影公司是將哈利波特熱潮散播全世界的推手,它將英國多處景點融入魔法故事,並利用聲光效果描繪奇幻現象。片場為各情節場景街道重現,還有霍格華茲學院的超大模型、自動運轉的杯盤。戶外的復古造型飛天汽車,還曾帶著榮恩和哈利波特匆忙地趕赴魔法學校。紫色雙層的騎士公車,當遇到障礙物可隨時劈開

車體又繼續行駛,還有酷炫十足的飛天摩托車,都是可以騎乘拍照留下最佳回憶的地方。到此不妨打扮得有點魔幻感,和道具拍照時更會有異想不到的驚奇效果喔!

交通一點靈、進片場需知

若由倫敦搭直達火車從優斯頓(Euston)站前往到Watford Junction站,約20～30分鐘,出站左轉即可搭片場接駁公車(Warner Bros. Studio Tour),車資包含在入場費中。也可預訂從倫敦出發包含門票的專車行程。

開場前20分鐘需抵達片場,憑電子票入場或是憑確認信函換票。每個場次皆有人數限制依時段入場,如想挑喜歡的日期和時段,提早3個月前預約是必要的。

✉ Studios Leavesden, Aerodrome Way, Leavesden, Hertfordshire WD25 7LS ☎ +44 (0) 84 5084 0900 💲 票價逐年調漲,成人票已超過£53,最新票價請查詢官網(線上購票,現場不售) 🌐 www.wbstudiotour.co.uk

探訪天真古典小熊維尼的蹤影

Winnie the Pooh in Ashdown Forest

小熊維尼誕生地

人見人愛的古典維尼

英國作家艾倫‧亞歷山大‧米爾恩 (Alan Alexander Milne)的小熊維尼故事靈感，來自於第一次帶兒子羅賓 (Robin)到倫敦動物園時，兒子看到一隻小熊非常喜愛並稱牠為維尼，因此藍本就以住家附近的亞士頓森林(Ashdown Forest)為背景。

故事中的羅賓、維尼和動物們喜歡從Pooh Bridge橋往河裡丟樹枝，看誰的樹枝最快流到下游。現在木橋不但成為遊客最喜歡探訪的地方，甚至自1984年開始，每年都舉行丟樹枝比賽呢！而維尼主題店的前身，是羅賓年幼常買糖果的地方，現在是茶館、小文物館兼紀念品店，還有前往木橋的地圖。丟樹枝比賽網址：www.pooh-sticks.com

小熊森林交通一點靈

　　若由倫敦搭火車從查令十字(Charing Cross)站前往到Tunbridge Wells站，約52分鐘，再搭291號公車到Hay Waggon下車，不遠處即是維尼專賣店所在的Hartfield Village。也可以從London Victoria 或 London Bridge 火車站出發，在East Grinstead下車，搭乘291號公車或是計程車到Hartfield村。接著沿著往Pooh Bridge的指標走，也就是森林Ashdown Forest的方向。按照指標走約30～40分鐘，非常適合喜愛在大自然踏青和尋訪樸實維尼故鄉的朋友。

古典維尼主題店Pooh Corner
✉ High Street, Hartfield, East Sussex TN7 4AE ☎ +44(0)18 9277 0456 ⏰ 週一～週六 10:00～17:00，週日及銀行假期 11:00～16:00 🚫 休館日請查詢官網不定時公告 🌐 www.poohcorner.co.uk

旅遊
小AP錦囊

認識倫敦

英國包含英格蘭、蘇格蘭、愛爾蘭和威爾斯，而倫敦位於英格蘭的東南部，由泰晤士河貫穿。早在西元43年，羅馬人開始在此建立城牆、城鎮，12世紀法國諾曼人(Normans)的統治下，倫敦始成為英格蘭首都，開始建設宮殿與城市。

14～17世紀間，致命的黑死病大流行以及1666年的倫敦大火，損失慘重；因而有了新的都市規畫的概念。之後發起的工業革命、工藝美術運動，更帶動了生產、經濟、貿易以及人文的躍進，影響遍及世界。

現在，倫敦不但是歐洲最大的都市，也是世界金融重鎮、創意文化之都。豐富的展覽活動、建築飲食以及樸實近郊風情，讓人直呼旅遊時間永遠不夠用！

飛行時間

目前華航直航約13～16小時，其他航班實際時間依各航空公司班機與轉機點而定。

簽證辦理與入境準備

根據英國移民署規定，持有效期內中華民國護照的台灣居民，在英國短期觀光不需要申請觀光簽證。此外，符合短期免簽證入境條件者，入境英國時不需要再按指紋。入境時，英國海關人員或許會提出財力證明相關詢問，建議準備，以備不時之需。財力證明可以是任何銀行的英文存款證明或是其他文件以證明在英國觀光時，擁有足夠的金額支付交通、飲食、購物和住宿的花費。

觀光客需注意的是，正常情況下，短期觀光旅客不得在12個月內合計在英國停留超過6個月。按照英國移民署規定，旅客如果短期內多次進出英國，移民官會根據兩次入境之時間間隔，考量旅客所陳述再次入境的目的是否屬實而決定是否同意入境。

※入境英國須知：http www.gov.uk/uk-border-control

通行近50年的入境卡已於2019年取消，但自2024年底，來自免簽入境國的短期旅客，需要事先上網填寫電子許可證Electronic Travel Authorization，ETA。這個新措施可能影響台灣旅客，但是出版之際細節仍不清楚。

英國出入境程序

入境程序

抵達下機 → 移民安全控制處審查 → 提領行李 → 入境英國

抵達下機

下機後，跟著Arrival指示方向前進。

移民安全控制處審查

至移民安全控制(Immigration Control)處，選擇非歐盟國民(Non-EU)列排隊。將護照、旅遊相關證明、旅遊平安保險單、相關證件等交給海關人員。

※海關常問問題為：姓名、職業、旅遊目的、停留天數等等。

提領行李

按提領行李(Baggage Reclaim)指示方向，在螢幕看板確認所搭班機編號與對應的行李轉盤編號，至轉盤處領取行李。

入境

領完行李後，若毋須申報品項，則走綠色通道入境，即正式進入英國啦！

出境程序

離境大廳 → 辦理退稅 → 報到登機

離境大廳

到達機場航班所屬航廈後，前往離境大廳(Departure Hall)查看電子看板與訂位航班編號與起飛時間、抵達城市，以了解自己登機報到的所屬櫃檯區(Zone A～G)是哪一個。若不確定行李是否超重，可先在打包區(Repack Area)秤重檢查。

辦理退稅

自2021年已取消旅客在離境時退貨物稅的政策。

報到登機

準備護照、電子機票、航空會員卡(累計里程)，到自己的登機報到櫃檯登機(Check-in)、行李託運的程序，拿到登機證(Boarding Pass)即可上樓準備安檢出境。安檢後，可進入免稅區購物，同時請記得留意電子螢幕上顯示的登機門(Gate)、登機時間等資訊是否變更。

往地鐵的電動手扶梯

往離境大廳的電動手扶梯

各登機報到櫃檯區域方向
登機門

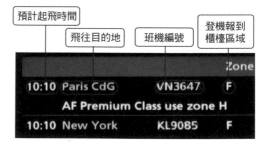
預計起飛時間
飛往目的地
班機編號
登機報到櫃檯區域

機場進入市區交通

倫敦有數個國際機場，通常由亞洲飛抵英國的為希斯羅機場(Heathrow Airport)以及蓋威克機場(Gatwick Airport)。入境後有幾種方式到達市中心。

希斯羅機場Heathrow Airport

有火車、巴士、地鐵3種公共交通方式從機場到市中心。 http www.heathrowairport.com

火車

快車(Heathrow Express)

車程：約15～21分鐘，依航廈不同而異。

下車地點：倫敦帕丁頓車站(London Paddington)，每15分鐘1班車。

購買：可網路、售票機器和售票櫃檯購買。

票價說明：

1. 單程£25、來回£37(15歲以下隨行孩童免費)，回程使用期限為去程日期30天內。尖峰時段(Peak time)為06:30～09:30、16:00～19:00，離峰時段(Off Peak)有折扣。

2. 早鳥優惠。提早購買不可退換的折扣票£15，不是每天都有早鳥票，需要事先搜尋。

3. 團體優惠。雙人來回票£55.5，使用折扣碼Duosaver；三人以上買團體票可便宜三分之一，折扣碼3RDOF。

4. 回數票。一次買6張或12張單程票只要£109.8或£198，適合一年內多次使用。

🔢上車前要事先購票，建議下載該火車公司的App，購買電子票券很方便，第一次購買再打九折。

http www.heathrowexpress.com

高速地鐵—伊莉莎白快線 (Elizabeth Line)

是原本區間火車(TfL Rail)升級高速地鐵，自2022年改名，和地鐵線互通。

車程：到帕丁頓車站約30分鐘，中途會停其他車站，如Ealing Broadway及Southall等，並延伸到倫敦以東。

下車地點：經過倫敦大車站像是帕丁頓車站(London Paddington)和利物浦街車站(Liverpool St. Station)等，有新站也有與原先地鐵共用的站，請參考地圖轉乘。

購買：比照地鐵辦理，使用感應式信用卡直接扣款，或使用牡蠣卡(Oyster Card)，現金買票較貴。

票價說明：比一般地鐵票價高，根據乘坐的區間票價不同，到市區成人單程£12.2起。

普通地鐵—皮卡底里線(Piccadilly Line)

車程：約40～50分鐘 。

下車地點：從希斯羅機場到市中心，可以直接由航廈搭乘往國王十字與聖潘克拉斯車站

(King's Cross St Pancras Station)方向的皮卡地里線(地圖上標示為深藍色),於適當的地鐵站下車轉乘。

希斯羅機場第一、二、三航廈共用地鐵站

回程往機場的地鐵有兩條路線,要看清路線是T2-T3&T5或是T4&T2-T3。兩者都經過第二與第三航廈(第一航廈已停用),前者終點站是第五航廈,後者先經第四航廈再到第二、三航廈。如果搭錯線可以發現時下車等正確的車,航廈之間也有免費接駁車。

票價說明:前往Zone1約£5.5起。

※T1代表第一航廈(Terminal 1),以此類推。

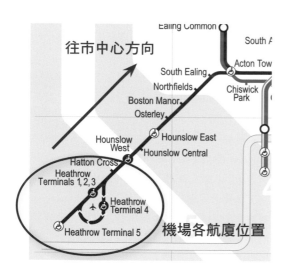

機場各航廈位置

巴士

在中央車站(Central Bus Station)搭乘巴士National Express。

車程:約1.5小時。

下車地點:倫敦維多利亞巴士站(London Victoria Coach Station),約每30分鐘1班車。

倫敦維多利亞巴士站

購買:網路或售票櫃檯購買。

票價說明:

1. 售票櫃檯購買單程依時段與航廈約為£10~15,來回£20~30。

2. 網路購買價單程約為£6~8、來回£12~15,孩童單程£2.5~3、來回£5~6(網購手續費£1)。

http www.nationalexpress.com(選擇官網「Airports」內的「London Heathrow」,輸入「Heathrow Airport London」,即可選擇出發機場航廈、目的地。)

機場交通完整地圖　　　　　　查詢地圖

也可在機場官網輸入關鍵字rail-and-tune-map搜尋。

蓋威克機場
Gatwick Airport

蓋威克在大倫敦外,到倫敦市區的鐵路大致可以分為前往倫敦維多利亞車站方向(西倫敦)或是倫敦橋方向(東或北倫敦),可依網路地圖或行程規畫軟體的建議搭車。

火車票售票機提供方便的購票服務

火車

購票方式通則：

1. 蓋威克機場站為大倫敦外的火車站但可接受倫敦地鐵系統的車票，兩者票價略有不同。使用感應式信用卡直接扣款最方便，也可使用牡蠣卡(Oyster card)。這車站票口不售牡蠣卡，需找機場的遊客中心詢問。

2. 兒童票可在火車票軟體或售票櫃檯購買。

3. 一般來說離峰時間使用地鐵系統票比火車票便宜，但如果有火車卡或買團體票則有66折優惠，請利用購票網站估價。

4. 在購票網站可依時間和票價選擇想搭乘的火車班次，但當天任何符合條件的班次都可以搭乘，不限該班次。

英國鐵路購票網站

http www.thetrainline.com

往倫敦維多利亞車站 (London Victoria) 方向
蓋威克快車 (Gatwick Express)

紅色車體，直達倫敦維多利亞車站，放行李箱的空間較大。

車程：約0.5小時，每小時約2班車。

票價說明：

單程票價約為£23、官網購票九折，使用一年期火車卡66折。

http www.gatwickexpress.com

南方火車 (Southern)

綠色車體，是通勤火車所以放行李箱空間較小。

車程：約0.5小時，每10～15分鐘1班車，中間停靠約2站。

下車地點：倫敦維多利亞車站(London Victoria)，也可在柯拉潘交匯站(Clapham Junction)轉地鐵系統到西南倫敦。

票價說明：單程票價約£14.6起。

http www.southernrailway.com

注意事項：如果購買較便宜的火車票，不能搭乘蓋威克快車，火車偶有誤點或更換上車月台，上車前看清車體顏色辨識。

往倫敦橋方向 (London Bridge)
泰晤士河連線 (Thameslink)

這條路線經過倫敦橋(London Bridge)可到老城區或轉車東南倫敦、金融區的Farringdon站、以及歐洲之星(Eurostar International)起迄點的聖潘克拉斯車站(St Pancras Station)、繼續通往劍橋。通勤火車在上下班時間很擁擠。

這條路線有快車和區間車，快車約0.5小時到倫敦橋，中間停靠1、2站。慢車約50分，兩者票價相同，建議選快車。尖峰時間搭這段路程，買火車票比用地鐵系統票(銀行卡或牡蠣卡)便宜。

http www.thameslinkrailway.com

巴士

從機場到倫敦維多利亞車站可搭乘巴士National Express。

車程：約1小時50分鐘。

票價：單程為£7.5起。

http www.nationalexpress.com

倫敦市區交通篇

倫敦交通網絡包含地鐵(Tube，又稱Underground)、地上鐵(Overground)、輕軌電車(DLR)、電車(Tram，倫敦南邊第3〜6區)、公車(Buses)、水上巴士(River Bus)、空中纜車(IFS Cloud Cable Car)、單車(Cycling)、長途客運(Coaches)、計程車(Taxis & minicabs)等等。

倫敦交通網

網站資訊包含所有公共交通價格、規畫路線、通行現況等相關資訊以及地圖。

http www.tfl.gov.uk

倫敦物價比台灣高貴，提早訂巴士、火車票、善用牡蠣卡或旅遊卡、租用共享單車或短程步行等等，即可省下車資。

交通費用規畫

倫敦交通區域由中心點向外圈擴散，主要範圍分Zone1〜6區，延伸到倫敦外的衛星城鎮第九區。大多數觀光景點集中於Zone1〜2區；希斯羅機場位於Zone6區。搭乘大眾交通工具時，現金購買單程票最不划算，建議使用感應式銀行卡(Contactless)或電子支付直接扣款，優惠比照牡蠣卡(Oyster Car)的隨行扣(Pay as you go)。或是在機場或地鐵站先購買一張等同悠遊卡的牡蠣卡，空卡£7，退卡只退儲值的餘額，適合無銀行卡、要儲值週票或月票的遊客，或是11〜15歲的兒童使用(半票)。餘額如低於£10可於最後離開的地鐵站自助售票機退還，否則需到TfL的遊客中心辦理

牡蠣卡和旅遊票

牡蠣卡是可搭乘倫敦交通區裡大部分大眾交通工具的儲值卡。按使用金

牡蠣卡(Oyster Card)

額扣款的功能稱為隨行扣(Pay As You Go)，自動搭配每日扣款上限(Daily Cap)功能，超額不再扣款，比買日票One Day Travelcard)還方便。使用感應式銀行卡(Contactless Card)也有隨行扣和每日、每週扣款的上限功能。

搭乘地鐵、地上鐵、地鐵快線、輕軌、和通勤火車時，扣款依不同交通區計價，並分為單程尖峰(Peak Hours：週一〜週五早上04:30〜09:30、16:00〜19:00依刷卡時間而定)和單程離峰(Off-Peak：其他時段與國定假日)。搭乘公車單一價，1小時內第二趟公車免費。

牡蠣卡除了儲值金額，還可儲值公車和電車聯票(Bus and Tram Pass 7日卡)、旅遊週票或月票。儲值旅遊票可設定其使用起始日，也可在機器或櫃檯購買紙本票。日票只有1〜4區(可全時使用)或1〜6區(限離峰時間使用)，只有紙本票，因此使用隨行扣比較划算。使用感應式銀行卡不能儲值旅遊票，但是達到週票的額度，也會自動停止扣款(計算日期是從週一到週日)。

憑週票或日票搭乘水上巴士有66折，這是使用隨行扣無法提供的優惠。

2024〜2025年，單程公車/電車票是£1.75，

地鐵標誌

地上鐵標誌

輕軌電車DLR標誌

空中纜車標誌

火車標誌

水上巴士

伊莉莎白快線

公車與電車聯票是£5.25，牡蠣卡1～2區的日票(及每日扣款上限)是£8.6，週票£42.7，其他票價可在官網查詢。

🌐 tfl.gov.uk/fares/find-fares

牡蠣卡、旅遊票省錢大作戰

使用牡蠣卡規畫行程時，不妨根據交通區地圖和票價網頁來試算倫敦旅程中交通搭乘方式。可能會考量到：

1. **抵達與離開倫敦的搭乘方式**：如果你從希斯羅搭地鐵進市區(1～2區)，這天的扣款上限會是以1～6區計算。如果你使用感應式銀行卡，而這一天落在週一或週二，你這一週的扣款上限是以1～6區價格計算。但若你這6天要拜訪的景點都落在1～2區就無法享受相對的優惠，因此解決這種困境方法是使用2張卡，到了市區換另一張銀行卡搭車，或是到市區使用紙本週票。

2. **彈性運用隨行扣的扣款上限**：如果7天內有6天在同一交通區範圍(例如1～2區內)內搭地鐵，一天搭3次以上，你的車資就會達到週票的金額。如果這個行程開始於週四到週日之間，那麼儲值週票或購買紙本週票相對比較划算。
   如果一天行程只是從一個博物館來回，或是出倫敦一日遊，那麼隨行扣比較有彈性。

3. **轉搭不同交通工具**：若買了Zone1～2的週票，但使用期間從該區搭單程地鐵到Zone3，那麼就要補Zone2～3的單程地鐵票價；若改

含泰晤士連線鐵路的倫敦交通網地圖

地面上，利於辨識所在方向的地圖指示

省錢結伴遊郊區

倫敦到熱門景點火車票，例如到巴斯、布里斯托、溫莎、牛津、科茲窩地區等等，只要3人以上搭乘離峰時段車程，就可購買有折扣的團體票Group Ticket。

🌐 www.daysoutguide.co.uk/travel-by-train/groupsave

搭公車到Zone3則沒有額外支出。

4. **集中搭乘公車**：如果一整天只搭公車，這一天自動算巴士通行票(Bus Pass)的票價，不需要另外購買。

5. **倫敦通行證**：若旅程中密集搭乘交通工具外，還參觀許多付費景點，此時不妨與倫敦通行證(P.254)的方案一起納入考量。
   如果不想計算這些瑣碎的車資，選擇隨行扣就對了，它的彈性計費方式，比起買日票、週票方便又划算。若想要再更精省，不妨計畫性地租借共享單車(詳見P.247)。

地鐵(Tube)

倫敦地鐵發達，但仍會遇到線路切換或維修，尤其週末更加頻繁，偶爾會有某些路線發生罷工的情況，會事先通知，運氣好的話有可能在罷工日前宣布取消。無論如何行程不要排太緊，真的發生罷工時，公車、火車等替代方案都非常擁擠，出租車也很難預約。自2016年起，部分線路開始營運週五與週六深夜時段(Night Tube)。由於倫敦地鐵已超過150年歷史，只有20世紀末以後新增的路線有冷氣，溽暑時老舊路線的車廂內溫度比地面溫度還高，建議準備瓶水、穿著透氣為宜。另外，並非所有地鐵都有

電扶梯或電梯，若有大型行李搬運、建議先查詢免走樓梯的地鐵站詳細資料可在地鐵官網www. tfl.gov.uk打關鍵字「step-free」或「avoiding stairs」就可以查到。另一個免搬行李走樓梯的方式就是搭乘公車。

出地鐵站後，若還不清楚所在位置，可參考路上的地圖指示 。

火車 (National Rail)

英國火車查詢訂票

http www.nationalrail.co.uk；www.thetrainline.com

歐洲之星 (Eurostar)

http www.eurostar.co.uk (往歐洲其他國家快速列車)

火車交通省錢大作戰

大部分車程都有販售早鳥票(Advance ticket)，若連續多日搭乘長程火車，可考慮先在台灣購買火車通行證。另外，英國國鐵網站販售為期一年的各種鐵路折扣卡(Railcards，可網路辦理)，金額£30，只要持有鐵路折扣卡，購買車票便享有離峰時間享三分之一的折扣，(網路選購火車票時點選 Add a railcard)，常見卡片如下：

2人成行鐵路卡 (Two Together Railcards)：記名，兩人須年滿16歲，並一同搭車使用。

16～25歲或英國註冊全職學生的鐵路卡 (16-25 Railcards)：16～25歲青年或25歲以上英國就讀全職學生，辦理須備相關證件。

26～30歲青年鐵路卡 (26-30 Railcards)：26～30歲年齡限定，只能線上申請，折扣卡需下載到智慧手機。

家庭團體鐵路卡 (Family & Friends Railcards)：

提供給至多4位成人以及4位兒童同行購票折扣，成人約可省1/3，兒童折扣60%。可先試算辦卡1年費用£30加上折扣後火車票是否划算，然後備妥證件、年費和6個月內照片2張，臨櫃或上網辦理即可。

更多優惠卡種與細節請見官網：

月台LED資訊顯示解說圖

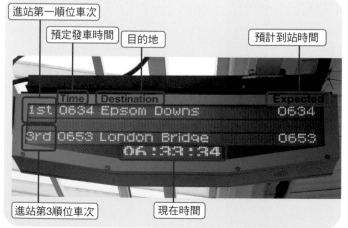

進站第一順位車次
預定發車時間
目的地
預計到站時間
進站第3順位車次
現在時間

並非所有倫敦地鐵站全程都有手扶梯或電梯

http www.nationalrail.co.uk(在「搜尋」位置輸入
National Railcards);www.railcard.co.uk

搭火車注意事項

　　火車站看板提供搭月台資訊,但有時發車
前幾分鐘才發布由第幾月台上車,上車前要
確認。雖然導航地圖和購票軟體會告知上車月
台,但最後資訊仍以車站看板為準。

　　火車車廂方面,有些僅2~4節車廂,看板
資訊會顯示「only 2-4 coaches」,此時盡量往前
等候。有時同區域方向、不同目的地的火車會
共用車頭,看板此時會顯示往某個目的地是搭
特定車廂(coach)時,需多加留意,以免火車
分流時前往另一個目的地。車廂門不會自動開
啟,按下門邊黃色的按鈕即可。

按下黃色鈕車廂門即開

趕往火車月台時,留意行李勿絆倒他人

公車(Bus)

　　單程公車票較地鐵票低廉,尤其當一小時
內搭乘2次。在倫敦交通網站www.tfl.gov.uk內
「Map」目錄裡,可下載倫敦市中心地圖「Bus
maps」或周邊地圖。此外,日間公車發車時間
為06:00~23:00;另有夜間行駛公車路線(N+
數字),皆為地鐵停駛時段最好的交通工具。

長途客運(Coach)

　　英國長途客運有:線路分布最廣的National
Express、可從倫敦到愛丁堡的Mega Bus、郊區
接駁的平價客運Green Line。長途客運經常推
出早鳥優惠票(手續費不一),限量促銷票售完
就會慢慢漲回原價。

　　倫敦出發的客運大多由維多利亞客運站或附
近的站牌出發,乘車時在候車處依照發車時間
和目的地,確認前往搭車的月台。網路訂票後,
出示電子票上車前給司機查核。通常巴士沒有劃
位,先到先上車。

National Express
http www.nationalexpress.com

Mega Bus
http www.megabus.com

Green Line
http www.greenline.co.uk

廉價巴士
Mega Bus

TIPS

搭乘長途火車vs客運
客運票價比火車票便宜、且可請司機到站後提醒下
車。但兩者搭乘的總時數、發車時間、下車地點與目
的地的距離、退票條款等等,皆須一併考慮。

公車這樣搭

1 先看路線圖

通常候車亭配有當地區域的行經公車路線資訊與地圖。搭車方式為：1.先在公車路線及停靠站資訊海報上，尋找欲前往目的地、對應的公車路線、以及該公車所停的招牌站編號。2.然後在地圖海報上尋找，該公車招牌站編號的位置。如果使用網路地圖查詢，可以直接進入下一步驟。

此區域公車路線及停靠站資訊

詳細地圖（含單車租用站）

目的地

公車路線

公車招牌站編號

目前所在地附近公車招牌站編號及其位置

2 找到公車招牌站

確認欲搭乘的公車路線是否在該招牌上、行駛目的地與方向是否正確。

公車招牌站編號

站名

行駛目的與方向

公車路線

N為夜間公車

3 公車招牌下方的公車時刻表

查看公車招牌站下方的路線行經站名與時刻表。

4 LED顯示公車進站資訊

進站順位(車次)

逾時

公車編號

預計等候時間

目的地與方向

5 上車

公車到站後，由前門上車，拿出票卡感應刷卡(現金購票已取消)。大部分公車上都會有行經站名的跑馬燈顯示，快到站時，按下車鈕，由後門下車(不需再刷卡)。

觀光巴士

若時間有限，無法藉公車、地鐵在1日內快速瀏覽市中心，可選擇有多國語言介紹的觀光巴士作為交通工具。泰晤士河遊船可參考P.29

● 觀光巴士公司

倫敦大巴士Big Bus London
http www.bigbustours.com/en/london/london-bus-tours

倫敦城市觀光City Sightseeing London
http city-sightseeing.com/en/95/london

黃金旅遊Golden Tours
http www.goldentours.com/london-hop-on-hop-off-bus-tours

倫敦嘟嘟巴士London Tootbus
http www.tootbus.com/en/london/home

步行與公車並用

倫敦市中心有些地鐵站之間距離並不遠，甚至景點之間可利用徒步或公車代步即可。

步行

步行在市中心是最具經濟效益的方式。由於英國行車方向與台灣相反，過馬路時最好左右觀看確認無車再通行。有些馬路口需由行人按下通行號誌鈕，待交通號誌轉為綠燈才可通行。

另外，在學校附近或是行人優先地區的馬路，路旁立著頂端有黃球

的黑白柱子，這表示行車要禮讓行人優先。走上斑馬線前要確認你留了充足時間讓來車停下。

共享單車(Santander Cycle)

除了步行，共享單車是經濟的交通方式。倫敦現在有多家共享單車。桑坦德單車(Santander Cycle)由倫敦交通局(TfL)管理、企業贊助冠名，在1～2區有許多停車點。萊姆電單車(Lime)比傳統單車好騎，沒有停車站，全使用智慧手機找車和租車，停車彈性高，價格也比較高。萊姆也有推出電滑板車。人類森林電單車(Human Forest)價格比萊姆低，但是市中心才有。以下僅介紹最常見的桑坦德。

多種租用方式

1. 下載桑坦德單車的軟體到智慧手機，設定帳號，選擇停車站、選擇Hire Now、獲得取車密碼。

2. 到停車站租用。

在自助租借站機台上操作(有中文語言介面)，確認好租車數量，插入信用卡後，會得到一組密碼。接著選擇單車，然後在該車架上的平面數位鎖按入密碼，待亮綠燈即可牽車使用(騎乘前記得檢查)。若無法順利按車架密碼，可嘗試其他車架的平面數位鎖(密碼將於10分鐘後失效)。

※租用單車只能用信用卡操作(不接受電子支付、現金和其他儲值卡片)，限18歲以上租用、14歲以上騎乘，長者者可付費£3購買實體解鎖片，不需要每次申請取車密碼。

費用說明

單程(Single Ride)£1.65，可騎30分鐘。日票(Day Pass)£3，24小時內可以無限次使用30分鐘，30分鐘內還車再借沒有額外費用，如果超過30分鐘則每30分鐘收£1.65。月租制(Monthly Subscription)每月£20，可以無限次使用60分鐘，超過60分鐘則每60分鐘收£1.65(請查詢官網確認最新價格)。還車時，把車推進空的車架，並等綠燈亮，代表還車完成。若該租用站車架已滿，可在自助租借機台選擇「沒有空車架(No docking point free)」，自動延長15分鐘騎乘時間。操作機台會提供附近可停車架的租用站資訊，車子若有故障，直接找最近的租車點歸還，並按下故障通知鈕(fault button)，系統會更換另一台車供你使用。

單車使用期間，租借者有責任看管，損壞則歸還時需在車架上按下損壞鈕，若遭偷竊則需負責賠償(建議使用完歸還、車不離身)。

※單車租用站地圖、使用說明影片(How it works)則可參考倫敦交通網(www.tfl.gov.uk)裡的「Stander Cycles」)。

更多說明

http tfl.gov.uk/modes/cycling/santander-cycles

下載軟體

http tfl.gov.uk/modes/cycling/santander-cycles/app

現在位置與附近單車站地圖

單車平面數位鎖

在單車自助租借機的螢幕裡選擇則中文系統操作，再將信用卡插入下方卡槽，並輸入密碼(PIN碼)，機台即會列印開鎖密碼單

倫敦旅遊實用資訊

提早規畫出國行程,較容易找到便宜機票。此外,地點好、評價好的超值住宿,僧多粥少,也須提早訂房。參觀景點,甚至交通票有時也推出早鳥優待票,提早網路訂購便宜多多。但有些特價票一旦訂購則無法退費,刷卡付費錢需確認各項說明條款。

免費景點與夜間活動

倫敦擁有許多免費的觀光資源,例如收藏豐富的博物館(P.64)和各大公園(見P.32及P.44)。若想讓倫敦分秒更充實,行程CP指數更高,則可規畫早出晚歸的行程。如:白天先到較早開放的咖啡廳、店家與市場;夜晚則可安排延長開放的博物館、酒吧餐廳、音樂戲院、倫敦眼等戶外公共設施。注意冬天較快天黑,許多參訪景點閉館時間也較早。

觀光旅遊規畫網站

英國觀光局 http www.visitbritain.com
倫敦旅遊局 http www.visitlondon.com/

旅客服務中心
Travel Information Centre

倫敦交通局有5個遊客中心(TfL Visitor Centres),提供倫敦旅遊的交通規畫、景點建議、免費地圖與文宣品、代訂代售票卡、協助退牡蠣卡餘款等服務。地點分別在:

1.希斯羅機場2、3號航廈的地鐵站
2.國王十字與聖潘克拉斯地鐵站
3.利物浦街地鐵站
4.皮卡底里圓環地鐵站

5.維多利亞火車站8號月台對面
詳細地址與開放時間,可在官網搜尋Visitor Centres。
http tfl.gov.uk

此外,還有2個在觀光景點的遊客中心:

1.倫敦舊城區遊客中心 (City of London Information Centre)
位在聖保羅大教堂與千禧橋之間的空地(Church Yard)上,不處理牡蠣卡退款,但可以報名當地的徒步導覽。其他資訊可在官網搜尋Information Centre。
http www.thecityofldn.com

2.格林威治世界文化遺址區遊客中心 (Greenwich Tourist Information Centre)
位在卡提薩克號旁、舊皇家海軍學院建築裡。服務內容與倫敦舊城差不多,這裡還提供兌換外幣以及行李寄存服務。進一步資訊可在官網搜尋 Tourist Information Centre。
http www.visitgreenwich.org.uk

緊急電話與駐英國代表處

為加強國人旅外急難救助服務,例如遭遇車禍、搶劫有關生命安危緊急情況等,外交部設立「旅外國人急難救助全球免付費專線」,在英國可直撥:00-800-0885-0885。(與「您幫幫我」諧音)。**請注意**:非急難重大事件,請勿撥打。

聖保羅大教堂對面的旅客中心提供資訊非常豐富

夜間活動
●每日
倫敦眼
◉開放至20:00～21:30不等。詳細日期與時間請於官網確認

音樂劇
◉約從19:30開始表演
酒吧(Pub)
◉活動可到半夜
(週三、週五晚上人較多)

●週四～週六
　牛津圓環商圈商店通常營業到9點，柯芬園商圈大概營業到8點，有些店在週三到週六之間的某天會再延長1小時。此外，博物館、美術館也會延長營業時間，如下：
白教堂藝廊(Whitechapel Gallery)
◉每週四到21:00
巴比肯藝術中心藝廊(Barbican Art Gallery)
◉每週四～週五 到20:00
魏爾康收藏館(Wellcome Collection)
◉每週四到20:00
國家肖像藝廊(National Portrait Gallery)：
◉每週五～週六到21:00
維多利亞與艾伯特博物館(V&A)
◉每週五到22:00，每個月最後一個週五有特別節目(1、5、12月除外)
大英博物館(British Museum)
◉每週五到20:30
國家藝廊(National Gallery)
◉每週五到21:00
皇家藝術學院(Royal Academy of Arts)
◉每週五到21:00
泰德現代美術館(Tate Modern)
◉每月最後一個週五到22:00
設計博物館(Design Museum)
◉每週六到21:00

※ 博物館有特殊活動時，則會調整開放時間，建議出發前再次確認。

警察和善，有任何問題請求協助。他們穿戴黑色服帽，有時會穿螢光背心，甚至騎馬巡邏呢

緊急報案電話
需要立即出動消防車、救護車、警察時 📞999
一般報案電話(非立即生命危險時) 📞110

駐英國代表處
(Taipei Representative Office in the UK)
✉50 Grosvenor Gardens, London SW1W 0EB
📞 +44 (0) 20 7881 2650；077 6893 8765
(當地急難救助行動電話)
📠 +44 (0) 20 7730 3139
◉週一～週五上午09:00～17:00
➡Victoria地鐵站(淺藍色Victoria線)
🌐www.roc-taiwan.org/uk
@gbr@mofa.gov.tw

旅遊注意事項
1. 旺季或節慶需提早訂房
2. 英國3C產品價格高，記憶卡、電池要多帶備用
3. 夏天地鐵內容易悶熱，穿著透氣衣服、隨身攜帶水
4. 使用手機請注意身邊過客，以避免扒手或手機搶劫
5. 貴重物品不離手，即使飯店用餐，背包也不要掛在椅背上
6. 請勿理會路上來路不明義賣或勸募
7. 配戴隱形眼鏡的旅客，可多預備一副眼鏡，英國購買隱形眼鏡需要醫生處方箋
8. 身體輕微不適，可到藥妝店如Boots附屬藥房(Pharmacy)向藥師諮詢買藥

日常生活資訊

氣候

倫敦夏季氣候溫暖宜人，日均高溫攝氏22度，偶有酷熱。冬天寒冷，日均低溫接近攝氏零度但室內皆有暖氣設備，以防風防寒的外套、洋蔥式方便穿脫的搭配為佳，怕乾癢則攜帶乳液、護唇膏。

時差

英國與台灣夏季差7小時、冬季差8小時，時差交替時間於3月及10月最後一個週日凌晨01:00開始，要注意的是與台灣連絡的時差不同了。

線上時刻表 http time.artjoey.com/uk.htm

電壓

英國電壓為220～240V伏特，3C數位產品多支援國際電壓轉換，其他家電若不符合電壓則需準備變壓器，高功率的電器例如吹風機、電熱壺，不建議用外加變壓器的方法使用，以免起火。英國插頭為三孔長柱形，台灣用電產品需準備轉換插頭。

電話及網路通訊

優質的網路通訊旅行必備，而有個當地門號則方便聯絡當地商號、甚至救援單位。在英國購買當地手機門號卡，適合短期遊客的是不需簽約的預付卡(Prepaid Card，或Pay as you go，PAYG)，預付方案通常是以30天為單位的上網流量與通話時數。2020以後的智慧型手機可使用虛擬門號卡(eSIM)，優點是上網就能取得，但如需要英國門號則要向英國的電信商購買才有。

實體卡除可事先在台灣向代購商訂購，也可在機場入境大廳透過自動販賣機、機場商店或是機場遊客中心WeKnow London購買。

選擇門號卡和方案

英國目前有四大電信商，以及租借網路的虛擬電信商，機場可以買到這5家供應商的門號卡，可考量需求的流量方案、4G或5G速度、是否需要歐洲漫遊，能否熱點分享，或是否需要和英國親友網內互打，這些因素做選擇。

1.EE：是英國最大電信網，訊號最穩最強。但遊客產品只提供4G速度，方案也不包含歐洲漫遊。
http ee.co.uk

2.O2：英國第二大電信網，訊號也很好，不提供歐洲漫遊。
http www.o2.co.uk

3.Vodafone：英國老牌電信網，訊號也很好，不包含歐洲漫遊。
http www.vodafone.co.uk

4.Three UK：也是四大電信網之一，價格常比以上三家優惠，收訊相對較弱。門號是5G適用，方案包含歐洲的70多個個國家漫遊。
http www.three.co.uk

5.Lycamobile：是虛擬電信商，使用EE的電信網，最大特色是所有方案都包含國際通話時數，很受家鄉上網不普及的旅客喜愛，5G適用，方案包含歐洲漫遊。
http www.lycamobile.co.uk/en

此外台灣遊客常用的Giffgaff，是使用O2基地台的虛擬電信商，完全沒有實體通路，收訊普通，但價格優惠。可自行在官網訂門號卡寄到台灣，郵寄過程很長，台灣代購商通常有現貨。

http www.giffgaff.com

倫敦的住宿通常提供穩定的無線上網，所以只在日間查資料和地圖，和使用社交軟體但不視訊的情況下，10～30天使用10GB流量應該就足夠了，許多套裝方案的流量都超過這個數值。無限流量的方案在英國價格十分高昂，如果你需要大流量，英國電信商供應的實體卡方案比虛擬卡的流量單價來得便宜，但是虛擬卡有小流量的方案，例如Lyca有5GB方案，可以花較少的錢。然而，如果需要穩定的網路訊號，請選擇電信商的門號卡。

多利用免費無線網路
觀光客出入的景點幾乎都有免費網路，除了向各單位分別登錄使用，也可以尋找O2 WiFi的免費熱點，或是註冊The Cloud (Sky Mobile)。註冊GovWiFi帳號可在政府機關和倫敦交通網使用，以英國門號發送簡訊Go到 07537 417 417，就會得到一組使用名稱和密碼。

提供免費網路的地方非常多，機場、火車站、博物館、大商場之外，開放空間如海德公園、特拉法加廣場、波若市集和倫敦舊城區(City of London)等。倫敦交通網的伊莉莎白線在市中心的車站、地鐵和地上鐵大部分車站、月台有網路，但是地鐵隧道內沒有訊號。

部分火車上也提供免費網路，訊號較不穩。

星巴克、麥當勞、英國連鎖咖啡Costa和Nero，簡餐店Pret A Manger也提供免費網路，有些餐飲店網路只限消費的顧客使用，密碼寫在收據上。

可以搜尋免費網路的軟體，地點要輸入倫敦

http www.wifimap.io

倫敦交通好用App
Citymapper
自動偵查所在城市，類似Google Map規畫路線的概念但有些轉車建議比較好，不提供跨城市交通規畫。

TfL Oyster and Contactless
註冊你搭車使用的牡蠣卡或銀行卡後可以查看車資明細。如果發現扣款錯誤可到網頁版申訴，退款速度很快。

Toilets4london
當地人都自備廁所雷達知道上哪裡去找免費廁所，有這個軟體你也可以做到。

AccessAble
使用輪椅或是娃娃車可以參考這個軟體搜尋有電梯的車站和其他場所。

消費與購物

貨幣
英國與台灣的匯率為1:40左右。流通貨幣有硬幣1p、5p、10p、20p、50p、£1、£2以及紙鈔£5、£10、£20、£50，(100Pence = 1Pound；一百便士 = 1英鎊)。購物通常以紙鈔£5、£10、£20最常使用，大部分商家不收£50，須到大百貨公司或機場找開。

台灣銀行牌告匯率　　http rate.bot.com.tw

2008年以後發行的一批硬幣組合起來，可拼成一個英國皇家盾牌(Royal Shield)，依順時鐘方向為2p、20p、50p、1p、10p，中間為5p。

已停用的紙鈔有綠色仿偽線

流通的新鈔票有透明小窗

英鎊背面圖片

新版英鎊正面圖案

目前情況

　　硬幣經常推出新設計圖案，例如新國王的保育主題、2024年的週年慶主題，所以流通的圖紋很多種。查爾斯國王繼任後陸續發行的新幣，和女王時代的舊幣會同時流通使用。但2022年以前發行的紙鈔，已經改成高防偽的塑膠鈔票，舊鈔不再流通，一個簡易分辨方式是新鈔有個透明視窗。

　　目前英國各地盛行電子支付，在大商店£1

也能刷卡，市中心市集攤販也能刷卡，只剩部分小商家只收現金、或限制刷卡最低金額。建議攜帶跨國手續費較低的信用卡，以及幾百鎊現金在市場或小店零用即可。也可以事先在台灣的銀行開通提款卡在國外提領英鎊功能，預防臨時需要現金。

營業時間

　　一般商店營業時間為10:00～17:00，市中心營業時間可至8、9點，有些商店一週會有一天再延長1小時。餐廳、酒吧、戲院、超市營業時間較晚，夏季和冬季營業時間略有異。12/24店家提早打烊，聖誕節幾乎沒有店家營業，大眾交通全部停駛。

購物

　　倫敦地域廣大，若欲購買的幾個品牌在各大百貨公司內有駐櫃(可至百貨公司網站查詢)，則可一網打盡。購物中心潮流品牌更多，有舒適的室內空間、廁所、休息空間，比逛街採購較省時省力。

折扣季

　　英國6～8月以及11～1月為折扣季，尤其聖誕節隔天(Boxing Day，12月26日)即下殺最大折扣。此外，童裝售價更便宜，一些品牌童裝推出到12～13歲(約158～162公分)的尺碼，適合非常身形嬌小或較苗條的人淘寶。

會員折扣積分、會員卡

　　英國許多連鎖商店、超市以及大百貨公司都發行會員卡或積分卡，如果在英國停留的時間較長，可以考慮申辦(雖然都可在App上操作，但有些是實體會員卡寄送需要時間)。好處可能

是滿額送小禮、生日送生日禮、會員專享折扣、優先通知特價活動、買特定商品再額外折扣等等,贈送許多好處。對於短期前往的旅客來說,百貨公司的會員卡如果能打折,就比較實用。

退稅、貨物稅與免稅品

自2021年1月起取消旅客離境退稅的政策,目前只有郵購寄往英國境外的商品可免貨物稅,但可能有進口關稅。以Selfridge百貨公司為例,海外運費£30,再加上代收關稅,你向Selfridge付款後就不需再處理關稅。海外郵購說明請查詢官網(中文),搜尋「國際配送」,國家清單選「台灣」。

http www.selfridges.com/GB/zh/

英國貨物稅高達20%,但對食品、茶葉、童裝、書籍不課徵貨物稅,這些項目是相對划算的當地購物選擇。菸、酒類物品,自2021年以後是機場免稅店唯一的免稅品。

民生物價參考

以市中心便利商店為例

250ml礦泉水	£0.6～£1
牛角麵包	£1
盒裝三明治兩片	£3
外帶熱咖啡	£2.7～£3.5
簡餐店外帶熱食	£5～£10
公共廁所	£0.5～£1

訂房與住宿

倫敦住宿選擇多,最經濟划算的方式除了提早規畫外,還可多留意位置地點等訊息。若地點位置佳,可省下許多交通往返時間以及車資。此外,是否可免費寄放行李、早餐(內容)、設備(如廚房餐具使用、冰箱、洗衣機、保險箱、冬季暖氣供應)之外,安全性以及網路也十分重要。

經濟旅館

英國常見的經濟旅館如Ibis、Travelodge和Premier Inn,後兩者官網上提早訂會便宜許多,如果帶小孩睡沙發床不加價。近年新興的小型商旅如Point A、Z Hotel和Hub (Premier Inn副品牌,適用同一網站),內裝新穎但空間較小,適合不介意小空間或獨旅的人。

http www.booking.com　　http www.lastminute.com
http www.premierinn.com　http www.travelodge.co.uk
http www.pointahotels.com
http www.thezhotels.com
http ibis.accor.com

實惠的青年旅館

青年旅館原始的精神在於社群共享與文化交流,所以特色是團體房、廚房與交誼廳,以床位計價。近年來青旅也推出設有獨立衛浴的客房,成為小資或獨旅的首選。倫敦的青旅有些附加簡單的早餐,或是很便宜的加購價。

歷史悠久的YHA歡迎帶小孩的家庭,可考慮包下一間四到六人房。有些青旅限年齡,例如PubLove常設在Pub樓上,限18歲以上的旅客;Astor只收18～40歲的旅人。St Christopher's Inns旗下的Oasis以及Hotelle限女性。如果不喜歡住宿太像學生宿舍的感覺,可以考慮Generator、Dictionary或Wombat City等,裝潢有設計感、還有24小時櫃檯。

青旅專業訂房平台

http www.hostelworld.com

短租、民宿、宿舍

想要體驗在地生活最棒的方式就是住到當地人家裡，Airbnb 網站的原意就是社群共享、文化交流，也可選專業日租公寓，不與房東同住，適合只想體驗當地建築的旅客。平台上從精品住宿到簡樸的都有，不宜當作廉價住宿的替代品。

B&B 一開始是英國民宿，以提供床與早餐因而得名，現在已是小旅社的代稱。在 B&B 協會註冊的成員和 Airbnb 住宿的差別在於前者是專業旅館，後者和 Guest House 一樣通常是家庭成員經營，空間偏懷舊風。

如果想體驗校園生活空間，也可以住閒置的學生宿舍，會比青年旅館安靜。社群網路上常見私人日租、短租自家或宿舍的廣告，在英國轉租需要屋主同意，否則可強制驅離，如果是學生宿舍，私下轉租通常是不合規定的，避免造成自己的困擾，最好採用有相對保障的平台訂房。

日租、短租訂房平台

http www.airbnb.co.uk

家庭式旅館

http www.londonbb.com

學生宿舍

http www.visitlondon.com
搜尋 campus，或在 where to stay 目錄下選 campus。可以查到空房資料但無法網路訂房。
http www.universityrooms.com
地點選倫敦，網站上也包括青旅和旅館，有時顯示價格是指床位而不是房間，需要先查明。
http www.londonuniversityrooms.co.uk

住宿小提醒

1. 英國使用電源時，要先按下牆壁插頭開關，才會通電。
2. 熱水壺(Kettle)裝好冷水後，按下按鈕就會開始煮熱水。
3. 洗衣粉是放入洗衣機轉鈕旁的抽屜盒內。
4. 房間內通常備有版面式暖氣，易融品或怕熱的產品如巧克力須遠離。
5. 洗澡時浴簾要放入澡盆內，若澡間為固定式蓮蓬頭，記得要攜帶浴帽。

倫敦觀光、育樂

倫敦與各商家為促進觀光事業以及消費，發展各種相關優惠卡或票券，說明如下。

倫敦通行證
The London Pass

通行證提供倫敦 80 多個熱門景點免費入場，包含倫敦塔、西敏寺、漢普頓宮、溫莎城堡、泰晤士河 (Thames River Cruise) 遊河等等。持有通行證可省下排隊時間，快速換票通關，走覽越多門票貴的地方越划算。通行證已全面電子化，票券方案分 1～10 天多種選擇，選購方案後下載官方軟體 Go City，然後將確認信裡的代碼輸入軟體就綁定通行證了，第一次前往景點掃讀軟體入場時開始計算第一天。

英格蘭古蹟卡
English Heritage Pass

適用參觀 100 多個古蹟(含史前巨石陣)：國外旅客 9、16 天以及居民 1 年的通行證。遊客兩人以上一起購買還有優惠。推薦旅遊範圍涵蓋更廣、喜愛古蹟探訪的遊客。
http www.english-heritage.org.uk

國民信託卡
National Trust Pass

國民信託管理的景點也是英國人最喜歡探訪的名單。會員卡適用500多個庭園、宅邸、鄉野，著名的有紅屋（Red House，見P.210）、巴斯的集會堂（Assembly Rooms），以及普萊爾公園園林景觀花園（Prior Park Landscape Garden，見P.223）等等。

http www.nationaltrust.org.uk/visit/overseas-visitors/touring-pass

※古蹟卡、國民信託卡海外遊客

購買網址：www.visitbritainshop.com

Days out Guide 2 for1
優惠證券（兩人成行一人免費）

火車旅遊2for1（兩人成行一人免費）網址裡所羅列出100多個倫敦及近郊景點優惠方案，適用於：持有2張倫敦當日的火車票，並於網站下載列印優惠券（或到各大火車站索取表格填寫），在景點臨櫃購票時秀出火車票與優惠券，即可享有當日兩人成行的優惠，包含昂貴的聖保羅大教堂、杜莎夫人蠟像館。

http www.daysoutguide.co.uk

英格蘭寶邸優惠
Treasure Houses of England

有10座英格蘭寶邸推出優惠方案，須先全票參觀第一個景點，並在該地拿到優惠券後，可在下一個景點以半價購買門票。例如先到里茲城堡（Leeds Castle）遊覽，然後再到參觀門票訂價較高的貝倫亨宮（Blenheim Palace），這時使用優惠券。

http www.treasurehouses.co.uk

歷史皇宮卡
Historical Royal Palace

英國皇室不再居住的皇宮如漢普頓宮、倫敦塔、肯辛頓宮都由「歷史皇宮」這個獨立單位經營管理，如一年參觀2次以上的皇宮就值得購買會員卡。憑當日參觀門票就可以補差額購買，還可以參觀位於北愛爾蘭的Hillsborough城堡。

http www.hrp.org.uk/membership

全國藝術通行證
National Art Pass

英國公立博物館雖然免費入場，但是參觀特展的門票卻不便宜，有這張Art Fund的會員證購買大部分展覽只需半價，對於喜愛到處看展覽的人來說很實惠。

http www.artfund.org

跟著藍色圓標（Blue Plaques）去旅行

這個藍標掛在已故名人過去工作或生活的建築外牆，標註其姓名、年代、在此曾從事的活動。若想走訪心中大人物的足跡，不妨先官網上搜尋地點。

English Heritage

http www.english-heritage.org.uk/visit/blue-plaques

建築外牆上的藍色圓標
註明了名人的資訊

倫敦旅行家（全新第五版）

附鄰近地區：劍橋・伊利・牛津・科茲窩・史特拉福・蘇利斯伯里・史前巨石群・巴斯・布里斯托・布萊頓・七姐妹斷崖・溫莎・里茲

作　　　　者	林庭如
修　　　　訂	觀光客不知道的倫敦

總　編　輯	張芳玲
發想企劃	taiya旅遊研究室
編輯部主任	張焙宜
主責編輯	林孟儒
修訂主編	鄧鈺澐、賴怡伶、黃　琦
封面設計	何仙玲
美術設計	何仙玲
地圖繪製	蔣文欣、余淑真、許志忠

國家圖書館出版品預行編目(CIP)資料

倫敦旅行家 / 林庭如作. -- 五版. -- 臺北市：太雅
出版有限公司, 2024.08
　　面；　公分. -- (世界主題之旅；89)
ISBN 978-986-336-512-9 (平裝)
1.CST: 自助旅行 2.CST:英國倫敦
741.719　　　　　　　　　　　　113006067

太雅出版社
TEL：(02)2368-7911　FAX：(02)2368-1531
E-mail：taiya@morningstar.com.tw
太雅網址：http://taiya.morningstar.com.tw
購書網址：http://www.morningstar.com.tw
讀者專線：(02)2367-2044、(02)2367-2047

出　版　者　太雅出版有限公司
　　　　　　106020臺北市辛亥路一段30號9樓
　　　　　　行政院新聞局局版台業字第五〇〇四號

讀者服務專線：(02)2367-2044／(04)2359-5819#230
讀者傳真專線：(02)2363-5741／(04)2359-5493
讀者專用信箱：service@morningstar.com.tw
網路書店：http://www.morningstar.com.tw
郵政劃撥：15060393(知己圖書股份有限公司)

法律顧問　　陳思成律師

印　　刷　上好印刷股份有限公司
　　　　　　TEL：(04)2315-0280
裝　　訂　大和精緻製訂股份有限公司
　　　　　　TEL：(04)2311-0221

五　　版　西元2024年8月1日
定　　價　520元
(本書如有破損或缺頁，退換書請寄至：台中市
工業30路1號　太雅出版倉儲部收)

ISBN 978-986-336-512-9
Published by TAIYA Publishing Co.,Ltd.
Printed in Taiwan

填線上回函
倫敦旅行家
（全新第五版）

https://reurl.cc/pDdbe4